パレスチナ問題の展開

パレスチナ問題の展開　目次

はじめに　008

第一章　パレスチナ問題以前のパレスチナ　018

五百周年／砲兵将校／逆三角形／シオニズムのネガティブ（陰画紙）／ハジ・アミン・フセイニー／夢と悪夢

第二章　戦うユダヤ人国家　043

超大国のディレンマ／スターリンの選択／自由将校団／モスクワのディレンマ／スエズ危機／ノルマンディーの英雄／ナセリズム／六日戦争／生ける屍／イスラエル国防軍／東南アジアの「イスラエル」／マサダの誓い／モサドの活躍／核／アメリカの援助／「蜃気楼」から「幽霊」へ／戦場から議場へ

第三章　アラブ世界の反撃　075
カラメの戦い／パレスチナ解放運動／ＰＬＯ／パレスチナ国家／ユダヤ人とは？／ヨルダン内戦／ナセルの後継者／十四時〇五分／奇襲／六時間戦争／最後の手段／戦争による平和／核警戒体制／往復外交／石油危機

第四章　変わるイスラエル　102
カーター／ビギン、ベギン、ビーガン／「占領地」「解放地」「管埋地域」／もう一つのシオニズム／三階建ての家／イスラエルのアラブ化／パレスチナとパレスチナ人／キャンプ・デービッドへの道／エジプト対アラブ連合／キャンプ・デービッド／最後のエジプト兵まで／ベイルートへ

第五章　レバノン戦争　129
統計という名の虚構／国の中の国／スフィンクスの計算／ファタハ・ランド／湾岸戦争のリハーサル／ヘルモン山の雪／サブラとシャティラ／サッダーム・フセイン／キャンプ・デービッドの果実／パレスチナ人の「発見」／選択としての戦争

第六章　ペレストロイカの影で　147
「世直し」／アリアー／アサド／ＰＬＯへの打撃

第七章　インティファーダ　160
ダビデとゴリアテ／「炎上」／大分県と奄美大島の半分／電話を待ちながら／ダビデの細胞分裂／「占領地都民」／真の「イスラエル」／パレスチナ解放運動の力学／アメリカ・ＰＬＯ対話

第八章　湾岸戦争と中東和平　182
イスラエルの恩人フセイン／「リンケージ」／もう一つのパレスチナ問題／アラファト金脈

第九章　オスロへの道　199
アメリカのリンケージ／ユダヤ・ロビーの本音／戦略的資産／ゴルバチョフのプレゼント／ノルウェーの森、スカンジナビアの家具

第十章　ラビン／その栄光と暗殺　222

ネクタイを締められなかった男／エンテベの奇跡／ラビンのカム・バック／凶弾の思想／ペレス、ナンバー・ツーの悲劇／「エンジニアの死」／報復の報復／イスラエルのアラブ人

第十一章　ネタニヤフとバラク　253

ネタニヤフ一族／「ビービー・ゲート」／初めて公選された首相／神の贈り物／ネタニヤフの功罪／ピアノを弾く「ゴルゴ13」／ラビンの後継者

第十二章　スフィンクスの謎／シリアの故アサド大統領　279

アサドのプロフィール／党と軍へ／アニセ・マフルーフ／軍事委員会／孤高の電話魔／「ダマスカスのスフィンクス」／アラウィー派の支配体制／死人に口なし／時間との競争／眼科医の眼識／シリア内戦／アサドスターンとクルディスターン／エルドアンの変心／計算できる敵

第十三章　シャロンとガザからの撤退　318

難民キャンプとキャンプ・デービッド／国境／入植地／エルサレム／水／

難民の帰還権／第二次インティファーダとシャロン／キャンプ・デービッドの真実／シャロンの計算／不死鳥の死／分離壁とガザからの撤退／パレスチナの分裂／シリアの原子炉爆撃

第十四章　オバマ　346

凍結の凍結／Jストリート、イスラエルを批判するユダヤ・ロビー／エネルギーシフト／「サウジ〝アメリカ〟」

第十五章　トランプ　364

エルサレムの首都認定／アラバマからエルサレムへ／進化論を否定する人々／福音派が選んだ大統領／ゴラン高原／イラン核合意からの離脱／人脈

第十六章　新しい波　389

バーニー・サンダース／人口動態——爆発してしまった時限爆弾／BDS／占領地ボイコット／変わってしまったアメリカ／サンダース・チルドレン／ガザの「虐殺」／パレスチナ系議員の誕生

第十七章　バイデンの中東政策　412

オバマ政権同窓会／軍事力の行使／中東政策／イラン／クルド民族／トルコ／イスラエルとパレスチナ／サウジアラビア批判

地図　中東全体　010

年表　パレスチナ問題の歴史　012

動かないものは何か。中東の動向を見る際のポイントである。つまり何が変わり、何が変わらないのか。変わらない構造を見つめつつ、変わる情勢にも目配りしたい。本書での著者の試みである。本書の母体となったのは、『第三世界の政治　パレスチナ問題の展開』（放送大学教育振興会、一九九二年）である。放送大学のラジオ科目のテキストとして準備した。その後に改訂版を二〇〇五年に出版した。一九九二年版から数えると、本書は第三版という計算になるのだろうか。時代の流れを反映すべく大幅な改訂を行った。これまでパレスチナ問題に関しては、いくつもの著作を発表してきた。これが、著者のパレスチナ理解の現段階での最新版である。

一九九〇年代以来、変わらなかったのはイスラエルによる占領であり、変わったのはアメリカ・イスラエル関係である。変わったものと変わらなかったものの、意味を本書で考えたい。

二〇二一年二月末

高橋和夫

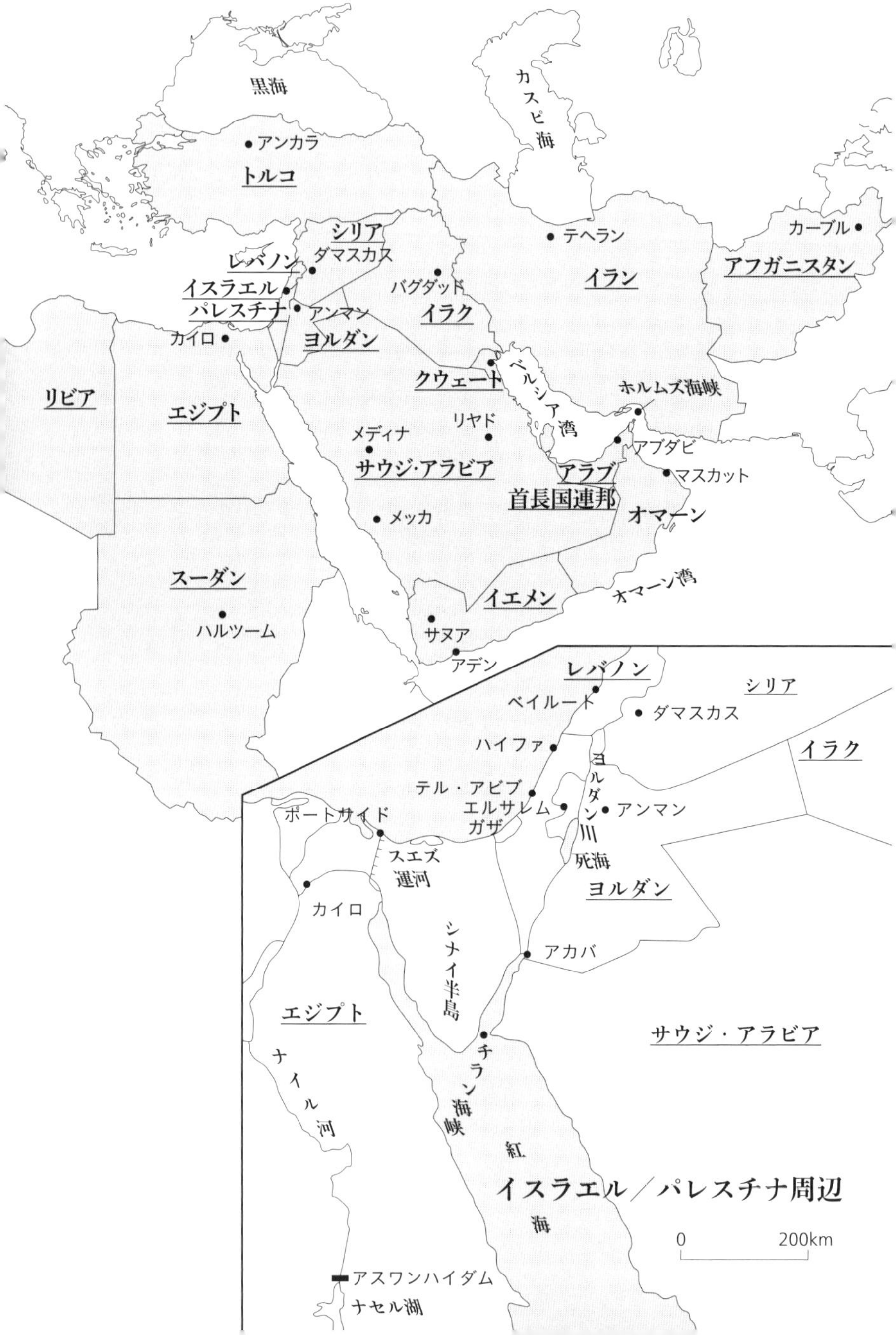
黒海
カスピ海
アンカラ
トルコ
シリア
ダマスカス
レバノン
イスラエル
パレスチナ
アンマン
ヨルダン
カイロ
バグダッド
イラク
テヘラン
イラン
カーブル
アフガニスタン
クウェート
ペルシア湾
ホルムズ海峡
リヤド
アブダビ
マスカット
メディナ
サウジ·アラビア
アラブ首長国連邦
オマーン
メッカ
リビア
エジプト
スーダン
ハルツーム
イエメン
オマーン湾
サヌア
アデン
イスラエル／パレスチナ周辺
レバノン
ベイルート
シリア
ダマスカス
イラク
ハイファ
テル・アビブ
エルサレム
ガザ
ヨルダン川
アンマン
死海
ポートサイド
スエズ運河
カイロ
ヨルダン
シナイ半島
アカバ
エジプト
サウジ・アラビア
チラン海峡
ナイル河
紅海
0
200km
アスワンハイダム
ナセル湖

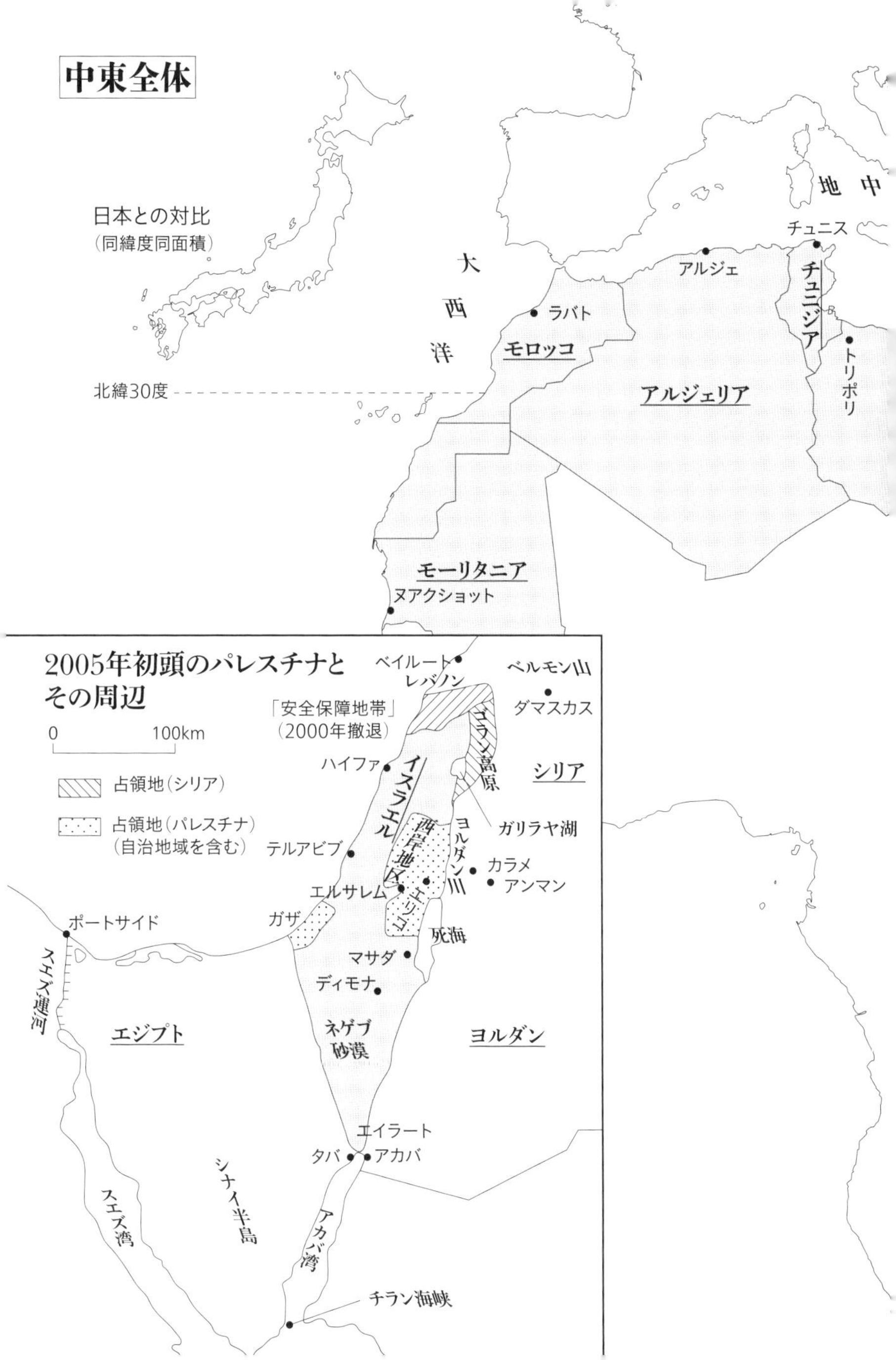

中東全体
日本との対比
（同緯度同面積）
北緯30度
大西洋
地 中
チュニス
アルジェ
ラバト
モロッコ
チュニジア
トリポリ
アルジェリア
モーリタニア
ヌアクショット
2005年初頭のパレスチナとその周辺
0
100km
占領地（シリア）
占領地（パレスチナ）
（自治地域を含む）
ベイルート
レバノン
ベルモン山
ダマスカス
「安全保障地帯」
（2000年撤退）
ゴラン高原
シリア
ハイファ
イスラエル
ガリラヤ湖
西岸地区
ヨルダン川
テルアビブ
カラメ
アンマン
エルサレム
エリコ
ポートサイド
ガザ
死海
マサダ
ディモナ
スエズ運河
エジプト
ネゲブ砂漠
ヨルダン
エイラート
タバ
アカバ
シナイ半島
スエズ湾
アカバ湾
チラン海峡

パレスチナ問題の歴史

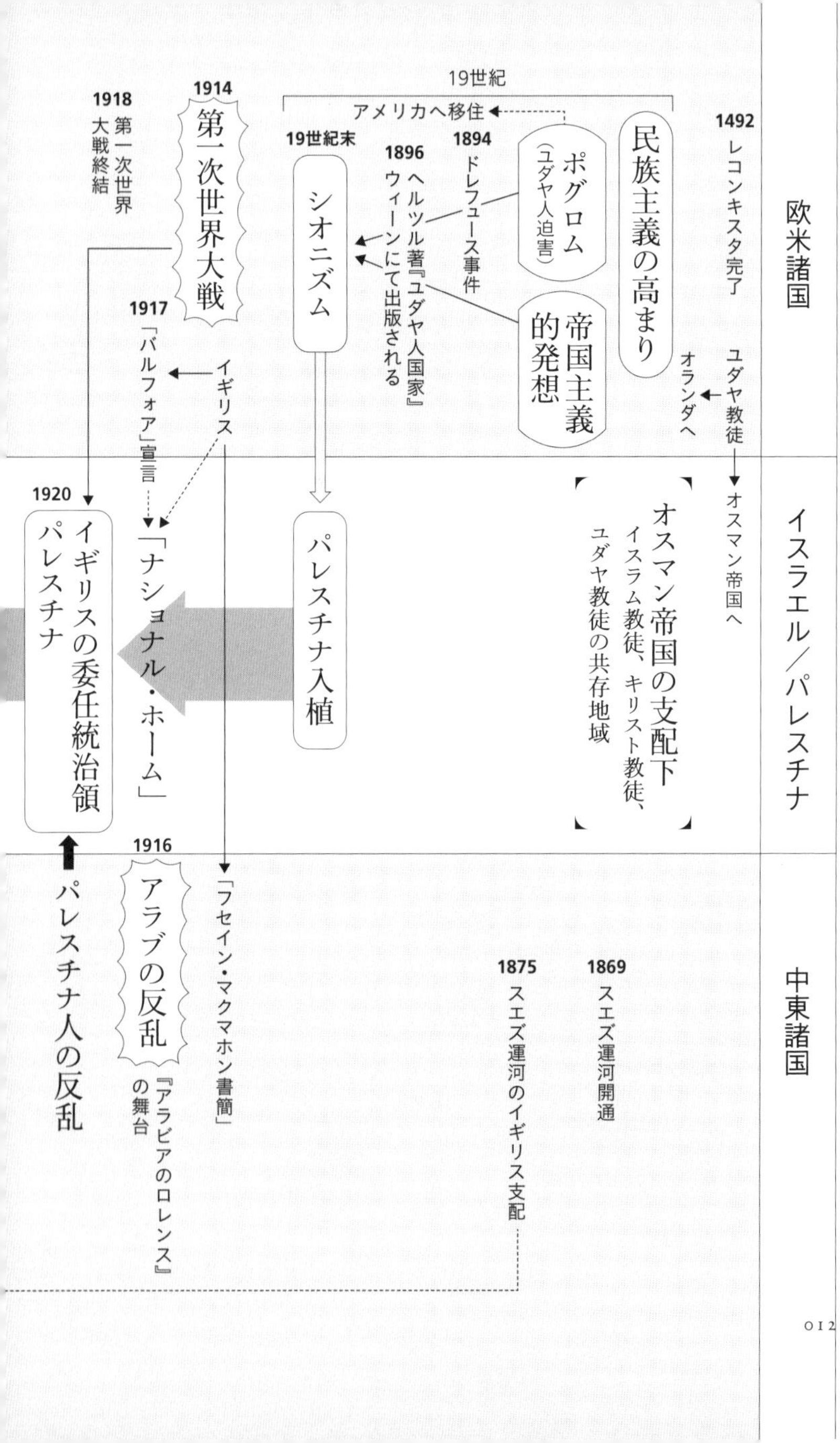

欧米諸国
イスラエル／パレスチナ
中東諸国
1492
レコンキスタ完了
ユダヤ教徒
オランダへ
オスマン帝国へ
19世紀
民族主義の高まり
ポグロム（ユダヤ人迫害）
アメリカへ移住
帝国主義的発想
1894
ドレフュース事件
1896
ヘルツル著『ユダヤ人国家』ウィーンにて出版される
19世紀末
シオニズム
パレスチナ入植
オスマン帝国の支配下
イスラム教徒、キリスト教徒、ユダヤ教徒の共存地域
1869
スエズ運河開通
1875
スエズ運河のイギリス支配
1914
第一次世界大戦
イギリス
1917
「バルフォア」宣言
「ナショナル・ホーム」
「フセイン・マクマホン書簡」
1916
アラブの反乱
『アラビアのロレンス』の舞台
1918
第一次世界大戦終結
1920
イギリスの委任統治領パレスチナ
パレスチナ人の反乱

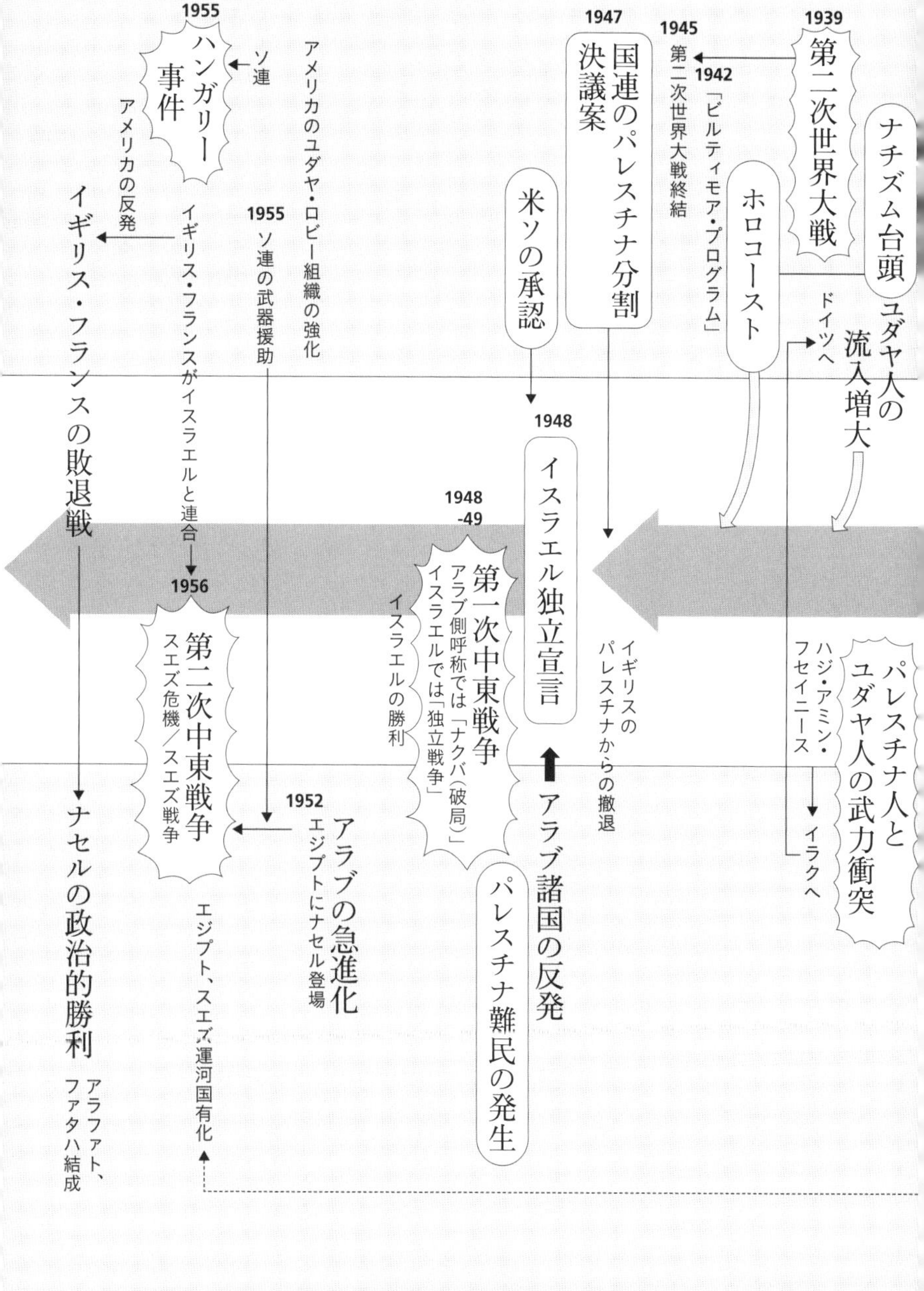
1939
ナチズム台頭
第二次世界大戦
1942
「ビルティモア・プログラム」
1945
第二次世界大戦終結
ホロコースト
ユダヤ人の流入増大
ドイツへ
1947
国連のパレスチナ分割決議案
米ソの承認
1948
イスラエル独立宣言
イギリスのパレスチナからの撤退
パレスチナ人とユダヤ人の武力衝突
ハジ・アミン・フセイニース
イラクへ
アラブ諸国の反発
パレスチナ難民の発生
1948-49
第一次中東戦争
アラブ側呼称では「ナクバ（破局）」
イスラエルでは「独立戦争」
イスラエルの勝利
1952
アラブの急進化
エジプトにナセル登場
エジプト、スエズ運河国有化
アメリカのユダヤ・ロビー組織の強化
1955
ソ連の武器援助
1956
第二次中東戦争
スエズ危機／スエズ戦争
イギリス・フランスがイスラエルと連合
1955
ハンガリー事件
ソ連
アメリカの反発
イギリス・フランスの敗退戦
ナセルの政治的勝利
アラファト、ファタハ結成

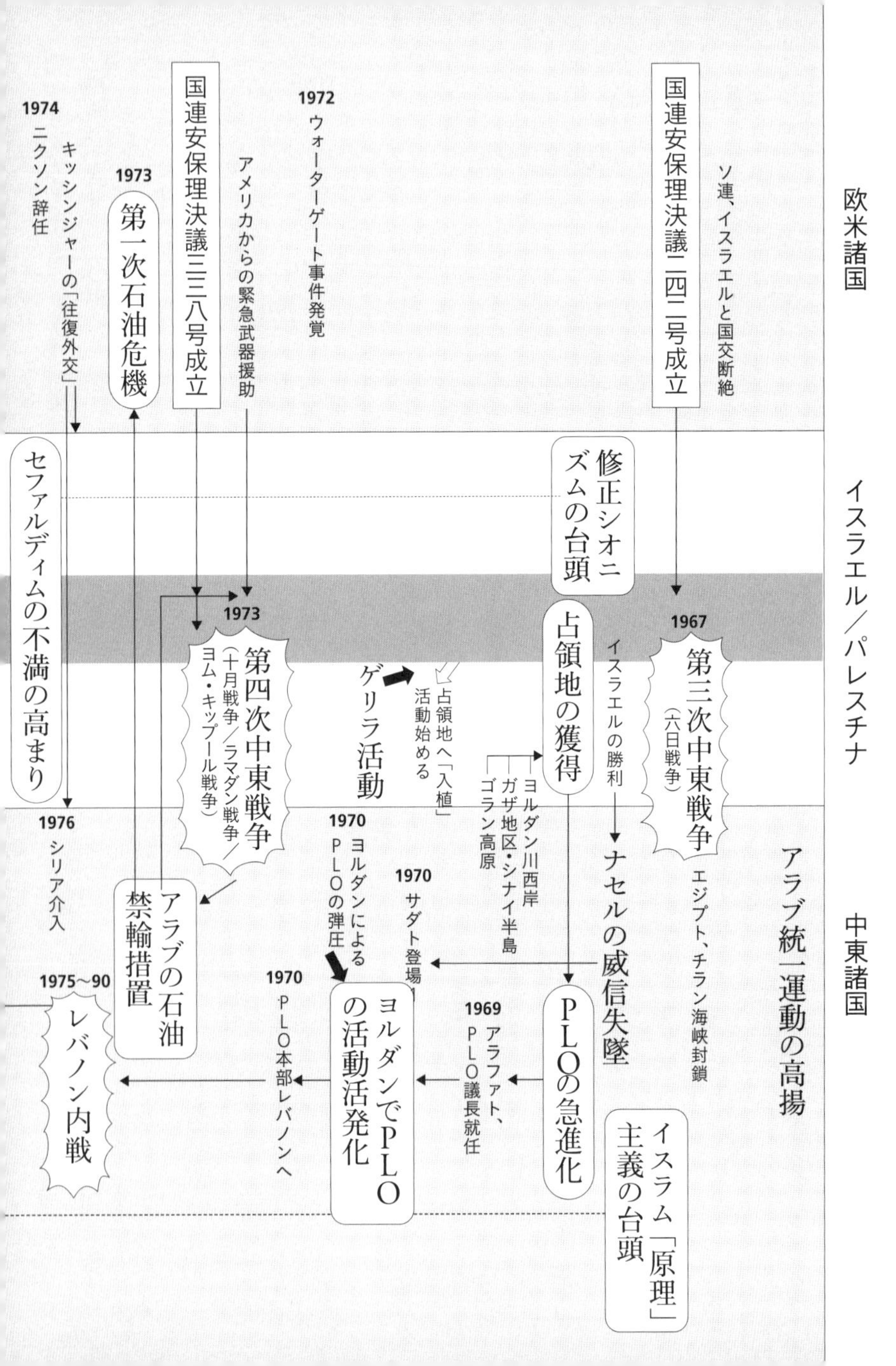
欧米諸国
イスラエル／パレスチナ
中東諸国
ソ連、イスラエルと国交断絶
国連安保理決議二四二号成立
1972
ウォーターゲート事件発覚
アメリカからの緊急武器援助
国連安保理決議三三八号成立
1973
第一次石油危機
キッシンジャーの「往復外交」
1974
ニクソン辞任
1967
第三次中東戦争
（六日戦争）
イスラエルの勝利
占領地の獲得
ヨルダン川西岸
ガザ地区・シナイ半島
ゴラン高原
修正シオニズムの台頭
占領地へ「入植」活動始める
ゲリラ活動
1973
第四次中東戦争
（十月戦争／ラマダン戦争／ヨム・キップール戦争）
セファルディムの不満の高まり
アラブ統一運動の高揚
エジプト、チラン海峡封鎖
イスラム「原理」主義の台頭
ナセルの威信失墜
PLOの急進化
1969
アラファト、PLO議長就任
1970
サダト登場
1970
ヨルダンによるPLOの弾圧
ヨルダンでPLOの活動活発化
1970
PLO本部レバノンへ
アラブの石油禁輸措置
1976
シリア介入
1975～90
レバノン内戦

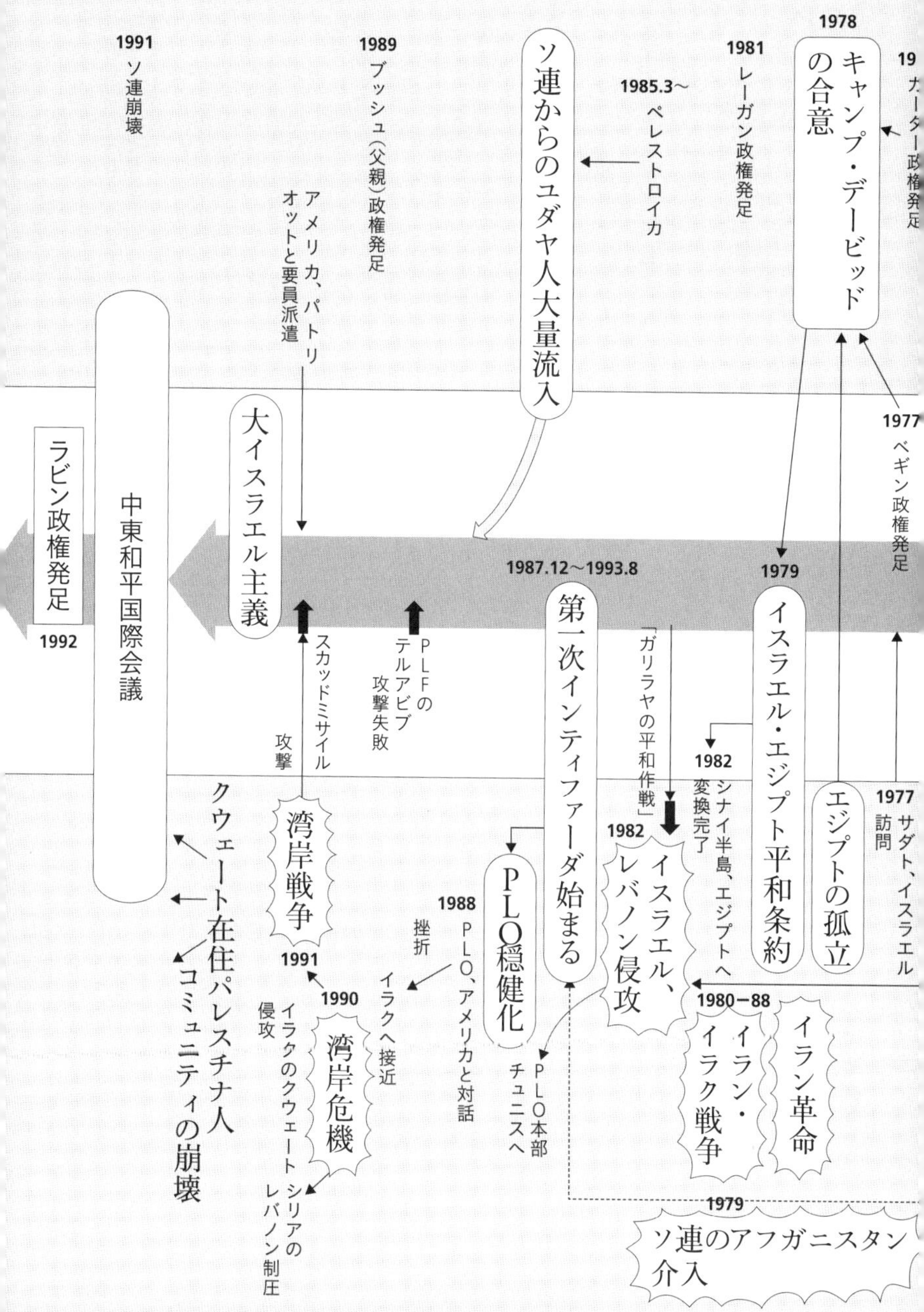

1977 ベギン政権発足
19 カーター政権発足
1978 キャンプ・デービッドの合意
1981 レーガン政権発足
1985.3〜 ペレストロイカ
ソ連からのユダヤ人大量流入
1989 ブッシュ（父親）政権発足
アメリカ、パトリオットと要員派遣
1991 ソ連崩壊
1977 サダト、イスラエル訪問
エジプトの孤立
1979 イスラエル・エジプト平和条約
1982 シナイ半島、エジプトへ変換完了
「ガリラヤの平和作戦」
1982 イスラエル、レバノン侵攻
1987.12〜1993.8 第一次インティファーダ始まる
PLO穏健化
PLO本部チュニスへ
1988 PLO、アメリカと対話挫折
イラクへ接近
PLFのテルアビブ攻撃失敗
スカッドミサイル攻撃
湾岸戦争
1991
1990 湾岸危機
イラクのクウェート侵攻
シリアのレバノン制圧
大イスラエル主義
中東和平国際会議
クウェート在住パレスチナ人コミュニティの崩壊
ラビン政権発足
1992
イラン革命
1980−88 イラン・イラク戦争
1979 ソ連のアフガニスタン介入

欧米諸国

- 1993 クリントン政権発足
- 1998 クリントン、モニカ・ルウィンスキーとのスキャンダル
- 2000 8月 民主党、副大統領候補にユダヤ人を指名
- 2000 11月 アメリカ大統領選挙
- 2001 1月 ブッシュ（息子）政権発足
- 2001 9月 アメリカ同時多発テロ

イスラエル／パレスチナ

- オスロ合意 1993
- ラビン暗殺 1995
- ネタニヤフ政権発足 1996
- バラク政権発足 1999
- イスラエル軍レバノンの「安全保障地帯」から撤退 2000 5月
- キャンプ・デービッド首脳会議 2000 7月 アラファト バラク クリントン
- シャロン、エルサレムのイスラムの聖域に入る
- パレスチナ人の抗議行動／第二次インティファーダ
- シャロン、首相当選 2001 2月
- 1972

中東諸国

- ヨルダンのフセイン国王死亡 1999 3月
- シリアのアサド大統領死亡 2000 6月
- アフガン戦争の開始 2001 10月

2003 5月 ロード・マップ発表

2004 11月 アメリカ大統領選挙 ブッシュの再選

2002 自治地域の一部を再占領

1972 分離壁の建設開始

2004 3月 ハマスの指導者 ヤシン師の暗殺

アラファト、パリで入院

2005夏（予定） イスラエル軍の ガザからの撤退開始

ターバン政権崩壊

2003 3月 イラク戦争の開戦

2003 4月 フセイン政権の崩壊

◉第一章　パレスチナ問題以前のパレスチナ

「国のない民へ、民のいない国を」
シオニズムのキャッチ・フレーズ

五百周年

十九世紀以降、人類は民族主義の時代の中にいる。お国のために死ぬという非合理的行動に集約されるこの民族主義という考えは、二つの世界大戦の、そしてナチスによる「ホロコースト」（ユダヤ人大虐殺）の遠景をなしていた。ホロコーストは突然、また偶然に発生したのではない。ヨーロッパのキリスト教社会が長年にわたって育んできた反ユダヤ主義の破局的な発現であった。中世以来、ユダヤ教徒はキリストを裏切った者の子孫として嫌悪され、蔑視され、そして必要とされていた。なぜならば金貸し業に対する宗教的アレルギーがキリスト教徒には強く、キリスト教徒は金融業に従事しなかったからである。しかし、社会は金融業を必要としており、そのためにユダヤ人がその隙間を埋めることとなった。「もしユダヤ人がいなかったとすると、ヨーロッパはユダヤ人を発明する必要に迫られたであろう」とフランスの哲学者のジャン＝ポール・サルトルが言ったようにである。ヨーロッパの中世史をどす黒く染めるユダヤ人迫害の嵐の頻発もユダヤ人を絶滅させることはなかった。なぜならば社会がユダヤ人の金貸しを必要としていたからである。当時のカトリック教会の強大な力をもってすれば、ユダヤ人を強制改宗と追放とによって一掃することも可能であったはずだ。なお、ユダヤ人とユダヤ教徒をここでは同じ意味で使っている。

現にスペインではレコンキスタ（スペインのキリスト教徒による再征服）完了の年である一四九二年以降にムスリム（イスラム教徒）とユダヤ教徒が改宗を迫られ、拒絶した者は追放の憂き目にあっている。一九九二年をコロンブスのアメリカ「発見」の五百周年として祝う傾向が一部にはあったが、ユダヤ人とイスラム教徒の間では反発が強かった。それは長年にわたる両者のイベリア半島での生活基盤が根こそぎにされた事件の五百周年でもあったからだ。この問題に関してだけは、最近は反発しあうことの多いムスリムとユダヤ教徒が同じ側に立ったのも興味深い。

勤勉かつ有能なユダヤ人を排除したこともあって、スペインはオランダやイギリスなどの新興の重商主義諸国との競争に敗れていく。スペインの没落の種がその国力の隆盛期に播かれていたわけだ。金貸しのいない国で経済が繁栄するはずはない。現に追放されたユダヤ人の一部はスペインの強力なライバルとなるオランダに移住した。また多くはオスマン帝国に受け入れられた。勤勉な納税者を宗教の違いを理由に追放するなどとはオスマン帝国の支配者であるスルタンには理解を超えた狂信であった。そのため、今日でもイスタンブールには十五世紀のスペイン語を話すユダヤ教徒が残っている。

スペインは、そしてその例に従ったポルトガルは例外であった。ヨーロッパの他の国々ではユダヤ人は度重なる迫害こそ経験したものの、そのコミュニティが消滅することはなかった。前述のように彼らが必要とされていたからだ。ユダヤ人を追放したスペインやポルトガルにしろ、あるいはナチス・ドイツのように絶滅させた国にしろ、いずれも大国としての地位を長く維持できなかったのは示唆的である。こうした歴史的行きがかりから、シェイクスピアの『ベニスの商人』に登場するシャイロックのような守銭奴のイメージがユダヤ人には付きまとうこととなった。

ユダヤ人をゲットーから解放し、初めてキリスト教徒と同等の市民権を付与したのはフランス革命政府であった。この革命の初期段階を特徴づけていた啓蒙主義的な、反カトリック教会の姿勢の反映であった。これは、ヨーロッパの各国での多数派のキリスト教徒との同化への扉をユダヤ人のために開く行為であった。

しかしフランス革命は、もう一つの扉を開いた。民族主義の扉であった。革命によって王族支配を打倒した民衆は、国家を自らのものと感じ、その国家の主体である民衆の間での一体感を高めていった。そして運命を共にするとの感情である民族主義を燃え上がらせていった。やがてナポレオンが現れ、皇帝となって君臨するようになっても、一度燃え上がった火は消えることはなかった。ナポレオンは、この民族主義の炎に農民出身の数知れぬ兵の命を注いで数々の戦勝の栄光を我が物とした。「お国のために死ぬ」という民族主義の不思議な情念で武装されたフランス軍は、お金のために戦争をしていた近隣諸国の職業軍人を圧倒した。ナポレオンは無敵であった。近隣諸国に民族主義が伝染するまでは。やがてフランス軍に蹂躙《じゅうりん》された地域でも民族主義が起こり、ナポレオンの没落が始まる。しかし、敗れたナポレオンは民族主義を遺産として残した。この民族主義という情念が、以降の国際政治を突き動かす大きなエネルギー源となった。

　ところが民族主義の高まりは、ユダヤ人に対する迫害を鋭いものにした。自らの民族と他を峻別《しゅんべつ》することで成立する民族主義は、ヨーロッパの各地で生活するユダヤ人を異物として排除し、自らの内に取り込もうとはしなかったからだ。東ヨーロッパではポグロムと呼ばれる激しいユダヤ人迫害の波が起こった。『屋根の上のヴァイオリン弾き』というミュージカルの時代背景であった。そのため、この地からのユダヤ人の聖地パレスチナへの移民が十九世紀の末には始まっている。その子孫は現在のイスラエル国民となっている。しかし、圧倒的に多くのユダヤ人は移民先として実はアメリカを選んだ。『屋根の上のヴァイオリン弾き』のテヴィエ一家のようにである。十九世紀後半から一九四一年までに四百万のユダヤ人が東ヨーロッパからアメリカに移住している。現在の在米五百五十万のユダヤ人の多くがこのときに移住した人たちの子孫である。そして彼らは今イスラエルの支持者となっている。両者の関係については後に述べることにしよう。

砲兵将校

こうしたユダヤ人に対する迫害事件においても、特に注目されるのがドレフュース事件であった。これは、フランス軍参謀本部に勤務する唯一のユダヤ人であったアルフレッド・ドレフュース大尉が一八九四年にドイツのスパイであると濡れ衣を着せられた事件であった。文豪エミール・ゾラなどの支援もあって、結局はドレフュースの無罪が証明された。しかし、ユダヤ人をいちはやく解放し、ユダヤ人の同化が最も進んでいると思われていたフランスでの事件だけに、ユダヤ人の受けた衝撃は大きかった。反ユダヤ主義に対して理性で立ち向かおうとする流れが弱まっていった。偏見や差別といった非理性、反理性的なものに対し理性で立ち向かうのは不可能であり時間の浪費である、との議論が強まっていった。ユダヤ人は自らの国を持たなければならない、との声が高まっていった。その中心人物は、このドレフュース事件を取材したオーストリアのジャーナリスト、テオドール・ヘルツルであった。ヘルツル自身もユダヤ人であった。なおドレフュースは、後に第一次世界大戦では五十五歳の齢を押して砲兵将校としてパリの防衛戦で奮戦している。そのフランスへの愛国心はドレフュース事件によっても揺るがなかったわけだ。

ヘルツルは、自らの考えを『ユダヤ人国家』というパンフレットにまとめ、一八九六年にオーストリアのウィーンで出版している。ヘルツルの考えに同調する人々が集まりユダヤ人国家を建設しようとする運動が開始された。当初からこの運動がユダヤ人国家をパレスチナに建設しようとしていたわけではない。ユダヤ人が独自の国を持てればよいということで、その候補地として例えばイギリスの植民地であった東アフリカのウガンダなどもあげられていたほどである。しかし、やがてヘルツルらは、国家建設の土地としてパレスチナを選ぶこととなった。それは、そうしなければ宗教的なユダヤ人の支持を得られなかったからである。自分たちの祖先の地と彼らが考えたエルサレムのシオンの丘に因《ちな》んだこの運動は、シオニズムとして知られるようになった。そして、その推進者たちはシオニストということになる。「国のない民へ、民のいない国を」というキャッチ・フレーズの下で、ユダヤ人のパレスチナへの流れは勢いを増した。

　しかし、そこは「民のいない国」などではなかった。パレスチナ人の居住地であり、イスラム教徒、キリスト教徒、ユダヤ教徒が長年にわたって共存してきた地域であった。ちなみに、シオニストの移住が始まる前のパレスチナにおけるユダヤ教徒の数は、どう高めに見積もっても二万五千程度であった。そこにヨーロッパのユダヤ人がやってきて自分たちの国を建てるなどは土台無理な話であった。しかし、その無理が無理とも、無茶が無茶とも思われないような知的雰囲気が当時のヨーロッパには充満していた。十九世紀末から二十世紀初頭のヨーロッパは、民族主義と同時に帝国主義的な思考も高まった時代であった。圧倒的な軍事力でアジアとアフリカをヨーロッパが制圧した時期であった。そのため、アジアやアフリカなどはヨーロッパが望みさえすればどうにでもなるとの思考が強かった。シオニズムもこうした時代精神の落とし子であった。さもなければ、現実にアラブ人の住んでいる地域に自分たちの国を造るなどといった発想は出てくるはずもなかった。当初、東アフリカにユダヤ人の国を建てるとの案が出てきたのも、そうした思考の反映であった。

シオニズムが始まったころにパレスチナを支配していたのはオスマン帝国であった。したがってシオニストは、当初はイスタンブールのスルタンの許可を得てパレスチナへの移民を進めようとした。例えば一八九九年にヘルツルは、移民の許可を求めたスルタンへの手紙の中で、ユダヤ人はアラブ人と平和的に共存しオスマン帝国の忠誠な臣民になるだろうと述べている。この翌年の一九〇〇年におけるユダヤ人の比率は、シオニストの努力にもかかわらずパレスチナの総人口のわずか九パーセントにしか過ぎなかった。

第一次世界大戦の始まった一九一四年においても人口比は同じようなものであった。ユダヤ人八万五千に対しパレスチナ人七十万がいた。前者の所有する土地はパレスチナのわずかに二パーセントであった。第一次世界大戦においては、オスマン帝国はドイツ、オーストリアの同盟国側について参戦した。このためイギリスは、オスマン帝国の後方攪乱《かくらん》を狙った。オスマン帝国のアラブ地域で反乱を起こさせたのである。メッカの有力者シャリーフ・フセインとイギリス政府は書簡を交換し、戦勝後のアラブ人のオスマン帝国からの独立を約した。そして、その独立したアラブ人の国家の領土にはパレスチナが含まれるはずであった。これは、書簡を交換したフセインとイギリスの高官マクマホンの名前をとってフセイン・マクマホン書簡として知られる。この約束を受けてフセインは、イスタンブールに反旗を翻《ひるがえ》した。「アラブの反乱」として知られる事件であった。このときに「アラビアのロレンス」として知られるイギリスの情報将校が歴史に登場した。だが、ロレンスは単なる連絡係に過ぎず、映画化されたような重要な役割を果たしたのでは実際はなかったようだ。

同時にイギリスは、世界のユダヤ人の支持を求めてバルフォア宣言を発し、戦勝後にパレスチナにユダヤ人の「ナショナル・ホーム」を樹立することを認めた。「ナショナル・ホーム」とは主権を持った国家ではないものの、その道程にある政治的存在である。つまり、イギリスは、同じ土地をアラブ人とシオニストの両方に約束したわけであった。そして、戦争が終わりオスマン帝国のアラブ領土の分割が始まると、結局イギリスがパレスチナを国際連盟の委任統治領として自ら支配することにした。これで、シオニストにもアラブにも不公平が生じなかった。紳士の国イギリスならではの三枚舌外交であった。

委任統治の時代に入っても、「ナショナル・ホーム」樹立の約束を盾にシオニストの流入が続いた。そして、パレスチナにおける自らの将来に不安を高め始めたパレスチナ人の反発が激しくなっていく。ここで指摘しておきたいのは、ユダヤ人のパレスチナへの流入が土地の買収を通じて行われたことだ。パレスチナ人の間では土地を売らない運動もあった。しかし、貧しさ故にシオニストに土地を売却した者もいた。実際に貧しい村では子供たちは靴もはいていなかった。シオニスト組織は、世界のユダヤ人からの寄付を募り、その資金をパレスチナでの土地の購入にあてた。一九三七年までにパレスチナの五・七パーセントの土地がシオニストの手に渡っていた。これが、パレスチナへは正当な手段で移住したのだとのシオニストの主張の根拠を成している。またパレスチナ人以外のアラブ人が、建前ではパレスチナ人の権利の回復といういわゆる「パレスチナの大義」を口にしながらも、本音では「シオニストに土地を売り渡し、揚げ句の果てに国を奪われてしまったお馬鹿さんにはとても付き合いきれない」との感情を持っているゆえんでもある。さらに現在のパレスチナ人が、シオニストに土地を売ったパレスチナ人を非難する理由でもある。

シオニストに土地を売り渡したパレスチナ人は、父祖伝来の土地を次の世代に引き継ぐという責任を果たさなかったわけだ。したがって、現在のパレスチナ解放運動の指導層が見ならおうとしているのはアルジェリアの独立闘争であり、キューバやベトナムの経験であって、決してパレスチナを失った世代であるイスラエル成立以前のパレスチナの指導層ではない。日本の一部には、この世代のパレスチナ人の闘争がパレスチナ人自身によっても正当に評価されていないとの意見もあるが、それはエアコンの効いた研究室で安楽椅子に座っている人間の発想であって、難民キャンプで呻吟《しんぎん》するパレスチナ人のそれではない。現在のパレスチナ人の難民キャンプでは、父親の世代が、そして祖父の世代がしっかりしていれば、こんな苦難をパレスチナ人が味わうこともなかったのにという無念の感情こそが強い。パレスチナを失った世代に対する尊敬の念など、逆さにして振ったところで、ひとかけらも落ちてこないであろう。

逆三角形

ところで、パレスチナに入植したユダヤ人とパレスチナ人の間の共存は不可能だったのだろうか。シオニストの到着前のパレスチナでは、少数とは言えユダヤ教徒がイスラム教徒やキリスト教徒と長年にわたって共存してきたのではなかっただろうか。ヨーロッパからやって来た人間が成立させたユダヤ社会はパレスチナにおけるヨーロッパの飛び地であり、現地社会との間には埋め難い隔絶があった。またユダヤ人の資本と技術力が現地の労働力と有機的に結びつくことも少なかった。それは、一つにはシオニストたちが夢見ていたユダヤ人国家の理想像の問題であった。シオニストの見るところによれば、ヨーロッパのユダヤ人社会は歪な逆三角形をしている。「ふつう」の社会には底辺に大地に足をつけた農民がおり、そして農民よりはるかに少数の非農民がいる。医者、弁護士、研究者、芸術家、商売人などである。つまり、農民層という広い底辺に支えられた安定した三角形をした社会である。ところが、ヨーロッパのユダヤ人社会には農民がほとんどいない。それは、農村からユダヤ人が排除される例が多かった結果であったのだが。そのためユダヤ人の多くは商売人であり、医者であり、弁護士であり、芸術家であった。つまり、ヨーロッパのユダヤ社会は農民という底辺がほとんど存在しない逆三角形だった。

そうした状況への反発として、パレスチナでは「ふつう」の社会の建設をシオニストは夢見ていた。つまり、ユダヤ人は農民になることを理想としていたのである。パレスチナではユダヤ人は「ふつう」の人間に、農民になることができた。ヨーロッパから移住したラテン語やギリシア語が専門の大学教員が喜々として農作業に勤しむといった姿が見られるようになった。イスラエルが農業に注ぎ込む異常とも言える思い入れのルーツは、こうしたシオニズムの自己規定に存している。

その結果、シオニストたちがパレスチナで農地を購入すると、そこで働いていたパレスチナ人の小作農は排除されることとなった。また、新たに開墾が行われた場合でもパレスチナ人の労働力は活用されなかった。さらにヨーロッパからやってきたシオニズムは、ヨーロッパのもう一つの知的流行に影響されていた。社会主義であった。そのため、シオニストたちはパレスチナ人を雇用して「搾取」することを望まなかった。それゆえ、パレスチナ人の労働力とシオニストの資本や技術が融合することはなかった。いずれにしろシオニストの本心は、行く行くはパレスチナ人を排除して自らの国を持つことであった。パレスチナに伝統的な現地社会とヨーロッパ的で近代的なユダヤ社会という二つの接点のない宇宙が不自然に併存することとなった。

シオニズムのネガティブ（陰画紙）

ユダヤ人がヨーロッパ社会への同化の試みを放棄し、パレスチナに自らの国を創設すべしというのがシオニズムであるが、ある面ではそれによく似た考えが第一次世界大戦後のドイツに現れた。この考えは、ドイツ人の血の優秀性を信じ、その純粋性を守るためにドイツからユダヤ人を排除すべしというものであった。ナチズムであった。シオニズムの父ヘルツルと同じくオーストリア生まれのアドルフ・ヒトラーの率いたナチスの人種「理論」によれば、諸民族はその血統によって格付けされ、最も優秀なのがドイツ人であり、最も劣等なのがユダヤ人であった。それでは、民族の優秀性は何によって決められるのだろう。それは戦争に強いかどうかであった。戦争に強い民族が優秀であり、日の当たる場所に生存圏（レーベンスラウム）を確保する権利があるとするものであった。古来から武勇で知られるゲルマン民族こそ神が創造した最優秀民族、マスター・レースであった。

しかし、ナチスのこうした宣伝にも不都合な点があった。それは、そのマスター・レースのドイツの第一次世界大戦での敗北であった。民族の優劣が戦争の勝敗で決まるとするならば、大戦で敗れたドイツ人が最優秀民族である道理は成り立たない。ヒトラーはこの点をいかに説明したのであろうか。ナチズムは、そんな事実ごときにこだわるような生やさしいものではなかった。その宣伝は、まず第一にドイツは軍事的には負けていないというものであった。第一次世界大戦終了の時点では、ドイツ軍は敵国深く進撃しており、決して負けていなかった。にもかかわらずドイツが降伏せねばならなかったのは、ドイツのユダヤ人が裏切り、背後から卑怯にもドイツを突き刺したからだとするものである。第二に、ドイツの敗戦は神がドイツ国民に与えた懲罰であるというものである。神は最も優れた民族としてゲルマン民族を創造した。ところがドイツ人は、愚かにもその神の意思に反し、ユダヤ人と接触し、通婚し、神の創造したすばらしい血を汚してきた。こうした愚行に対する神の懲罰が、負けるはずのないドイツの敗北であったとするものである。したがってドイツの再興の道は、ユダヤ人の排除によってドイツ人の純血を守ることにある、と説いたのである。

この正体不明の疑似科学的説明はドイツの大衆の心をとらえた。なぜなら、第一次世界大戦の敗北の責任をユダヤ人に押しつけ、そのユダヤ人を迫害する「理論」的根拠まで与えてくれたのであるから。ヨーロッパのキリスト教社会に根強いユダヤ人への偏見をナチスは「科学」にまで高めた。ナチスに言わせれば、ドイツは白い肌をした美しい女性であった。ユダヤ人は、その母なるドイツの内部に入り込み、内側からその純潔を汚す忌まわしい存在であった。ユダヤ人の排除は理論やイデオロギーの問題ですらなく、清潔感の問題であった。つまり、体についたシラミを洗い流すように、ドイツもユダヤ人を一掃すべきだというものであった。ユダヤ人への迫害が熾烈さを増していった。

だが、ナチスのユダヤ人をドイツ社会から排除するという発想は、シオニズムのユダヤ人を集めてユダヤ人だけの国を打ち立てようという目標と相通ずるものがあった。シオニズムを裏返すとナチズムになる。ナチズムにはシオニズムのネガ（陰画紙）のような面があった。事実、ユダヤ人の虐殺を始める前のナチスは、パレスチナにユダヤ人を送り込むことに興味を示した。何度かナチスの高官が同地を訪れているほどである。ドイツにおけるナチスの台頭は、いずれにしてもユダヤ人のパレスチナへの流入を加速することになった。

パレスチナへのユダヤ移民の数が増えたもう一つの理由は、このころアメリカとイギリスが移民の流入を制限したからでもあった。これは後に見るように、ペレストロイカ以降ソ連からのユダヤ人の出国が自由になり、また同時にアメリカが移民法を改正したために、やむなくソ連からの多くのユダヤ人がイスラエルに向かうこととなったのと類似の状況であった。

話を一九三〇年代に戻そう。したがってナチスは、シオニズムにとっての最大のリクルート機関となった。ヒトラーが権力を掌握する一九三三年の前年の一九三二年から一九三六年までの間に、実に二十五万のユダヤ人がパレスチナに到着している。彼らドイツ系ユダヤ人は、資本と技術をもたらした。そのためパレスチナのユダヤ社会は急速に発展した。パレスチナに初めてオーケストラができたのもこのころである。シオニズムの隆盛に最大の貢献をしたのは、こうしたユダヤ人の流入を引き起こしたヒトラーの政策であったというのも、歴史がしばしば用意するアイロニーというやつであろうか。

ハジ・アミン・フセイニー

ユダヤ人の流入を目の前にして、自らの将来を懸念するようになったパレスチナ人とユダヤ人との間に、早くも一九二〇年代には武力衝突が発生している。そして一九三〇年代のユダヤ社会の発展は、この対立に拍車を掛けるものでしかなかった。ユダヤ人の入植への反対運動の先頭に立つようになったのがエルサレムのムフティ（イスラム教の最高指導者）であったハジ・アミン・フセイニーであった。だが結局フセイニーは敗退し、イラクへと逃れた。反イギリス運動がここでも失敗すると、フセイニーはドイツへと亡命した。この過程で、イギリス官憲の追及からフセイニーを匿《かくま》うのに日本の中東への外交団が一役買っている。第二次世界大戦中、ベルリンからラジオを通じてフセイニーはイギリスへの抵抗を呼び掛けている。ここでフセイニーは負け馬に賭けてしまったわけだ。一方で戦後の世界の同情がシオニストに集まり、他方ではナチスへの協力者の烙印《らくいん》を押された人物がパレスチナ人の運動を率いることになった。パレスチナ人に分のある話ではなかった。

　これとは逆に、シオニストは連合国側に立って戦った。それは、ナチスの勝利がユダヤ人の絶滅を意味する以上当然の決断であった。シオニストは、連合国の兵士として戦うばかりでなく、ユダヤ人の部隊の創設を求めた。それは、戦勝後に予想されるパレスチナを巡るアラブ人との衝突に備えるためであった。個人としてばかりでなく部隊としての近代戦の経験が将来の戦争の準備となるのを、シオニストはよく理解していた。

　アメリカが第二次世界大戦に参戦した翌年の一九四二年五月、全米のシオニスト組織が代表を派遣し、ニューヨークのビルティモア・ホテルで会議を開いた。これは会場の名をとってビルティモア会議と呼ばれる。またこの会議で採択された政治目標は、ビルティモア・プログラムとして知られる。そのプログラムとは、戦後にユダヤ人の国家の樹立を求めるものであった。それまでは「ナショナル・ホーム」という用語を使い、「国家」という表現をシオニストは避けてきた。それは、ユダヤ人の居住する国でその忠誠心を疑われかねないからであった。また、パレスチナの統治国（最初はオスマン帝国、そしてイギリス）の権威への直接の挑戦を避けたからであった。それだけにビルティモア・プログラムはシオニストたちの自信を反映していた。事実、第二次世界大戦末期には一部のシオニストはイギリス当局に対するゲリラ攻撃を開始することになる。その中にメナヘム・ベギンやイツハーク・シャミールの名があった。この二人の人物については、歴史はさらに大きな役回りをイスラエルの成立後に用意している。いずれもイスラエルの首相になる人物たちである。この二人については、後の章で触れる機会があるだろう。

　またビルティモア会議が象徴していたのは、シオニズムの重心のヨーロッパからアメリカへの移動であった。実際のところ、ヨーロッパのユダヤ人はナチによる虐殺で数百万を失い、人口的にもその比重を下げていた。このビルティモアの会議の最中にも、ナチス占領下のヨーロッパの強制収容所のガス室では、ドイツ的能率でユダヤ人の大量虐殺が進行していた。結局ナチスのユダヤ人問題の最終的解決方法によって、全ユダヤ人口の三分の一が抹殺されることとなった。

第二次世界大戦が終わり、ナチスの勝利の可能性が消滅した。すると今度は、シオニストは委任統治国イギリスのパレスチナからの追い出しに本格的に取りかかった。イギリス当局の存在はユダヤ人国家建設の障害と見なされたからである。前述のように、シオニストのゲリラ（テロ）攻撃がイギリスに向けられた。十万のイギリス軍をもってしても状況は掌握できなくなった。一九四七年、パレスチナからの撤退をロンドンは発表した。シオニストの狙い通りに事が運んだ。

夢と悪夢

一九四七年十一月二十九日、国連総会はパレスチナの分割決議案を可決した。賛成三十三、反対十三、そして棄権十（イギリスを含む）であった。その内容は、パレスチナをアラブ人地域、ユダヤ地域、国際管理地域に分割することを勧告するものであった。シオニストが所有していた土地はパレスチナの七パーセントに過ぎなかった。しかし、決議案はその五七パーセントをユダヤ人に割り当てていた。これでは、パレスチナ全土を自らの土地と考えるパレスチナ人が、この決議を受け入れるわけはなかった。また周辺のアラブ諸国がそれに同調した。

逆にシオニストは、この決議案を受け入れた。そして一九四八年五月、イギリス軍がパレスチナから撤退した。一方でシオニストは、その直後にユダヤ人国家イスラエルの成立を宣言した。他方では周辺のアラブ諸国の軍がパレスチナに進撃した。第一次中東戦争が始まった。シオニストはアラブ諸国軍を撃破して、新生イスラエルの存在を守った。停戦が成立したときには国連決議をはるかに上回る領土をイスラエルは確保していた。パレスチナの七八パーセントがイスラエルの支配下にあった。だが、その代償は安くなかった。わずか人口六十五万のパレスチナのユダヤ人社会がその一パーセントに当たる六千五百の死者を出した。この比率を現在の日本の人口一億二千万に当てはめると百二十万人である。その犠牲の大きさが想像できよう。これが第一次中東戦争のあらましであった。この戦争のイスラエル側の名称は独立戦争である。

そしてパレスチナ人による呼称は、いみじくも「ナクバ（破局）」であった。だがアラブ側は敗れたとは言え、パレスチナ南部のガザ地区はエジプト軍が押さえていた。そしてヨルダン川西岸地区はヨルダンが制圧した。つまり、パレスチナがイスラエル、エジプト、ヨルダンの三国に分割されたわけである。パレスチナ人の国は、そのどこにもなかった。この戦争において七十万以上のパレスチナ人が難民となって流出し、ヨルダン、レバノン、シリア、エジプトなどの周辺国へ流入した。その理由については、パレスチナにかかわる他の多くの問題と同じくイスラエルとアラブ側で異なった歴史が語られている。一方のイスラエルの歴史によれば、戦争中にアラブ側がパレスチナ人に避難を呼び掛けた。アラブの軍がシオニストを攻撃するのでその邪魔にならないように、一時脱出するようにとの指令がラジオで流されたというのである。アラブ諸国の軍隊の勝利の後に帰還すればよいと思ったパレスチナ人たちは、そのため故郷を離れたというわけである。例えば一九九一年十月の中東和平国際会議でのシャミール・イスラエル首相の演説は、この歴史解釈を繰り返している。つまり、アラブ諸国の指導者がパレスチナ人の避難を勧告したという説をである。

他方、アラブ側の歴史によれば、アラブ諸国はそのような呼び掛けは行っていない。イスラエルがパレスチナ人を追い出したというのである。その一つの方法としてとられたのがディール・ヤシーン村での虐殺であった。この村を包囲したシオニストの軍事組織の一つイルグンの部隊は、老若男女を問わず村の住民の皆殺しを行った。この虐殺のニュースはパレスチナ人の間に広まり、恐怖に取りつかれたパレスチナ人の大脱出が始まった。これがアラブ側の歴史である。一九八〇年代に入りディール・ヤシーンの虐殺の実態が明るみに出るなど、パレスチナ人が難民となった原因についてのイスラエル側の説明の虚構性はますます明白になりつつあるのが現状である。なお、ディール・ヤシーンの付近には、現在ヤド・ヴァシェム（ホロコースト犠牲者の記念碑）が建てられている。またイルグンの指導者は、後に首相となるメナヘム・ベギンであった。

いずれにしろ難民化したパレスチナ人の帰還をイスラエル側は認めなかった。したがって、パレスチナ人は今日に至るまで望郷の念を抱いて世界を放浪することとなった。ちょうどユダヤ人がイスラエルの建設まで二千年の間さまよったと主張するようにである。難民となったパレスチナ人への支援は決して十分ではなかった。テントが不足し、上半身のみをテントに入れ、足を出して寝たという悲惨な有様であった。その脱出には栄光など一かけらもなかった。パレスチナ人の「放棄」した財産の没収、地名の変更、村落の破壊など、パレスチナ人の生活の痕跡の抹消のための施策が、イスラエルによって次々と実行に移された。だがイスラエルのこうした政策も、難民キャンプで呻吟するパレスチナ人の脳裏からパレスチナの記憶を消し去ることはできなかった。

こうしてパレスチナで少数派であったユダヤ人が多数派に変身し、多数派であったパレスチナ人が少数派に転落した。パレスチナ人の悲しみの上にシオニストの歓喜があった。ユダヤ人国家建設というシオニストの夢が成就し、故郷の喪失というパレスチナ人の悪夢が始まった。

◉第二章　戦うユダヤ人国家

「俺に続け！」
イスラエル軍将校のスローガン

超大国のディレンマ

一九四八年という年にイスラエルが成立したことは、その国際的地位を確立する上で幸運であった。というのは、アメリカのトルーマン大統領はイスラエルの成立宣言の直後に、アメリカの国連代表にも通知せずにその承認を発表したからである。この年の秋の大統領選挙でトルーマンは辛勝した。対立候補の勝利を誤報した新聞があったほどの接戦であった。ユダヤ票がなければトルーマンの勝利はなかったであろう。当時は六百万と言われたアメリカのユダヤ人の存在のなせる技であった。

しかし、イスラエルの承認でアメリカの中東政策は整合性を失った。というのは、アメリカの中東政策には他に二つの目標があり、それらの追求がイスラエルを承認したことで難しくなったからである。その第一は中東原油の確保であった。そのためにアメリカはサウジアラビアをはじめアラブ産油国への接近を図ってきた。ところがアラブ諸国と敵対するイスラエルの承認で、その関係の維持に困難をきたすようになった。しばしば一部では、アメリカは中東の石油を支配するためにイスラエルを支援したと言われるが、実態はそうではない。アメリカのイスラエル支援が石油の確保を難しくしてきた。アメリカが、帝国主義的利益に忠実であったならば、石油会社や国務省が望んだようにイスラエルは承認されなかっただろう。

第二はソ連の封じ込めであった。ソ連の影響力の中東への波及の阻止が、アメリカの主要な外交目標であった。しかし、これもまたイスラエルをアメリカが援助したことで困難になった。なぜならば、アメリカはイスラエルに敵対するアラブ諸国への軍事援助を拒絶せざるを得なかったからだ。その間隙を突いてソ連がアラブ世界に進出した。アメリカに軍事援助を拒まれたアラブ諸国はソ連に頼らざるを得なかったからだ。こうしてイスラエルの安全保障、石油の確保、ソ連の封じ込めという互いに整合性のない三つの外交目標の間をアメリカの中東政策は揺れ動くこととなった。

スターリンの選択

ソ連もまた早期にイスラエルを承認している。アメリカ、グァテマラに続き三番目であった。何ゆえに当時の独裁者スターリンがイスラエルの承認を決断したかについては明確ではない。しかし、イスラエルの成立によってイギリス帝国主義の力が中東から後退するのを歓迎したのではと推測されている。またイスラエルにおける社会主義の影響力の強さも、スターリンの心証をよくしたのかもしれない。事実、イスラエルの建国以前から一九七〇年代まで一貫して政局の中心にあった労働党とその前身は、その名のごとく社会主義的性格の強い政党であった。シオニストの多くは、パレスチナにやって来るときに東ヨーロッパで影響力の強かった思想を、つまり社会主義を持ち込んだ。いずれにしろ米ソがこぞって新生イスラエルを承認しているのは注目に値する。

自由将校団

シオニストの手によるアラブ諸国軍の敗退は、アラブの若い世代に大きな衝撃を与えた。その多くは敗戦の原因をアラブ諸国の支配層の腐敗に求めた。そうした青年の一人にアブドル・ガマル・ナセルという名のエジプト軍将校がいた。ナセルは、一九四八年の敗北以前から軍の内部に自由将校団という秘密組織を結成していた。そのメンバーには後にナセルの後継者となるアンワル・サダトもいた。この自由将校団が一九五二年にクーデターを決行、エジプト王制を崩壊させた。権力を掌握したナセルの掲げた主要な政策の一つが、スエズ運河地帯でのエジプトの主権の回復であり、もう一つがナイル川にダムを建設してエジプトの農工業を振興することであった。スエズ運河はフランスの技師フェルディナン・ド・レセップスの指導の下に一八六九年に開通して以来、地中海とインド洋を結ぶ国際交通の要としての役割を果たしている。その六年後の一八七五年にイギリスはスエズ運河会社の株の過半数を買収して、その支配者となった。スエズ運河地帯はエジプトの中にありながらエジプトの主権の及ばない特殊な地域となっていた。スエズ運河は国の中の国であり、エジプトの中のイギリスであった。ナセルはこの地域への主権の回復を目指した。

しかし、イギリスはエジプトの要求に応じようとはしなかった。国際交易の大動脈であるスエズ運河地帯の防衛・管理を任せるにはエジプト軍は弱体過ぎるというのがイギリスの言い分であった。しかし、エジプト軍を強化するために武器の購入をエジプトが申し出ると、イギリスもフランスも、そしてアメリカもこれを拒絶した。兵器がイスラエルを脅かすことを懸念したからであった。つまり、一方でエジプト軍が弱体であるからとの理由で運河地帯の返還を拒絶し、他方ではエジプト軍が強くなる道を塞いだ。エジプトは躍起になって武器の輸入相手を探した。日本にまで秘密裏に使節を派遣したほどである。このエジプトに一九五五年ソ連が兵器を供給した。表向きはチェコ・スロバキアが兵器を輸出する形であった。ソ連製の兵器の代金をエジプトは綿花で支払う。そうした体裁が取られた。共産圏の外に初めて大々的にソ連製兵器が流れ始めた。このソ連のエジプトへの武器輸出の背景には、クレムリンの第三世界戦略の変化があった。

モスクワのディレンマ

一九五三年にスターリンが没すると、その後継者たちはソ連の第三世界政策を変換させた。第二次世界大戦後にアジア・アフリカの民族主義者たちが次々と独立を獲得していったにもかかわらず、スターリンは彼らへの援助を行わなかった。民族主義者を信用していなかったからだ。しかしながら、その後継者フルシチョフは、アジア・アフリカの民族主義者に新しい機会を見ていた。新興の独立国と接近してアメリカがソ連の周辺に張り巡らせた封じ込めのネット・ワークを飛び越そうとした。エジプトへの援助はその第一歩であった。

だがソ連の方向転換には、直接的な経済的負担の増加という以上のコストがかかっていた。それは、民族主義の政権が往々にして現地の共産主義を弾圧していたからだ。国際共産主義運動の総本山としてのモスクワの義務は、世界の共産主義者の支援であった。しかし、そうすることは現存の政府との関係の改善を妨げる。いつ政権を取れるともわからない共産主義者を支持し続けることのコストであった。逆に現存の政権との関係を改善すれば、短期的にはソ連は外交上の利益を享受できる。だが、それは現地の共産主義勢力の見殺しを意味する。結果は、国際共産主義運動のメッカとしてのモスクワの威信の低下である。ロシア革命によって成立した政権が国際政治の現実に対応する際に発生したディレンマであった。こうして二つの超大国はそれぞれの矛盾を抱えながら中東に進出した。

スエズ危機

すでに述べたように、パレスチナ問題がソ連の中東進出の突破口となった。エジプトへのソ連製兵器の流入は、中東の武器市場における西側の独占を打破した。しかし、ナセルはフルシチョフを信用しきれなかった。将来、ソ連が西側との交渉でエジプトへの武器供与を停止する事態が起こるのを懸念していた。そうした計算もあったナセルは、北京の中華人民共和国政権を承認した。いざという場合には中国からの武器輸入をも考えての措置であった。これがアメリカとの関係を悪化させた。アイゼンハワー政権は、ソ連の武器に対抗してエジプトへの大規模な経済援助を予定していた。ナイル川にアスワン・ハイダムを建設する資金を貸し付ける交渉が進んでいた。しかし、ナセルの北京政権承認によってこの交渉が中止された。ナセルはこれに対してスエズ運河の国有化をもって応えた。運河の通行収入をダムの建設費用に充当しようとした。これが、エジプトと運河を支配してきたイギリスとの関係を一気に緊張させた。

ノルマンディーの英雄

イギリスは、フランスとイスラエルと共謀して、ナセルを打倒するための軍事干渉を計画した。まずイスラエルがシナイ半島に侵入してスエズ運河に向かって進撃する。そしてイギリスとフランスが、紛争から保護するとの名目で運河地帯を占領する。この軍事干渉の衝撃でナセル政権を転覆させようとのシナリオであった。フランスとイスラエルがイギリスの誘いに乗ったのはなぜであろうか。フランスは、このころに激しくなっていたアルジェリアの独立運動をナセルが支援しているものと信じていた。それゆえ、ナセルを倒すことでアルジェリアの独立運動に打撃を与えようとしていた。またイスラエルは、エジプトがソ連製の兵器で強大になる前に先制攻撃をと望んでいた。

こうして一九五六年の十月二十九日、イスラエル軍がエジプト領土のシナイ半島に侵入して戦闘の火蓋《ひぶた》が切られた。独眼の将軍モシェ・ダヤンの率いるイスラエル軍は、エジプト軍を圧倒し、運河地帯へと進撃した。そして自らがけしかけておいて、戦闘から運河を守ると称してイギリスとフランスの連合軍のパラシュート部隊が運河地帯に降下した。しかし、アイゼンハワー・アメリカ大統領はこれを激しく非難し、三国の撤退を求めた。またソ連も侵略行為の停止と撤兵を求め、ロケット兵器の使用も辞さないとイギリスやフランスを脅迫した。この時期には珍しい米ソの一致した反発の前に、三国は撤兵せざるを得なかった。

　三国は、両超大国の、なかんずくアメリカの反応を完全に読み違えていた。イギリスがイスラエラルの軍事干渉への参加を求め、しかも十月末を作戦の期日に選んだのはアメリカの反発を押さえるためであった。イギリス首相イーデンは、十一月初旬に予定されていたアメリカ大統領選挙を考慮すれば、アイゼンハワー大統領はイスラエルの参加した軍事行動に強い態度は取れないであろうと踏んでいた。六百万のユダヤ人の存在をアイゼンハワーは考慮せざるを得ないとの読みであった。一九四八年のトルーマンのイスラエル承認をイーデンは想起していたはずである。だがアイゼンハワーの反応は、すでに見た通り、イギリスの予想を裏切るものであった。なぜアイゼンハワーはイギリス、フランスに激怒したのであろうか。それは、ちょうど一九五六年のこの時期にハンガリーで民衆の反ソ蜂起が発生していたからだ。フルシチョフは軍事力でこの暴動を鎮圧する機会をうかがっていた。逆にアイ

図2-1　ハンガリー動乱
FOTO:FORTEPAN / Nagy Gyula

ゼンハワーは、世界の目をハンガリーに集めてソ連を牽制しようとしていた。その矢先にスエズで戦争が始まった。世界の注意が中東に移る中、フルシチョフは戦車部隊を首都ブダペストに突入させてハンガリーの反乱を押さえ込んだ。こうした一連の流れは、ハンガリー動乱として知られる。スエズでの戦争が、その煙幕の役割を果たした。

それでは、なぜアイゼンハワーはイスラエルを巻き込んでの対エジプト軍事干渉を非難することが政治的に可能だったのだろうか。大統領選挙を直前に控えてユダヤ人の反発を心配する必要はなかったのだろうか。共和党推薦の大統領候補であるアイゼンハワーは、いずれにしてもユダヤ票の大半は当てにできない立場にあった。その理由は、伝統的にユダヤ人は民主党支持であるからだ。また現職でしかもノルマンディー上陸作戦を指揮したアイゼンハワー将軍は、ヨーロッパ解放の英雄として国民的人気を博していた。ユダヤ人の支持がたとえ得られなくとも、再選が危ぶまれるような立場ではなかった。一九四八年のトルーマンとは全てが違っていた。こうした強い国内的基盤がイスラエルへの強い姿勢となって現れた。そして十一月の七日、大差でアイゼンハワーは再選された。

実際のところアイゼンハワーは、イスラエルへの強硬な政策にもかかわらずユダヤ票の四〇パーセントを獲得している。この数字は当時のユダヤ組織の集票力が言われていたほど強くなかったことを示している。こうした苦い経験がユダヤ・ロビーの組織化に拍車をかけることになった。その中核となったのが、この事件の二年前に設立されたユダヤ・ロビーの代表ともいえるＡＩＰＡＣ（American Israel Public Affairs Committee アメリカ・イスラエル公共問題委員会）である。最初の名前はアメリカ・シオニスト公共問題評議会（American Zionist Council of Public Affairs）であったが、一九五九年にＡＩＰＡＣに改名された。そして巨大な組織に成長した。五〇ドル程度の年会費を払う六万五千名の会員に支えられ、一九九〇年代末には年間予算規模千五百万ドル、職員数百五十名程度の組織に成長している。そして現在では会員数十万を自称している。しかし、そのインパクトは予算規模や職員数が示唆するよりは、はるかに強い。それは、このＡＩＰＡＣが、全米の五十を超えるユダヤ人組織を束ねる役割を果たしているからだ。そのいくつかは、予算規模でも会員数でもＡＩＰＡＣよりずっと大きい。ＡＩＰＡＣは、全米のユダヤ人のエネルギーをイスラエルのために結集する世話係である。アメリカとイスラエルの関係については後に詳しく論じよう。

戦後の中東史を貫く三つの大きな流れがある。第一に民族主義の台頭であり、第二にイギリスとフランスの後退である。そして第三に米ソの進出である。こうした三つの流れが交差したのが一九五六年のスエズであった。以降、十九世紀以来中東に君臨してきたイギリスとフランスの最後の軍事的冒険がエジプトへの干渉であった。スエズは、衰退過程の二つの帝国の最後の雄《お》叫《たけ》びであった。なお、こうした一連の展開は「スエズ危機」、「スエズ動乱」、「スエズ戦争」あるいは「第二次中東戦争」などの様々な名称で言及されている。

ナセリズム

米ソの支援を受けて、ナセルは錬金術師のように軍事的敗北を政治的勝利に変えた。それがナセルの影響力を急激に上昇させた。これまでイギリスとフランスの横暴に苦しんで来たアラブ人の覚えた興奮は想像に余りある。遂に帝国主義者を撃退した指導者がアラブ世界に現れたのである。アラブ人の民族感情は一気に沸騰し、このナセルの指導の下に全アラブ世界を統一しようとの動きが高まってきた。ナセルの名を取ってこの運動をナセリズムと呼ぶ。アラブ世界はカイロから聞こえてくるナセルの演説に耳をすました。そして一九五八年、シリアとエジプトの間にアラブ連合が成立した。また、この年イラクで軍部のクーデターが起こり、親イギリスの王制が崩壊した。さらに一九六二年には、遂にアルジェリアからフランスが撤退した。アラブの民族主義は上げ潮にあり、その波頭にナセルが立っていた。

しかし、夏の盛りに秋の気配が忍び寄るように、このころからナセリズムに陰りが見え始めた。それは、一つには一九六一年にシリアがアラブ連合から離脱したからであった。アラブ連合の名は残ったものの、実質はエジプト一国の「連合」であった。またイエメンの内戦に出兵したナセルは、出口のない長期戦でエジプトの国力を消耗させていった。しかも、ナセルと同じようにアラブの統一を掲げるバース党の力が伸び始めたのも、ナセルの野心にとっての障害であった。バース党はナセルの風下に立とうとはしなかったからだ。こうして影響力を弱め始めたナセリズムに止めを刺したのが、一九六七年の戦争であった。

六日戦争

イスラエル軍がシリア方面に集結しているとの情報が、ソ連からナセルへ伝えられた。これが一九六七年の戦争への発端となった。それに対抗して、ナセルはエジプト軍のシナイ半島への集結を命じた。アラブ諸国とイスラエルの間に緊張が高まった。イスラエルとエジプトの両軍の間には、国連軍が展開していた。これは、一九五六年のスエズ危機の収拾策の一環であった。ところがナセルは、この国連軍の撤退を求めた。そして五月十六日、国連軍が撤退した。さらにその次の週に、エジプトはアカバ湾と紅海を結ぶチラン海峡の封鎖を宣言した。チラン海峡封鎖は、イスラエルがアカバ湾に持つ唯一の港エイラートから紅海そしてインド洋へ通じるルートの遮断を意味していた。当時スエズ運河の通行を拒否されていたイスラエルにとってみれば、チラン海峡の封鎖は戦争行為にも等しかった。

そして六月の五日、イスラエル空軍の奇襲で戦闘が開始された。超低空飛行でレーダー網をかいくぐり、早朝にエジプトの空軍基地に殺到したイスラエル空軍のミラージュ戦闘爆撃機は地上で三百機のエジプト空軍機を破壊した。シリアとヨルダンの空軍も撃滅され、昼までにはアラブ側の空軍が全滅した。エジプトの空軍相は責任をとって自殺した。遮蔽物《しゃへいぶつ》のない砂漠で、制空権を確保したイスラエル軍は、圧倒的優位に立った。イスラエル軍の電撃作戦が展開された。六月十一日に戦闘が停止されたときには、エジプトはガザ地区とシナイ半島を、ヨルダンはヨルダン川西岸地区全域を、シリアはゴラン高原をイスラエルに奪われていた。戦闘は六日間続いた。そして六日後には、中東の政治風景は一変していた。

生ける屍

この敗北で、ナセリズムは死んだ。ナセルは、その地位だけはかろうじて維持したものの、もはや昔日の影響力は望むべくもなかった。一九七〇年に死亡するまでの三年の間は、ナセルはナセリズムの生ける屍に過ぎなかった。エジプトはナセリズムの死臭を立ち上らせながら敗戦処理に当たらざるを得なかった。この敗戦の後スーダンの首都ハルツームで開かれたアラブ首脳会議は三つの「ノー」を決議した。イスラエルと「和平」を求めず、「交渉」せず、イスラエルを「承認」しないというものであった。あまりのひどい敗戦に、アラブ側は交渉を始める心理的余裕を全く失っていた。戦場での屈辱を拭い去ることなしに和平を始めれば、それは降伏を意味している。アラブのプライドはそれを許さなかった。

イスラエル国防軍

一九六七年の戦争でのイスラエルの勝因は何だったのか。このときのアラブ側の主要装備はソ連製であり、イスラエル軍のそれはフランス製であった。それは、一九五六年のスエズ危機以来のフランスとイスラエルの密接な関係が、このときまで持続していたからだ。しかし、イスラエルの圧勝の要因は兵器ではなかった。フランス製兵器がソ連製兵器より圧倒的に優れているという証拠は何もなかった。問題は、イスラエルとアラブ側の兵員の質と組織力の差であった。ここで、六日戦争の勝利をもたらしたイスラエル国防軍について若干《じやつかん》の解説が必要であろう。

ナチスによるホロコースト（ユダヤ人大虐殺）の異常な記憶を共有する人々が造り上げたユダヤ人国家イスラエルは、戦争の中で生まれ、周囲のアラブ諸国との戦争の中で成長してきた。常に敵意に満ちた隣人に囲まれて生きてきた。そのため、安全保障という面には特別に敏感である。その防衛の重責を担っているのが、女性をも含む国民皆兵の市民軍である。十八歳になると男性には三年、女性には二年の徴兵義務があり、その後は男性は五十五歳まで予備役に編入される。その間は年に一カ月の訓練を課せられている。なお、アラブ系の市民は徴兵を免除されている。というよりは、ユダヤ人がアラブ人を信用していないというのが正直なところであろう。

日本の外務省のホームページに掲載されているイスラエルに関する資料では、二〇一七年段階で正規軍の兵力は約十八万である。この正規軍の兵力十八万というのは、日本の陸上自衛隊の定員数の十五万よりも多い。人口九百万にも満たないイスラエルが、一億二千万の人口の日本の陸上自衛隊より多くの兵員数を維持している。そ

図2-2　エルサレムのイスラエル兵

（著者撮影　1990年3月）

して、緊急時には四十六万五千の予備役が召集される仕組みとなっている。動員が完了するまでは、職業軍人が先頭に立って盾となって戦うことになっている。事実、イスラエルの将校団のスローガンは、「突撃！」ではなく、「俺に続け！」である。その結果、将校の死傷率が高いと言われている。人口が少なく、予備役の動員によってようやく十分な戦闘能力が出てくるというイスラエル軍の体質からすると、当然のことながら先制攻撃による短期決戦がその基本戦略になる。この限られた人口で長期戦に入れば、経済的にイスラエルは貧血状態に陥ってしまうだろう。またイスラエルは、一度動員を掛けると、長期にわたって臨戦体制を維持するのは困難である。そんなことをすれば、一発も撃たなくともイスラエルのＧＮＰはたちまち何パーセントか低下してしまうだろう。さらに動員を支障なく行うためには、敵の攻撃の前に動員を完了しておくのが望ましい。となれば、いやが上にも先制攻撃への誘惑は高まらざるを得ない。イスラエルを余りに威嚇するのは先制攻撃を呼び掛けるようなものである。一九六七年の戦争がその一番の好例である。

東南アジアの「イスラエル」

こうしたイスラエルとよく似た動員体制を持っている国にシンガポールがある。マレーシアとインドネシアという二つのイスラム教徒が多数派の国に挟まれた状況は、イスラエルに似ていなくもない。しかし、よく似たシステムを持っている理由は、イスラエルとシンガポールの状況の類似ばかりが原因ではない。実はシンガポール軍の創設にイスラエルがかかわっているのである。一九六五年にシンガポールがマレーシア連邦から離脱、独立したとき、この淡路島ほどの都市国家がやって行けると考えた者は少なかった。それゆえ、シンガポール軍の創設にアメリカもイギリスも協力しようとはしなかった。どうせ失敗しそうな負け馬に賭ける馬鹿はいなかったわけだ。そこで、イスラエルにお鉢が回ってきた。イスラエルが敢えて火中の栗を拾った。イスラエルの顧問団がシンガポール軍を訓練することとなった。シンガポールは東洋のスイスを目指すはずであったのが、イスラエルになりそうだと当時は評されたものであった。しかし、以降この都市国家は驚異的な経済発展を遂げ、国民一人当たりのＧＮＰで東アジアでは日本を抜いて第一位である。イスラエル国防軍と類似の動員システムにその安全保障を裏書きされながら。

マサダの誓い

話を東南アジアから中東に戻そう。こうしたシステムで訓練され、動員されるイスラエルの兵士を支えるエトスは、精神は、魂は、いかなるものであろうか。イスラエルの国防観の根底にある考えは、自らの運命を他人に委ねないということである。ナチスのガス室で六百万のユダヤ人が焼かれたときには誰も助けには来なかった。そうした歴史的経験を踏まえて、自らの安全は自分たちの手で守るのだとの気概が横溢している。またイスラエルの若い世代には、屠殺される羊のようにガス室へと引かれていったユダヤ人に対する反発がある。「なぜ抵抗しなかったのだ?」との批判である。「なぜ、もっと抵抗しなかったのか?」という問い掛けである。たとえ結果は同じ虐殺でも、抵抗すればナチスは六百万発の弾丸を使わねばならなかったはずだ。当時の追い詰められ、強制収容所に送られ、虐殺された人々を責める行為にどれほど意味があるのかという疑問は残

図2-3　マサダ
（著者撮影　1990年3月）

る。またワルシャワ・ゲットーでの絶望的かつ英雄的なユダヤ人の蜂起などを無視した非難でもある。しかし、そうした心情がイスラエル国民のかなりの部分に抱かれていたのも事実であった。

ナチスに大した抵抗もできなかったユダヤ人は、その埋め合わせでもするかのように強力な軍事力を育成してきた。差別され、ゲットーに閉じ込められ、武力を持たず、キリスト教社会に運命を弄《もてあそ》ばれてきたユダヤ人の歴史への反動として、イスラエル国防軍が存在しているのだ。強くなければならない。それはイスラエル国家の生存のためばかりでなく、強いユダヤ人としての新しいアイデンティティーの確立と確認のためにもである。そうしたイスラエル軍の精神の象徴となっているのがマサダである。マサダとは死海の西に位置する岩山で、その山上に築かれた砦に少数のユダヤ人が立てこもり、ローマの大軍に長期間にわたり抵抗した。そして遂に砦の陥落が迫った。だが砦の守備隊は降伏をいさぎよしとしなかった。まず男たちがその家族を殺害した。そして、次に男たちの間でクジが引かれ、一人が選ばれた。そしてその一人が他の男たちを殺害した。最後にこの男が自害して九百六十名の集団自決が成就したと伝えられる。壮烈かつ悲痛な結末であった。紀元七十三年頃のことであった。

このマサダの遺跡が発掘され、現在は観光地になっている。また、イスラエルの新兵は、訓練の仕上げにこの遺跡に野営し、マサダを二度と陥落させることはないとの誓いを立てる儀式を挙行する。マサダはイスラエル軍にとって巡礼地である。マサダが象徴するものは現在のイスラエルである。ローマの大軍はアラブ人の大軍に代わったものの、少数のユダヤ人が多数の敵に包囲されている状況には二千年前も現在も違いがないという見方である。ホロコーストを決して繰り返させないとの決意の反映である強大なイスラエル軍の精神的象徴がマサダの遺跡である。またマサダの遺跡は、というよりはイスラエルの遺跡一般は、かつて自らの祖先がこの地に生活していたのだというシオニストの主張の裏づけとして利用されている。考古学がシオニストにとっての重要な武器になっている。銃を持って国境を、ショベルを持って祖先の過去と自らのパレスチナにおける生存の正統性をイスラエル国民は主張している。

モサドの活躍

イスラエルの強さの秘密の一つは、その情報収集能力である。スパイ小説でも御馴染《おなじ》みのモサドと呼ばれる諜報機関が、イスラエルの安全保障のために大きな功績を残してきた。例えば、一九六七年の戦争でイスラエル軍が奪取したゴラン高原におけるシリア軍の配備は、シリアの上層部に食い込んでいたエリー・コーエンというスパイの手によって詳細かつ正確にイスラエルに伝えられていた。また一九五六年、ソ連のフルシチョフが共産党の秘密会でスターリンを批判した際に、その情報をアメリカに伝えたのはイスラエルであった。アメリカのＣＩＡ（中央情報局）さえ出し抜いたのだ。モサドは、国家の生存を賭けた情報収集と分析を行っている。イスラエルという国が世界各地からのユダヤ人の移民ででき上がっているので、世界各国の言葉を母語として話し、その習慣に詳しい人間が多い。スパイとして、また情報分析官として最適の人材に恵まれてきた。前述のエリー・コーエンもエジプトからの移民で、家庭ではアラビア語を話す環境に育っている。

しかし、モサドは有能ではあっても万能ではない。限られた人材と資源でやりくりを行っていたので、全然と言って良いほど研究を怠ってきた国でもある。一九八二年に

PLO（Palestine Liberation Organization パレスチナ解放機構）を壊滅させるためにイスラエルがレバノンに侵攻したとき、イスラエルはレバノンに関してよく知らなかった。レバノンとの戦争をイスラエルが想定してこなかったからだ。そういった意味ではイスラエルにとって最も効率の良い諜報活動は、全世界で大規模に諜報活動をやっている国から情報を盗み出すことだ。つまり、アメリカの収集した情報を入手できれば、これほど効率の良い諜報活動はない。事実、一九八五年アメリカ海軍に勤務するジョナサン・ポラードがイスラエルのためにスパイ活動を行っていた罪で逮捕され、世界はイスラエルの友好国アメリカに対する諜報活動の実態を知った。まさに仁義なきスパイ活動であった。

今、イスラエルの諜報活動は様々な意味で曲がり角に直面している。一つには、こうした友好国に対するスパイ活動の是非が問われている点である。第二に恐らく優秀な諜報活動員の不足する時期を迎えつつあるのではないかと推測されるからだ。それは、イスラエルを建国した世代あるいは次の世代までは、アラブ世界で育ち、その言葉、習慣などを空気を吸うように身につけていた人々がいた。しかし、新しいイスラエルの世代には、もはやアラブ世界やイラン生まれの人間は少なくなりつつある。現地の雰囲気を知らない担当官が情報分析を担当せざるを得なくなりつつある。テヘランの街角の喧騒も空気の汚れも実際に経験してない人間が、文字情報からイラン分析を導き出さざるを得ない状況になりつつある。あたかも衛星から送られてきた写真を見て火星についての議論をするようにである。もちろんスパイの潜入は可能だが、その数も期間も頻度も限られていよう。モサドの情報活動に転機が訪れつつあるのではないだろうか。

核

イスラエルの防衛のための最後の砦は、実はマサダでもなければモサドでもない。それは、核兵器である。核の保有を肯定も否定もしないのがイスラエルの現在の政策である。これは、日本に寄港するアメリカ海軍艦艇が核兵器の搭載に関して肯定も否定もしないとの立場とよく似ている。イスラエルは、核拡散防止条約に調印しておらず、当然のことながら国際原子力委員会の査察も受け入れていない。イスラエル南部のネゲブ砂漠のディモナで核兵器が開発されていると一般的には信じられている。イスラエルが核兵器を最初に開発した日時は定かではない。しかし、一九六七年の戦争のときには恐らくすでに実戦配備されていたようだ。ドゴール政権下でフランスが核兵器の開発を行った際に、イスラエルの科学・技術者がこれに協力した。そして、核兵器開発のノウハウをイスラエルに持ち帰った。この核開発計画を推進した中心人物は、後に首相となるシモン・ペレスと噂されている。

一九六七年の戦争中に、イスラエルの沖に迫ったアメリカの情報収集艦をイスラエル空軍が爆撃するという、あまり報道されなかった事件があった。アメリカは、イスラエルの核配備の状況を探るためにスパイ船を派遣し、イスラエルはそれを隠蔽《いんぺい》するために攻撃したのだろう。イスラエルは、これをアラブの艦艇と誤認したためとの説明を行った。また後に触れる一九七三年の戦争においては、緒戦で劣勢に立ったイスラエルは、アメリカの緊急軍事援助を要請し、仮にそれが容れられない場合には核兵器の使用も辞さないと示唆している。イスラエルの核戦力は周辺の中東諸国ばかりでなく旧ソ連南部をも射程に収めている模様だ。それでは、イスラエルは核実験をどこで行ったのだろうか。どうもこれは、南アフリカ政府の協力を得て南部アフリカの砂漠地帯で行ったと信じられている。アメリカは、スパイ衛星によってこの事実を知りながら、政治的配慮からこれを問題にしない態度を取ってきた。かくして西側諸国がイスラエルの核開発を大目に見てきた間に、イスラエルは中東で唯一の核保有国となった。

アメリカの援助

イスラエルはこうした強大な軍事力を維持するための膨大な資金をどうやって捻出《ねんしゅつ》してきたのだろうか。二〇一九年の数値では、イスラエルのGNPの六パーセント近くが防衛費である。これは日本の一パーセント弱はともかく、アメリカの三パーセント強の倍の数字である。いかに軍事費の負担がイスラエル経済の肩に深く食い込んでいるかが実感できるだろう。イスラエルの人口が、九百三十万であり、そのうちの約四分の三がユダヤ人、そして残りがアラブ人などとなっている。ユダヤ人口は、ざっと六百八十万である。前にも触れたように、ユダヤ人以外は基本的には徴兵されないので、イスラエルの軍事力の基礎となる数は、この六百八十万ということになる。これは千葉県の人口六百三十万並みの数字である。仮に千葉県が単独で中東地域で最大規模の軍事力を保持していると想像してみるとよい。その異常さが想像できるだろう。いくら国民から税金を吸い上げたところで十分ではない。

実は、イスラエルの国防を支えているのは様々な形でのアメリカからの援助である。一九六七年にフランスがイスラエルへの武器輸出を停止して以来、イスラエルの主要装備はアメリカ製に転換された。これは、ひとえにアメリカの援助のお陰であった。また最新兵器の価格の上昇は、イスラエルが独自でその経済的負担に耐えられる限度をはるかに越えてしまった。アメリカの援助への依存は高まる一方であった。その総額に関しては諸説あるが、最近では年間三八億ドルという数値がよく使われる。前述のようにイスラエルのユダヤ人口が六百八十万であるので、イスラエルのユダヤ人が一人当たり五五〇ドルを毎年アメリカから受け取る計算になっている。

「蜃気楼」から「幽霊」へ

アメリカからの多額の軍事経済援助がイスラエル軍の装備の変遷にも影を落としている。例えば、一九六七年の戦争でのイスラエル空軍の主力機はフランス製のミラージュ戦闘爆撃機であった。ミラージュとはちなみに蜃気楼という意味である。ところが一九六七年の戦争以降、フランスのドゴール大統領はイスラエルとの関係を冷却化させた。イスラエルがミラージュを使ってアラブを奇襲したことにドゴールは激怒したと伝えられる。

しかし理由はそればかりではなかった。一九六二年にアルジェリアに独立を与えて以来、フランスとアラブ諸国の間には紛争はなかった。そればかりか、フランスへのアラブ諸国からの石油供給を考慮すれば、イスラエルと密接過ぎる関係を維持してアラブ諸国の不興を買うことは得策ではない。ドゴールはイスラエルと距離を置いた。フランス製の兵器のイスラエルへの流れが止まった。一九七三年の石油危機がドゴールの見通しの良さを証明してみせた。というのは、このときにアラブ諸国は、石油輸入国を敵対国、非友好国、友好国に三分類し、友好国のみに危機以前の水準の石油供給を行うと発表したからであった。一九六七年以来のドゴールの政策のお陰でフランスは友好国扱いであった。アラブ世界を植民地化し、一九五六年にはエジプトを侵略したフランスがである。逆に、中東では手を汚していないと主張していた日本は非友好国として分類され、石油供給の削減の通告を受けた。日本はアラブの友好国にしてもらうために大慌てをした。指導者の国際情勢認識の差の産物であった。この問題には以降の章で戻ってこよう。

脱線が長くなったが、一九六七年以降、イスラエル軍の装備はフランス製からアメリカ製へ、そして時には国産へと切り替えられた。次の戦争、つまり一九七三年の戦争においては、例えばイスラエル空軍の主力は、アメリカ製のF4ファントム戦闘爆撃機であった。ファントムとは英語で幽霊を意味している。つまりミラージュ（蜃気楼）がファントム（幽霊）に化けた。

戦場から議場へ

安全保障が国家の最優先事項となっているにもかかわらず、イスラエルの政治が民主制を維持してきたのは評価される。軍の力が大きくなり過ぎ、結局は民主主義が窒息死するという第三世界にお決まりのパターンは、イスラエルでは起こっていない。その面ではイスラエルは「武装国家」ではあるが、「軍事独裁国家」ではない。言わば「民主的要塞国家」（democratic garrison state）だ。

しかし、軍はクーデターという方法ではなく、政界に人材を供給するというルートでイスラエルの政治に影響力を与えてきた。イスラエル国防軍のエリートたちは四十代で軍籍を離れ、政治に転向する場合が多い。常に兵士の先頭に立ち、また常に新しい兵器、戦略、戦術に適応していくためには、老人の指揮官は役に立たないとの発想がある。生存を賭けた国防努力を迫られているイスラエルには老害に付き合っている余裕はない。「アラブ諸国は何度でも戦争に負けられるが、ユダヤ人国家は一度しか負けられない」との言葉をイスラエルの宣伝はしばしば使用する。つまり、アラブ人は敗れても国が亡くなるわけではなく、いつの日かの再起を期すことができる。しかし、イスラエルは一度負ければ国が滅亡し、二回目の戦争を戦う機会はない。軍のエリートが比較的若くして重責を担い、そして政界に転向していくというのは、日本の中央官庁のエリートたちにも最近目立ち始めた傾向に似ていよう。

したがって、イスラエルのクネセット（議会）には、元将軍たちが溢れている。一九五六年と一九六七年の戦争の英雄であった独眼のダヤン将軍は、亡くなるまでイスラエル政界の大物であった。労働党の故ラビン首相は一九六七年の戦争時の参謀総長であった。リクード党の党首であったシャロンは、一九七三年の戦争時にスエズ運河の逆渡河作戦を成功させて戦局を逆転させた英雄である。後に触れるベギン政権が、シャロンを含め一時期五人の元将軍を閣僚として抱えていた事実などは、軍が政界への登竜門となっている実態をよく示している。これは、各政党が票集めのために国民的英雄となった将軍をスカウトするからでもある。国防が最重要課題である以上、軍事の専門家が政治指導に大きな役割を果たすという現在のパターンは変わりそうもない。クネセットでの将軍たちの第二ラウンドが続いている。

◉第三章　アラブ世界の反撃

「テルアビブへの道はアンマンを経由する」

ゲリラ組織ＰＦＬＰの指導者ジョージ・ハバシュの言葉

カラメの戦い

戦争に敗れたアラブ世界は、ナセルに代わる新しい顔を、力を、英雄を求めていた。そこに登場したのがパレスチナ・ゲリラであり、その指導者のヤセル・アラファトであった。エジプトの敗戦により、ナセルの力によるパレスチナの解放という夢が潰えた。パレスチナ人たちは、自らの力によってしか故郷を奪回することはできないとの自覚を深めた。ファタハというパレスチナ・ゲリラのグループを率いるアラファトが国際政治の表舞台に登場した。そのきっかけとなったのが一九六八年三月のヨルダンのカラメ村付近での戦闘であった。

この戦闘において、侵攻してきたイスラエル軍をパレスチナ・ゲリラが撃退した。イスラエル側の死者二十九名、負傷者九十名であった。しかも戦車四両と装甲車両四両が放棄されていた。パレスチナ・ゲリラの方は、実はイスラエル軍の三倍以上の九十七名の死者を出していた。そのうえ、この戦闘はパレスチナ・ゲリラが単独で戦ったのではなく、ヨルダン軍も背後からゲリラを支援していた。その死者二百七名であった。しかし、そうした詳細は重要ではなかった。エジプト、シリア、ヨルダンの三軍を六日で潰走させたイスラエル国防軍にゲリラが戦いを挑み勝利を収めたとの神話と伝説を、何よりもアラブ世界は必要としていた。アラファトは、たちまちアラブ世界の英雄と化した。ゲリラへの志願者がファタハに殺到した。以降、パレスチナ・ゲリラのイスラエルへの攻撃や飛行機のハイジャックが頻発することとなる。イスラエル側はこれをテロとして糾弾《きゅうだん》した。逆に、アラブ側は抑圧された人々の正当な行為としてこれを擁護した。その是非を論ずることは本書の主題ではない。だが、一連のゲリラ（テロ）事件がパレスチナ問題の存在を世界の人々の認識に深く刷り込んだのだけは確かであろう。

パレスチナ解放運動

カイロで学業を修め、クウェートで事業に成功したヤセル・アラファトが、武力闘争のための組織作りを始めたのは一九五九年のことであった。「パレスチナ解放運動」という自称のこのグループは武力闘争を求める雑誌の発行などで気勢を上げた。最初の問題は、組織のアラビア語の頭文字を続けて読むと「ハタフ」（「死」）となることであった。この問題は頭文字を逆に「ファタハ」と読むことで解決した。アラビア語でファタハは「征服する」とか「鍵で開く」といった意味の言葉である。イスラエル成立時に難民となった多くパレスチナ人が、自宅の鍵を身に付けて故郷を脱出したという歴史を考慮すれば、すばらしい命名であった。

こうして、アラファトの逆転の発想によってファタハが誕生した。そして一九六五年に至り初めてファタハの「軍事作戦」が敢行された。イスラエルの水利施設に爆弾が仕掛けられた。しかし、爆弾は爆発する前にイスラエル当局によって処理され、そのゲリラは射殺された。しかも、射殺したのはイスラエル軍ではなかった。ヨルダンに逃げ込もうとした際にヨルダン兵によって銃撃されたのであった。カラメの戦いまで続くファタハの苦難の始まりであった。

PLO

カラメの戦い以降のファタハの力の高まりを背景にして、一九六九年にアラファトがＰＬＯの議長に就任した。ＰＬＯは一九六四年に成立した組織であるが、どちらかというとパレスチナ解放のためというよりは、パレスチナ人が独走しないようにするための組織であった。アラブ諸国、ことにナセルが自らの政策に利用するために作ったと言っても過言ではなかった。そうしたＰＬＯの主導権をアラファトがナセルの傀儡から奪い取った。ＰＬＯはナセルの道具からパレスチナ人の民族主義の母体となった。しかし、ＰＬＯは決して一枚岩の組織ではない。様々なパレスチナ人の組織の合同体である。それは、アラブ世界各地に分散するパレスチナ人の現状の反映でもある。言わばＰＬＯは自由民主党のような組織である。種々の派閥が合従連衡《がっしょうれんこう》を繰り返してその政策が決定される。そして、そのＰＬＯの中でアラファトが議長となったのは、ファタハという最大派閥を支配していたからである。それではアラファトが最大派閥を維持できた要因は何であろう。端的に言ってその資金力であった。ファタハへはペルシア湾岸のアラブ産油国からの資金の太いパイプがあった。その解説は後の章に譲ろう。

パレスチナ国家

パレスチナの解放を標榜《ひょうぼう》するＰＬＯは、それでは、いかなるパレスチナ国家の樹立を主張していたのであろうか。ＰＬＯの目標は、一九八八年という年を境に大きな変化を見せた。ここでは、一九八八年以前のＰＬＯの政策について述べてみよう。パレスチナ全体にイスラム教徒、キリスト教徒そしてユダヤ教徒が宗教による差別なく生活できる、非宗教的な民主国家を樹立する。ＰＬＯがその綱領に掲げた目標である。つまりそれは、ユダヤ人と非ユダヤ人を峻別するシオニズムに対する反論であった。その前提とするところはイスラエルの消滅であった。パレスチナを巡るパレスチナ人とユダヤ人の二つの民族主義の対立という構図を、ＰＬＯは拒絶していた。ＰＬＯとイスラエルの対立は、その宗教にかかわりなく全てのパレスチナ人に開かれた国家をパレスチナに樹立しようとする理念と、ユダヤ教徒のみの国イスラエルという思想との相剋《そうこく》である、とＰＬＯの歴史解釈は位置づけていた。

ユダヤ人とは？

それでは、ここで話題になるユダヤ人とは誰だろう。端的に言うと、ユダヤ人とはユダヤ教徒のことである。世界中に広がる宗教の信者が一つの民族を構成するというシオニストの議論は、よく考えてみると奇妙なものである。アメリカのユダヤ教徒もロシアのユダヤ教徒も同じユダヤ教を信じているからユダヤ人、つまり一つの民族であるというのがシオニストの議論である。ところが、仮に日本のカトリック教徒もアメリカのカトリック教徒も同じカトリックの信者なのだから、これは同じ「カトリック民族」として一つの民族を構成するなどといった類《たぐい》の議論はまず誰も本気にしない。ユダヤ教徒の場合においてのみ宗教を基準に民族を分類するというのは不合理である、との議論をＰＬＯは展開してきた。つまり、この議論によればシオニズムは単なる帝国主義や植民地主義に過ぎず、民族主義ではない。ユダヤ教徒をユダヤ人にすり替え、ユダヤ民族などという存在もしない架空の民族をでっち上げてきたのがシオニストとなる。

ヨルダン内戦

そんな理屈はともかく、パレスチナ・ゲリラの当面の課題はイスラエルへの武力攻撃を強めることであった。そのためには、イスラエルへ出撃する基地を提供する隣接した国の協力が必要であった。しかし、ゲリラの攻撃がイスラエルの報復を招き、イスラエルとの全面戦争を触発する可能性があった。それゆえ、イスラエルと隣接するエジプト、シリア、レバノン、ヨルダンの前線アラブ四カ国の内のエジプトとシリアは、パレスチナ・ゲリラによる自国領の自由な使用を許さなかった。威勢よくゲリラに対する応援の声は上げながらもである。

だが国力の弱いレバノンとヨルダンでは、パレスチナ・ゲリラの活動は自由であった。ヨルダンは、住民の半分以上が一九四八年と一九六七年の戦争で難民となったパレスチナ人である。そのため、ヨルダン政府としてはゲリラに遠慮した政策を取らざるを得なかった。ヨルダン領からゲリラはイスラエル占領地へと出撃し、その報復にイスラエル軍がヨルダンを攻撃した。またヨルダン国内に多数のゲリラの軍事基地が作られ、ヨルダンの主権を脅かす存在にまで成長していた。ゲリラ組織ＰＦＬＰ（Popular Front for the Liberation of Palestine パレスチナ解放人民戦線）の指導者ジョージ・ハバシュが「テルアビブへの道はアンマンを経由する」と発言していたのもこのころであった。

ヨルダンのフセイン国王は、王制を賭けての大攻勢に出た。一九七〇年九月にヨルダン軍とパレスチナ・ゲリラの間で戦争が始まった。このとき、劣勢に立ったゲリラを支援するためにシリア軍の機甲部隊の一部が国境を越えてヨルダンに侵攻した。アメリカは、ヨルダン王制を守る決意であった。ニクソン大統領は、地中海上のアメリカ海軍の空母部隊をイスラエルの沖に急行させた。しかし、海上での力のデモンストレーションのみでは不十分であった。そこでアメリカとの密接な連絡の下に、イスラエル軍がシリアに対する動員を行った。シリア軍のヨルダン侵攻が本格化する場合には、イスラエル軍がシリア軍と交戦する姿勢を見せた。シリア軍は方向を変えてヨルダンから撤退した。シリア軍の脅威から解放されたヨルダン軍がパレスチナ・ゲリラに襲いかかった。ゲリラと正規軍の正面衝突では、その結果は明らかであった。ゲリラは大きな損害を受けて潰走した。多くのパレスチナ人の命が失われた。そのため一九七〇年の九月は「黒い九月」（ブラック・セプテンバー）としてパレスチナ人の脳裏に刻まれることとなった。ヨルダン王制はイスラエル軍の支援もあって生き延びた。敗れたパレスチナ・ゲリラが移動した先はレバノンであった。亡命先からの亡命であった。

ナセルの後継者

一九六七年の敗北以降のアラブ世界での流れの一つは、パレスチナ人の急進化であった。そして、もう一つの流れは逆にエジプトの保守化であった。エジプトやシリアは軍備の再建のためにペルシア湾岸の産油国からの援助を必要としていた。となれば、それまでのアラブの統一などという威勢のよいスローガンは引っ込めざるを得なかった。エジプトやシリアの掲げたアラブの統一とは、要するに湾岸産油国の資金をカイロやダマスカスから支配しようというものだったからだ。そうした物騒なスローガンを降ろすのと引き替えに、湾岸の君主たちは資金の供与を行った。これまで打倒を呼び掛けていた政府からお金を受け取らざるを得ないような状況では、アラブの統一などは夢のまた夢であった。ソ連製の兵器が再度エジプトとシリアに流れ込み、軍の再建が進められた。その過程でナセルが逝去した。一九六七年の敗北から三年後の一九七〇年のことであった。後継者はアンワル・サダトであった。自由将校団の一員であり、長年ナセルの副大統領を務めたものの、その手腕は未知であった。サダトの政治的力量に疑問を投げる向きが多かった。しかし、大統領に就任すると政権内部の反対派を粛清して権力基盤を固めた。次いで一九七二年にはソ連の軍事顧問団を追放して世界を驚かせた。その命の最後まで世界を驚かすことの多かったサダトの最初の離れ業であった。

十四時〇五分

サダトが次に世界を驚かせたのは一九七三年十月のイスラエルに対する奇襲であった。この月の六日土曜日の昼過ぎ、エジプト、シリアの両軍がイスラエルを奇襲して、アラブ諸国とイスラエルの四回目の本格的な武力衝突が開始された。つまり第四次中東戦争であった。その月を取って十月戦争とも呼ばれるし、イスラム暦のラマダン（断食月）に当たっていたのでラマダン戦争とも呼ばれる。またユダヤ教の贖罪の日のヨム・キップールに当たっていたのでヨム・キップール戦争とも一部では呼ばれる。十月六日は奇しくもシリアのハーフェズ・アサド大統領の四十三回目の誕生日であった。ユダヤ教徒の聖なる日を、アラブ側が選んだのではとの憶測がある。また、スエズ運河の渡河作戦のために潮流の状態の良い日が選ばれたとの説もある。戦闘開始時間についてはシリアとエジプトとの間に意見の相違があった。一方で、シリアは夜明けを主張した。そうすればイスラエルを東から攻める形のシリア軍は太陽を背に攻撃ができるからだ。いかに近代戦と言えども、体を張って敵弾に身をさらすとなると、こうした原始の本能のようなものに人間はこだわる動物のようだ。他方、エジプト軍は日暮れの開戦を望んだ。日が落ちてイスラエル空軍が動けなくなる時間に、スエズ運河の渡河作戦を実施したかったからであった。結局、中間が取られ、午後二時〇五分に攻撃が開始された。

奇襲

一九七三年の十月にエジプト軍とシリア軍が戦争を開始したときには、イスラエル軍は動員されていなかった。一九六七年の戦争に完敗したアラブ諸国が再度挑戦してくるとはイスラエルは予想していなかったからだ。またソ連の軍事顧問団をサダトが追放した事実も、アラブ側に戦争の意思のない証《あかし》と考えられていた。

六時間戦争

エジプト軍がシナイ半島の、シリア軍がゴラン高原のイスラエル軍に一斉に砲爆撃を浴びせかけた。十万の兵力、一千両の戦車のエジプト軍がスエズ運河を渡河、運河の東岸沿いに構築されていたイスラエル軍の防衛陣地であるバーレブ・ラインを突破した。数時間後にはエジプト軍はシナイ半島に橋頭《きょうとう》堡《ほ》を確保していた。一九六七年の戦争が六日戦争なら、この戦争は六時間戦争だとサダトは豪語した。イスラエル軍は戦車部隊を繰り出して反撃に出た。しかし、エジプト軍歩兵が装備していたソ連製の対戦車ミサイルの前に六日間で百二十五両の損害を出して敗退した。これまでイスラエル軍の誇りであった戦車は、対戦車ミサイルの前に単に高価な鉄の棺桶と化した。この戦争の後、戦車兵への希望者がイスラエルで激減したのもうなずける。しかも前回の戦争で主役を果たしたイスラエル空軍も思ったような活躍ができなかった。エジプトが森のように密集させて配備したソ連製の地対空ミサイルの餌食となったからだ。同じ六日間でイスラエルは四十六機を失った。イスラエル国防軍の歴史における初めての敗北であった。イスラエル国防軍不敗の神話がシナイ半島の砂漠で砕け散った。

　このエジプト軍の勝利は、戦術の歴史の上でも画期的なものであった。一九三九年にナチスがポーランド侵攻の電撃作戦において機甲師団を使用して以来、戦車部隊は歩兵を圧倒し続けた。だがシナイ半島の戦場では、初めて戦車部隊が歩兵に敗れた。ちょうどナチスがポーランドを侵略していたころ、ソ連と旧満州の国境地帯ノモンハンでソ連赤軍と日本帝国陸軍の精鋭である関東軍が衝突していた。ここでもスターリンの戦車部隊が日本の歩兵を圧倒し、踏み潰していた。しかし一九七三年十月、シナイ半島の砂漠では対戦車ミサイルさえあれば歩兵が戦車に勝てると証明された。その事実は中東地域を越えた重要性を持っている。それは、恐らく国防予算の効率的支出ということを考えた場合、コストの高い戦車を購入するよりも対戦車ミサイルを多数装備する方が有利ではないかと推論できるからである。また、当時ヨーロッパでの通常兵力の軍事バランスは、兵員数と戦車の保有台数で優る東側が圧倒的に優位に立っているとされていた。しかし、戦車の有効性にシナイ半島で疑問符が付けられた以上、東側がそんなに優位に立っているわけではないとの意見も説得力を持った。これは、中東における戦争の推移が世界における軍事バランスの認識を変えた一例である。国際政治を研究する者が中東から目が離せない理由の一つに、このように中東が最新の兵器と戦術の実験場になっているという事実がある。

最後の手段

緒戦に敗北したイスラエルの首脳は、アメリカへ緊急軍事援助を要請した。戦場で喪失した戦車や航空機の補充が、反撃には不可欠だったからだ。しかしアメリカは、戦場でのイスラエルの敗退を知らなかった。アメリカもまた、アラブ側が戦争に訴えるとは考えていなかったし、軍事的にイスラエルに対抗できるとは予想していなかった。またしてもイスラエル軍が短期間で圧勝してしまうと考えていた。この前月の九月に国務長官に就任したばかりのヘンリー・キッシンジャーは、イスラエルが再度勝利を収めてしまえば、アラブ側はかたくなな態度を取って和平を拒否するだろうと恐れた。それゆえキッシンジャーは、イスラエルの圧勝を避けるべく画策した。言を左右して緊急援助を遅延させようとした。アラブ側に軍事面で花を持たせることが和平への突破口を開く道であるとの判断であった。つまり、今度はイスラエルも死なない程度にぶん殴られて、鼻血でも出して頭を冷やしたほうが良いというわけであった。

ところが、戦場で初めて敗退したイスラエルは、鼻血どころか出血多量で死亡するのではと心配していた。国家存亡にもかかわる事態であるとの危機感を抱いていた。イスラエルは、これ以上アメリカの援助が遅延される場合には、状況の深刻さに鑑み、最後の手段に訴えざるを得ないかもしれないとの通告を行った。表面上は、ホワイトハウスの頭越しにイスラエルが直接アメリカのユダヤ系市民に、そして全国民にイスラエルへの援助を訴えるとの文面であった。だが実際の意味は、状況は緊迫しており、アメリカからの緊急かつ大量の援助が得られない場合には核兵器の使用をも考慮せざるを得ないとの内容であった。この時期イスラエルは、核ミサイルを実戦配備に移し、それをアメリカの人工衛星から確認できるようにしたと言われる。アメリカへの通告の本当の意味は明白であった。

戦争による平和

アメリカは、緊急援助を実施した。大量の軍事物資がイスラエルへ空輸された。アメリカの空輸機の到着をイスラエルの政策担当者たちは祈るような気持ちで待ち受けたという。兵器の補充が整うと、態勢を立て直したイスラエル軍の攻勢が始まった。イスラエル軍はゴラン高原のシリア軍へ攻撃を集中した。というのは、エジプト軍は緒戦でイスラエル軍を打ち破ったものの、それ以上は進撃しようとはしなかったからだ。スエズ運河の東岸に陣地を築いてエジプト軍は立てこもってしまった。これを見て、イスラエル軍は攻撃をもっぱらシリア軍に向けた。

なぜエジプト軍は進撃しなかったのだろうか。それは、戦術的にはスエズ運河の西岸に配備されたソ連製の地対空ミサイルの射程から出れば、イスラエル空軍の餌食になる危険があったからだ。しかし、エジプト軍が動かなかったのには、実はそれ以上の理由があった。そもそもサダト大統領にはそれ以上進撃する意思はなかった。サダトの戦争目標は、シナイ半島のほんの一部を奪回し、それを梃にイスラエルと和平を始めようとするものであった。サダトの言葉を引用すれば「戦争による平和の遂行」であった。偶然にもサダトの目標は、キッシンジャーの狙いと一致していた。つまりイスラエルの抹殺はおろか、全占領地の武力による解放すらサダトの頭にはなかった。緒戦で善戦して、「勝った」という心理的アリバイさえできれば、戦争のショックでイスラエルをして和平の必要性に目覚めさせさえすればよかった。だがシリアは、ゴラン高原全域の奪回を戦争目標としていた。エジプトとシリアの事前の交渉では、サダトはシナイ半島全部の奪回を戦争目標として掲げてアサドをだましていた。限定戦争という目的を明らかにしたのではシリアが参戦しないとサダトは判断したようだ。

いずれにしろ、開戦直後の勝利にもかかわらずエジプト軍が停止したことにシリアは驚き、その前進を要求した。だがエジプト軍は動かなかった。その間にイスラエルの反撃を一身に受けてシリア軍はゴラン高原から一掃されてしまった。イスラエル軍はシリアの首都ダマスカスにまで迫る勢いであった。自らへのイスラエルの圧力を軽減させるためのエジプト軍による攻勢をシリアは求めた。ここに至って、ようやくエジプト軍が前進を始めた。しかし、地対空ミサイルの射程の外に出たエジプト軍にイスラエル空軍が襲いかかった。さらにアリエル・シャロン将軍旗下のイスラエル陸軍が、密かにスエズ運河を逆に渡った。開戦から十日後の十月十六日のことであった。サダトが事の重大性に気がついたときには、シャロンは運河の西岸を制圧していた。シナイ半島のエジプト第三軍は完全に袋のネズミであった。イスラエル軍による第三軍の虐殺が始まろうとしていた。

核警戒体制

この時点で、米ソが国連安保理停戦決議三三八号を成立させた。開戦から十六日後の十月二十二日のことであった。ところが、イスラエル軍は停戦決議に違反して第三軍への攻撃を続けた。ソ連はこれを止めさせるようアメリカに求め、必要ならば自らが軍事介入する姿勢を示した。アメリカの情報当局はコーカサスでソ連の空挺部隊が出撃体制に入ろうとしているのを確認した。アメリカは、ソ連の自制を求めるとともに全世界の米軍を核警戒体制に置いた。ソ連の情報当局がこれを確認することは確実であった。軍事介入は許さないという強いシグナルをモスクワに送ることをワシントンは意図した。結局、イスラエルが攻撃を停止して事態は事なきを得た。しかし、中東情勢を巡って米ソが核のボタンに指を置いて睨み合った事件であった。恐らくこのときにはイスラエルの核ミサイルが、アラブ諸国ばかりでなくソ連にも向けられていたであろう。

実際に米軍を核警戒体制に置かねばならないほど事態は緊迫していたのだろうか。アメリカがこうした強い措置に出た真の理由は、当時暴露されつつあったウォーター・ゲート事件から国民の目をそらそうとのニクソンの思惑であった。そうした批判が出たのを付記しておこう。この事件は、言うまでもなく一九七二年の大統領選挙でウォーター・ゲートにあった民主党本部の電話盗聴にニクソンがかかわっていたというもので、結局、一九七四年のニクソンの辞任につながった一大スキャンダルであった。

往復外交

停戦が成立すると和平交渉が始まった。戦場での善戦が和平に臨む心理的余裕をアラブ側に与えた。交渉の主役はキッシンジャー国務長官であった。ソ連は一九六七年以来イスラエルとの外交関係を絶っており、アラブ・イスラエル間の調停を行う立場にはなかった。イスラエルと口がきけないようでは、外交の手立てはなかった。キッシンジャーは、エジプトとイスラエル、シリアとイスラエルの間を何度となく往復して両者間の調停に努めた。このためキッシンジャーの努力は「往復外交」として歴史に名を止めている。キッシンジャーの和平へのアプローチは「ステップ・バイ・ステップ」として知られる。妥協の容易な事項を他の問題から切り離して解決し、小さな妥協を積み重ねて最終的な和平を構築しようとするものであった。まずエジプト軍とイスラエル軍の兵力の引き離しなどが決定された。そして、次にイスラエルとシリアの間でも同様の協定が結ばれた。しかし、妥協の容易な問題が尽きてしまうと次の一歩がなかなか踏み出せなかった。そして和平への動きが止まった。その再開は、一九七七年にジミー・カーター大統領が新たな政策を掲げて登場するまで待たなければならなかった。

キッシンジャーの往復外交の背景と成果については二つの解釈が対立している。キッシンジャーの外交の背景にあったのは、先にも触れたウォーター・ゲート事件による二クソン政権の威信の漸進的な崩壊であった。またニクソン辞任後は、副大統領から大統領に昇格したフォードの下でキッシンジャーはアメリカ外交を切り回した。フォードは、国民の選挙によってではなく、スキャンダルにまみれたニクソンに指名された大統領だったので、史上最も力のないアメリカ大統領の一人であった。そのためキッシンジャーは大統領の威信を後ろ盾とすることなく外交を展開せざるを得なかった。アメリカは外交余力を失った。中東和平努力はその犠牲となった、というのが西側で広く流布している解釈である。

ところが、アラブ世界では違った認識がある。この時期、ニクソンは没落寸前であったため外交を顧みる余裕がなく、したがってキッシンジャーは大統領のコントロールを受けなかった。そのため自由に振る舞うことができた。キッシンジャーは、史上最も独立性を発揮した国務長官であった。また国務省と対立することの多い国家安全保障委員会も、反対の声を上げることはなかった。なぜならば、その長を務める安全保障問題の大統領補佐官職を自分自身が兼任していたからだ。つまり、アメリカ外交の上でキッシンジャーの独裁が成立していた。そして、ドイツ系ユダヤ移民の子キッシンジャーは、この外交上の権力をイスラエルのために行使した。キッシンジャーには最初から最終的な合意をアラブ諸国とイスラエルの間に成立させる意思はなかった。キッシンジャーが求めていたのは、エジプトとイスラエルの単独和平であった。アラブ世界の最大の国家エジプトを他のアラブ諸国から切り離して、イスラエルの軍事的優位を固め、シナイ半島を除く一九六七年の戦争の占領地の維持を可能にすることであった。となれば、和平の行き詰まりは実は行き詰まりではなく、キッシンジャーにとっての目標達成であった。ＰＬＯがテロリズムを放棄し、イスラエルの生存を認めない限りアメリカはＰＬＯとは接触しない、との確約をイスラエルに与えたのもキッシンジャーであった。アメリカ外交の手をイスラエルのためにしっかりと縛ってしまった、というのがアラブ世界でのキッシンジャーの評価である。キッシンジャーの真意はキッシンジャーのみが知るのであるが、こうした認識がアラブの指導層に抱かれているという事実は心に留めておきたい。

石油危機

それまで三回の中東戦争の後の調停には強い興味を示さなかったアメリカが、

一九七三年の戦争後には中東和平に大きな精力を傾けた。その理由は何だったのだろうか。簡単に言えば石油であった。この戦争の途中でのアメリカのイスラエルに対する緊急援助に対抗する形で、サウジアラビアなどのアラブ産油国は、アメリカへの石油の全面的な輸出禁止、非友好国への輸出量の削減などを含む一連の措置を発表した。世に言う「アラブ石油禁輸」であった。この石油戦略の発動は、中東原油への依存度を高めていた西側先進工業国を震撼《しんかん》させた。中東戦争が、中東地域のみならず全世界的な問題となった。また、アラブ石油禁輸と呼応するように、ＯＰＥＣ（Organization of the Petroleum Exporting Countries 石油輸出国機構）が石油価格の四倍増を決定した。供給と価格の両面から石油問題が消費国を直撃した。ここで注意したいのは、ＯＰＥＣの加盟国にはイランやインドネシアのようなイスラム国ではあるがアラブではない国、ベネズエラのようなアラブでもイスラムでもない国が含まれていることだ。ＯＰＥＣ自体は値上げを決めただけで、禁輸を決定したわけではない。ＯＰＥＣにおいては確かにアラブ諸国の影響力が強い。しかし、ＯＰＥＣとアラブはイコールではない。

この禁輸において非友好国としての扱いを受けた日本は大きな衝撃を受けた。日本は、石油のほぼ全量を輸入に頼っている。当時も今日も変わらない冷厳たる現実である。しかも悪いことに、日本はその八割を中東のイランとアラブ諸国から輸入していた。禁輸を行ったアラブ諸国への依存度は四割であった。つまり、石油供給の四割が禁輸の影響を受けるということであった。政策担当者は右往左往し、庶民はトイレット・ペーパーと合成洗剤の奪い合いを行った。日本はアラブ諸国に対し、国連決議に基づく公正な解決を支持するとの表明を行った。国連決議とは、一九六七年の第三次中東戦争の後に成立した安保理決議二四二号のことであった。この決議は、イスラエル軍の占領地からの撤退と公正かつ長続きする平和の確立を求めている。

　ところが、占領地からの撤退については、アラブ側とイスラエル側で解釈が異なっていた。アラブ側は一九六七年の戦争でイスラエルが占領した全ての地域からの撤退を主張しているのに対し、イスラエルの解釈によれば、全占領地からの撤退を決議が求めているわけではない。実際のところ、英語の決議文には占領地の前に定冠詞がなく、フランス語の決議文には定冠詞がつけられている。定冠詞がない方は、必ずしも全占領地からの撤退を意味しないと解釈でき、定冠詞のある方は明白に全占領地を意味している。

つまり、英語とフランス語のテキストでわざと違う意味を織り込んだのである。二四二号の不明確さは、外交的な妥協の産物であった。章末の資料を参照されたい。

であるので、いくら日本が国連決議に基づく解決と声明したところで、何の立場の表明にもならない。アラブ側の不満の原因はそこにあった。非友好国扱いから解放されるためには、日本はアラブ寄りの立場を鮮明にする必要があった。イスラエルとの外交関係の断絶をも含めて様々なオプションが取り沙汰された。在京のイスラエル大使館では閉館の心積もりさえしていたという。しかし、アラブ寄りの政策変更はイスラエルを支援するアメリカとの関係を悪化させかねない。日本は難しい局面に立たされた。

この危機の最中に訪日したキッシンジャー国務長官と田中角栄首相と大平正芳外相の間での会談で、同長官は日本の慎重な対応を求めた。そこで、もしアラブ諸国からの石油が完全に断たれた場合には、アメリカは自国の石油を日本に工面する用意があるか。そう田中首相が尋ねた。キッシンジャーの答えは「否」であった。会談は物別れに終わり、日本は中東政策の軌道修正への動きを早めた。そして十一月二十二日に二階堂官房長官が談話を発表して、日本の中東政策のアラブ寄りの変更を明らかにした。
その中で日本は、イスラエルの全占領地からの撤退を求めた。また撤退が行われない場合には、対イスラエル関係の再検討を迫られるだろうとの言葉で声明は結ばれていた。外交関係の断絶をも意味しかねない強い発言であった。お上品をモットーとする外交用語としては異例の表現であった。だが日本の声明くらいではイスラエルが占領地から撤退するはずもなかった。そこで、声明にあるように対イスラエル関係の再検討が必要となる。だが再検討したところで、何をするかについては何の政策も日本にはなかった。なんとも心許ない中東外交であった。この声明の効果もあって、その年末には日本は友好国としてアラブ諸国からめでたく認定された。しかし、石油禁輸という圧力の前に政策の変更を行ったとの後味の悪さが残った。日本の中東政策はアラブ寄りではなく、アブラ寄りだ。そう皮肉られることとなった。

日本には慎重な対応を求めたキッシンジャーであったが、アメリカ自身は大胆な計画を立案していた。すなわちアラブの油田地帯を軍事力で制圧する作戦の準備を進めていた。二〇〇四年になってイギリスの外交文書が公開されるようになって、そうした計画が存在していたことが確認された。イギリスの外交文書は三十年後には公開される制度になっている。『ガーディアン』紙が報道するところによれば、二〇〇四年に公開された文書の中に以下の内容が記されている。一九七四年当時、産油諸国に駐在するイギリス人に退避をそれとなく勧告するようにアメリカ政府がイギリス政府に通告し、アメリカに軍事力で油田地帯を奪取する計画があるのをイギリスは察知した。幸いにも、一九七四年三月にアラブ諸国は禁輸措置の解除を発表した。アメリカの油田地帯奪取計画は実行されなかった。計画は計画に終わった。

[中東紛争解決に関する安保理決議２４２]

1967年11月22日採択

安全保障理事会は、中東における重大な事態について引続き憂慮を表明し、戦争による領土取得が認められないこと　および同地域のすべての国が安全に生存できる公正かつ永続的平和のために努力する必要があることを強調し、更に、すべての加盟国が国連憲章を受諾するに当って憲章第２条に従って行動する義務を負っていることを強調し、

1.憲章の諸原則の履行のためには、次の諸原則の適用を含むべき中東の公正かつ永続的平和の確立を必要とすることを確認する。

（ｉ）最近の紛争において占領された領土からのイスラエル軍隊の撤退

〈以下、省略〉

【英語】

（ｉ）Withdrawal of Israeli armed forces from territories occupied in the recent conflict

【仏語】

（ｉ）Retrait des forces armées israéliennes des territoires occupés lors du récent conflit

[中東紛争解決に関する安保理決議２４２]（英語と仏語は正文、日本語は参考訳）
（囲み線は筆者による）

図3-1　中東紛争解決に関する安保理決議242

◉第四章　変わるイスラエル

「君の国の新しい首相の名前は何と読むのかね。ビギンかね、ベギンかね、ビーガンかね」

アメリカ国務省の高官がイスラエルの留学生に尋ねて

カーター

一九七六年のアメリカ大統領選挙でフォードを破って当選したジミー・カーターは、中東和平に関してキッシンジャーのステップ・バイ・ステップ方式に代わるアプローチを提案した。カーター政権の考えによると、ステップ・バイ・ステップ方式の問題点は、最終的な和平がどのような形を取るのかわからないうちに目前の問題についての譲歩を求められることであった。そのため当事者は、譲歩すべきかどうか判断できないというものであった。そこでカーターは、包括的和平を提案した。これは当事者全てを一同に集め、問題の全てを一挙に解決しようとするものであった。その前提となっている考えは、イスラエルは占領地の大部分あるいは全部を放棄し、その代わりにアラブ側はイスラエルを承認して両者間に平和条約を結ぶというものであった。ところが一九七七年の春、その前提が崩れた。イスラエルの成立以来一貫して内閣を組織してきた労働党が、総選挙で大敗して野党に転落したからである。新たに内閣を組織したのはタカ派の連合勢力リクードを率いるメナヘム・ベギンであった。

ビギン、ベギン、ビーガン

当時アメリカの大学院に籍を置いていた筆者は、たまたま留学生の研修プログラムに参加してワシントンを訪れていた。カーターの就任から間がないころであり、これでベトナムとウォーターゲートの悪夢から目を覚ますことができる、そんなアメリカ国民の期待感が留学生の身にもひしひしと感じられたのを覚えている。そのプログラムの一部として国務省を訪問した際に、留学生の応対に当たった高官が、イスラエルからの学生に「君の国の新しい首相の名前は何と読むのかね。ビギンかね、ベギンかね、ビーガンかね」といった旨の質問をしていたのを思い出す。それくらい労働党の敗北は、アメリカにとって予想外だったようだ。イスラエルの建国から二十九年間も万年野党の指導者だったベギンが首相となった。これはアメリカの中東政策を根底から揺るがすものであった。なぜそうであったのかを理解するためには、一九六七年の戦争後のイスラエルの占領地政策を巡る議論を振り返ってみる必要がある。

「占領地」「解放地」「管理地域」

一九六七年戦争以前には、イスラエル国内には国境線を死守するというコンセンサスがあった。ところが戦争の勝利によってこのコンセンサスが崩壊した。つまり、戦争で占領したゴラン高原、ヨルダン川西岸、ガザ地区、シナイ半島をどうするかについて意見の対立が生じたのである。与党であった労働党の基本的な態度は、イスラエルは「防衛可能な国境」（defensible border）を持つ権利がある。占領地は、イスラエルに「戦略的深み」（strategic depth）つまり「戦略上の懐」を与えており、その維持は防衛のために重要である、とするものであった。一九六七年の戦争以前の国境は余りに防衛しにくいものであった。例えば、ヨルダン国境から地中海岸までの一番狭いところでは一六キロしかなかった。これは、東京駅から川崎までの距離もない。東海道新幹線に乗れば列車が最高速度に達する前に、ものの十五分とかからずに通過する距離である。それゆえ安全保障の観点から占領地を保持しようとするものであった。ということは、アラブ諸国との和平が成立し、戦争の危険が消滅すれば、占領地の返還が可能であるということでもあった。アメリカの和平努力というのは、この可能性を追求することであった。

ところが、ベギンの率いるリクード支持者の考え方は、「占領地」は占領地ではないとするものであった。つまり、ヨルダン川西岸は聖書に言うジュダヤとサマリアであり、元来ユダヤ人の土地である。それが、その本来の所有者であるユダヤ人の手に戻って来た。つまり西岸は西岸ではなくジュダヤとサマリアであり、占領地ではなく「解放地」というわけである。「エレツ・イスラエル」（イスラエルの地）はパレスチナの全域に及んでおり、ジュダヤもサマリアも、またガザも安全保障上の理由のみならず、宗教上の理由からも返還すべきでないとの考えである。一九六七年の戦争の大勝利を奇跡と見なし、戦争が六日間にわたって戦われた事実に神秘的意味を見出した者も多かった。聖書の創世記に言う神が六日間で万物を創造され七日目に休まれたとの記述を想起したからであった。

つまり、占領地は占領地ではなく解放地であり、ジュダヤ、サマリア、ガザは、神のイスラエルへの賜物という議論である。したがって人間には神の意志に反してこの土地を放棄する権利はないということになる。しかも、この土地をユダヤ化することがメシア（救世主）の到来への準備になるのだといった主張までが出て来る始末であった。片方の議論に神様が出て来たのでは、妥協の余地がなかった。後に見るように、やがてパレスチナ人の議論にも神が現れるようになる。

だが、占領地の実質上のユダヤ化は進めながらも、エルサレムとゴラン高原を除いては占領地の正式な併合は、さすがのベギンも宣言しなかった。その言葉を引用すれば「自らの国を併合する必要はない」からだ。その結果、占領地をまさか公式に解放地と呼ぶわけにもいかず「管理地域」という言葉が使われている。敗戦を終戦と呼ぶ類の心理だろうか。

もう一つのシオニズム

占領地を解放地と呼ぶ心理は、しかしながら一九六七年の戦争の後に急に天から降ってきたのではない。もともとシオニズムの中には二つの流れがあった。一つはイスラエルの初代首相ベン・グリオンに代表される主流派であり、労働党に継承される流れであった。一九四七年の国連分割決議に関しては、ユダヤ人国家の建設のためには「エレッ・イスラエル」（イスラエルの地）の分割を止むを得ない妥協として受諾を主張した。また、その経済政策に関しては、社会主義のイメージを強く抱いていた。労働党という政党名にもそれが反映されていた。東ヨーロッパから移民してきたシオニストたちは、東ヨーロッパに広がっていた社会主義の空気をもパレスチナに持ち込んだのであった。共産主義の理想に最も近い形態の一つと言われる共同農園キブツに代表されるようにである。

もう一つの流れは修正シオニズムと呼ばれるもので、ゼエブ・ジャボティンスキーという名のカリスマ的指導者に率いられていた。修正シオニストは、ヨルダン川の両岸、つまりイスラエルと占領地、さらに現在のヨルダンにも及ぶ広い地域を支配するユダヤ人国家の建設を夢見ていた。その実現のためにはテロをも辞さない構えであった。事実、修正シオニストは、イギリス統治下のパレスチナにイルグン・ツヴァイ・レウミという名の地下軍事組織をその実行部隊として設立していた。その指揮官が一九七七年に首相になるベギンであった。またイルグンには、ベギンと同じ東ポーランド出身のイツハーク・シャミールもいた。ベギンの次の首相になる人物である。ただシャミールは、一九四〇年にイルグンと袂を分かち、より過激なレヒ（シュテルン・ギャング）という組織に加わった。この二人については、すでに第一章で触れた。

　ベギンは、パレスチナに移民する以前に東ヨーロッパでジャボティンスキーの演説を聞いてその使徒となっていた。ベギンがまだ十代のころのことであった。反ユダヤ主義の吹き荒れるヨーロッパでジャボティンスキーの言葉に福音を聞いたベギンは、以来ユダヤ人国家の建設に手段を選ばず邁進《まいしん》してきた。イギリス当局をパレスチナから追い出すためにテロを指揮したベギンの首に二千英ポンドの賞金がかかっていた時期もある。またディール・ヤシーン村の虐殺の直後に、その行為を賞賛する発言を残してもいる。一九四七年十一月のパレスチナ分割の国連決議の受諾にも反対であった。パレスチナ全土にユダヤ人国家を建設すべしとの考えであったからだ。

　したがって、一九六七年戦争の占領地を解放地と見なす流れは突然出てきたのではなかった。それは、シオニストの一部の間にもともと存在した考えで、一九六七年の戦争の勝利で地下で勢いと水量を増していた。そして、それまでの伏流がベギンの勝利で奔流となって地上に噴き出したのであった。

三階建ての家

それでは一九七七年の選挙でのベギンの率いるリクードの勝利をもたらしたものは何であったのだろうか。第一に、それは一九七三年の戦争における労働党政権の指導の失敗であった。エジプトとシリアの奇襲攻撃による犠牲の多さが批判の的となった。

一九七三年の戦争ではイスラエル兵二千八百三十八名が死亡し、八千八百名が負傷した。これは一九六七年の戦争の死亡九百八十三名、負傷四千五百十七名をはるかに上回る損害であった。当時のユダヤ人口が三百七十万のイスラエルにしてみれば大変な犠牲であった。その〇・二五パーセント以上が死傷した計算になる。仮に現在の日本でこの比率を当てはめると三十万人以上が死傷したことになる。イスラエルが受けた傷の深さが実感できよう。これほどの犠牲を出すのは、イスラエルの成立時の戦争のあった一九四八年の戦争以来であった。国民が労働党の戦争指導を非難したのもうなずける。また一九七三年の戦争以降の景気の後退と失業の増大も、国民の政府批判に拍車をかけた。さらに、一九四八年のイスラエルの成立より政権を独占してきた長年の労働党支配への飽きという要因も無視できない。考えてみれば、イスラエルの成立以前から労働党の前身がシオニズムの主流であった。長い長い労働党による支配であった。

その「飽き」の背景にあったのがセファルディムの不満であった。ちょっと単純化すればイスラエル社会は三階建ての家に例えられる。三階に住んでいるのがアシュケナジムと呼ばれるヨーロッパ・北アメリカ出身のユダヤ人である。アシュケナジムとは、元来はドイツ系ユダヤ人という意味であった。現在では、ヨーロッパ系の白人のユダヤ人を指す。シオニズムの主流を担ってきたのはアシュケナジムであり、イスラエルの建国のために汗を流し、その防衛のために血を流してきたのもアシュケナジムであった。ヨーロッパでの反ユダヤ主義への反応としてシオニズムが発生した経緯を考慮すれば当然の事実であった。そして、成立後に五十万人のユダヤ人がヨーロッパからイスラエルに到着した。強制収用所の生き残りたちであった。

だがイスラエルの成立は、イスラム諸国からのユダヤ人の移民の波を引き起こした。一つには、イスラエルが全世界のユダヤ人の母国への「帰還」を働きかけたからであった。またパレスチナ人に加えられた不正への反発として、アラブ諸国でユダヤ人に対する迫害が発生したからでもあった。八十万のユダヤ人がイスラム諸国からイスラエルに移住した。こうしたユダヤ人は、セファルディムと呼ばれている。セファルディムとはスペイン系のユダヤ人という意味をもともと持っていた。第一章でも触れた事件、つまり一四九二年以降にスペインから多くのユダヤ人が追放されイスラム世界に移住したという経緯を想起させる歴史の香りを漂わせた用語である。もちろんイスラム世界のユダヤ人は、一四九二年のスペインからの追放の犠牲者ばかりではなかった。イスラム教の、そしてキリスト教の誕生の以前から生活していたユダヤ人も多かった。

このセファルディムとアシュケナジムとの間には大きなギャップが存在している。アシュケナジムの平均所得はセファルディムより三〜四割も高い。大学進学率でもホワイト・カラーの職場でもアシュケナジムがセファルディムをリードしている。ヨーロッパから来たユダヤ人はヨーロッパ的な人々であり、近代国家で競争していくにふさわしい教育や訓練をすでに身に付けていた。

ところがイスラム世界から移住してきた人々は、そうした状況にはなかった。移民は出身地の社会・経済状態を映す鏡である。イエメンからの移民がイスラエルに向かう飛行機の中で火を起こそうとしたなどというエピソードは、アシュケナジムとセファルディムがイスラエル社会への適応の競争でいかに違ったスタート・ラインに立っていたかを物語っている。アシュケナジムとセファルディムではスタート・ラインも違えば行き先も異なっていた。アシュケナジムが、大学教授として、経営者として、医者として、弁護士としてイスラエル社会の最上階の三階にたどり着いたのに対し、セファルディムは小商店主であり、ブルー・カラーの労働者であった。大半がイスラエルという家の二階の住人であった。

しかし、セファルディムはいつまでも自分たちの境遇に甘んじているつもりはなかった。一九五六年の戦争、一九六七年の戦争、そして一九七三年の戦争と、彼らも祖国のために血を流したからだ。また一九七三年の戦争においては、アシュケナジムの戦争指導の誤りから不要な出血さえ経験していた。祖国が彼らに、もっと良くしてくれるべきだとの考えが高まっていた。こうしたセファルディムの不満は、アシュケナジムの中の少数派であるベギンに代表される修正シオニズムへの支持という形を取った。そして、ベギン首相が誕生した。なおベギンは前にも言及したように国防相にシャロン将軍を任命した。このシャロンが後に見るようにレバノン戦争を立案し実行する。

　ベギンは、貧しく、苦しんでおり、抑圧された人々のための政党として自らの政党を位置づけた。二階の住民の三階の住民に対する反乱であった。これまで追随者のいない修正シオニズムの指導者が、ついにセファルディムという支持層の豊かな水脈を掘り

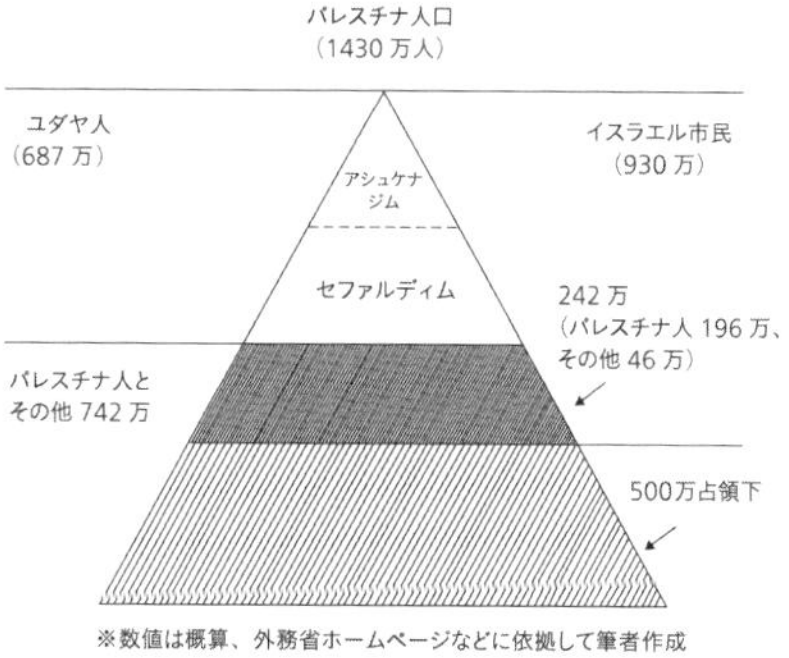

※数値は概算、外務省ホームページなどに依拠して筆者作成

図4-1　パレスチナの人口構成

当てた。このころ、セファルディムの人口がイスラエルのユダヤ人口の半数に達していた。出生率の高いセファルディムの人口がアシュケナジムを上回るようになるのは、新たな移民がなければ時間の問題であった。それでは、イスラエルという家の一階には誰が住んでいるのだろう。それはイスラエルのアラブ市民である。イスラエルの成立時に多くのパレスチナ人が難民となった事実についてはすでに触れた。だがパレスチナ人の中にはイスラエルに踏み止まったものも少なくなかった。その結果、現在では百八十万のアラブ人がイスラエルにおいて市民として生活している。イスラエルの総人口の二割である。つまり、イスラエル市民の五人に一人はアラブ人である。そして、この家には地下が付いている。その地下室には、占領地のパレスチナ人がいる。その人口は約五百万になる。シオニスト支配下の社会の最底辺の住人である。

イスラエルのアラブ化

本書ではしばしばアラブとかアラブ人という言葉を使ってきたが、アラブとは、アラブ人とは正確には誰を指すのだろう。ちなみに、アラビア語でアラブとは「人」の意味を含んでいる。そこでアラブ人とかアラビア人と日本語で表記すれば、それは「アラブ人人」の意味になりかねない。しかし、ここではこのことを理解しつつも、アラブ人という表現も使おう。つまり、少なくとも本書ではアラブとアラブ人は全く同じ意味である。

さて、アラブ人とは誰か。この点についても中東の他の多くの問題と同じくコンセンサスがない。一つの定義は、アラビア語生活者がアラブ人だとするものである。もう一つの定義は、アラビア語生活者でしかも自らをアラブ人と自覚している者がアラブ人だとしている。何を二つの定義が争っているかと言えば、セファルディムの所属である。セファルディムの多くはアラブ世界からイスラエルに移住したのであるからアラビア語を母語としている。したがって前者、つまりアラビア語生活者がアラブ人であるという定義によれば、

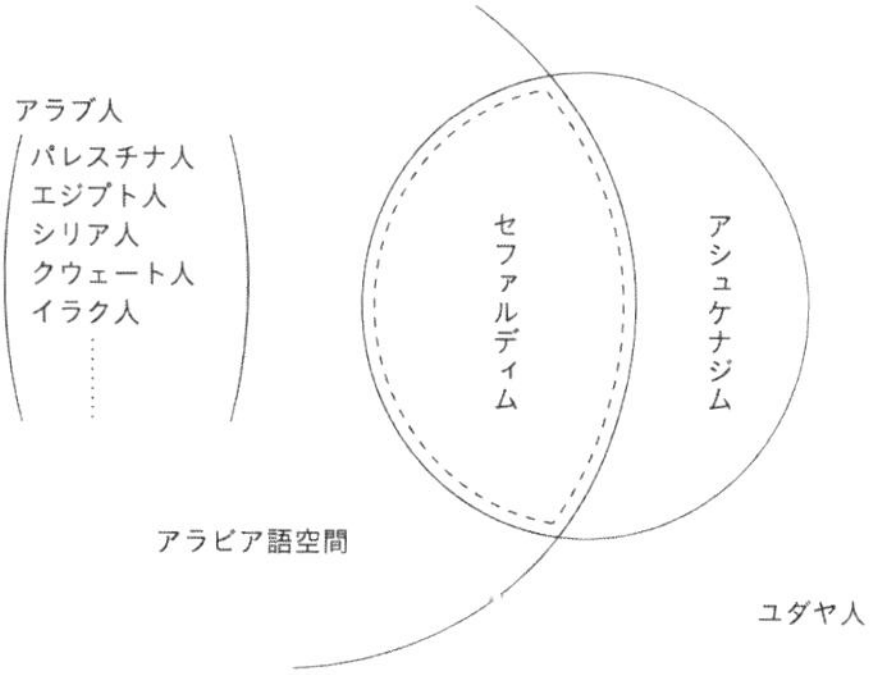

図4-2　中東アラブ人とユダヤ人のイメージ

セファルディムはアラブ人ということになる。もちろんセファルディムの宗教はユダヤ教である。だがイスラム教徒のアラブ人がいるように、キリスト教徒のアラブ人が存在することについては誰も異議を差しはさまない。広く報道されているように、故アラファトPLO議長の未亡人のソーハはキリスト教徒である。

だとすれば、ユダヤ教徒のアラブ人が存在するのに何の不都合も存在しない、との論理が導かれる。ところが、その議論を受け入れてしまえば、イスラエルの「ユダヤ人」の半分はアラブ人だ、ということになってしまう。

そして、二〇一八年までは、イスラエルの公用語がヘブライ語とアラビア語であったことを考えれば、イスラエルも広い意味でのアラブ世界に属することになってしまう。シオニストとしては国家の存立の基盤を守るためには、そうした定義は断固として受け入れられない。

したがって、アラブ人とはアラビア語生活者であるばかりでなく、自らがアラブ人だという自覚を持つ者だという定義を死守せざるを得ない。自らがアラブ人だと自覚さえしていなければアラビア語を話していようがアラブ人ではないわけだ。つまり、セファルディムはアラブ人ではなく、ユダヤ人になれるわけだ。しかし、セファルディムに支持された政権の誕生は、イスラエルがヨーロッパ社会を中東に移植したような社会から、より中東土着の匂いのする国家に変貌《へんぼう》しつつある状況の反映でもあった。イスラエルの地中海化、中東化、アラブ化が着実に進行しつつある。それはアシュケナジムよりもセファルディムの方が出生率が高いからであり、そのセファルディムよりもアラブ人の方がさらに出生率が高いからである。いずれにしろ、イスラエルにおけるアラブ的な空間は着実に拡大しつつあった。イスラエルの新しい政権の成立にアメリカのユダヤ人が抱いた何か喉に突き刺さったような異物感は、ベギンの登場が告げていたイスラエル社会の変容に対する距離感であったのかもしれない。

ここでアラブ人の話を少し付け加えておこう。世界でアラビア語を母語とする人々は多い。エジプト人、イラク人、クウェート人、シリア人、パレスチナ人などなどである。アラブ人が多数派の国は二十を越えている。つまりエジプト人であれば必ずアラブ人であるが、アラブ人であれば必ずエジプト人であるとは限らない。シリア人かもしれないし、パレスチナ人かもしれない。こうした人々を一つにしようとのアラブ統一の夢がナセルをはじめ多くの指導者によって語られてきた。本書でも見てきた通りである。

パレスチナとパレスチナ人

そのパレスチナ人の住んでいるパレスチナであるが、二十世紀に入るまでは鮮明な輪郭の地理概念ではなかった。シリアの一部で地中海に面している程度の漠然とした地理概念がパレスチナであった。したがって、その地域の住民も自分たちはパレスチナ人なのだという強烈なアイデンティティーを抱いてはいなかったであろう。イスラム教徒とか、キリスト教徒との意識が強かったであろう。第一次世界大戦後にイギリスとフランスが中東を分割し、現在のシリアとレバノンはフランスの支配下に入った。そしてイラク、ヨルダンとパレスチナがイギリスの支配下に入った。パレスチナに関しては、イギリスが国際連盟から統治を委任された。つまり委任統治領となった。この時期にパレスチナの境界が決定された。

この委任統治地域内でパレスチナ人は、段々とその民族主義を醸成していった。しかし、そのプロセスは緩慢であった。それがパレスチナ人の中にユダヤ人に土地を売り渡したりする者が出た背景である。ヨーロッパの強烈なナショナリズムの洗礼を受けたシオニストが、国家の樹立を目指してパレスチナに到着したのに対し、現地の人々はパレスチナ人としての意識さえ稀薄だった。その意識を高め固めたのはシオニストとの闘争であった。しかし、スタート地点の差が、パレスチナを巡る両者の闘いの結果を規定した要因の一つであった。パレスチナの民族主義は、遅れて来たナショナリズムであった。

キャンプ・デービッドへの道

さて、記述をアラブ人からユダヤ人の方に戻そう。ベギン首相は、占領地政策を持たなかった。持っていたのは「解放地政策」のみであった。つまり占領地のユダヤ化の加速であった。それは一九六七年の国境線には戻らない、ＰＬＯは認めない、パレスチナ国家は許さないという三つのノーという立場に凝縮されていた。しかも、西岸とガザは契約の地の一部なので、宗教的理由から放棄できないと主張した。ベギンとその支持者は領土の問題においては「神に手を縛られて」（朝日新聞）いる格好であった。ベギンの登場は、イスラエルと周辺諸国そしてＰＬＯを一同に集めて和平を話し合うというカーター政権の構想の死を意味していた。

こうした状況を受けて、再度エジプトのサダト大統領が世界を驚かせた。まずサダトは、モロッコを仲介にして一九七七年九月にイスラエルと接触した。モロッコには現在もユダヤ人のコミュニティが残っている。モロッコはアラブ国家である。しかし、ここではイスラエルの成立後もユダヤ人の迫害が起こらなかった。このモロッコのユダヤ人社会が、イスラエルとアラブ世界の間のコミュニケーションの貴重なパイプとなっている。モロッコがエジプトとイスラエルの交渉の場を提供したのは、別に驚くに価しないのかもしれない。同年十一月、サダトはエルサレムを訪問し、クネセット（イスラエルの議会）で演説した。その中で、占領地からの撤退を求め、引き替えに平和条約を提案した。さらに、ヤド・ヴァシェム（ホロコースト記念館）を訪れるなどユダヤ人の心の琴線に触れるジェスチャーを示して、サダトはイスラエル国民から熱烈な歓迎を受けた。アラブ世界の最大の国家の大統領で四回の戦争の相手国の指導者のサダトが、イスラエルを訪問したのである。イスラエルは、遂に自らの存在をアラブ国家に認められた。しかも最強のアラブ国家によってである。サダトはイスラエル国民を陶酔状態に陥れた。

エジプト対アラブ連合

だがアラブ世界では、サダトのイスラエル訪問に対する批判が強かった。批判的な者の目には、これはパレスチナ人に対する裏切りであった。イスラエルを承認することは、一九六七年のイスラエルの国境線（グリーン・ライン）内部に故郷を持つパレスチナ人の帰還の道を永遠に閉ざしてしまいかねないからだ。サダトは、いかなる計算をしていたのだろうか。一つにはイスラエルを地上から抹殺するという選択は残されていないとの判断であった。戦力的に見てもイスラエルは、アラブ側よりも強力な軍事力を維持してきた。そして、仮にアラブ側が通常の軍事力でイスラエルを追い詰めることができたとしても、それは核戦争の悲惨さをアラブ世界にもたらすだけであろう。なぜならば、前にも触れたようにイスラエルは一九六〇年代から核兵器を保有していたからだ。一九七三年の戦争におけるサダトの政策が限定的な勝利を求めるものであった根拠の一部は、イスラエルの核を考慮すれば全面的な勝利はあり得ないからであった。イスラエルは、追い詰められれば、国の破滅よりも核兵器の使用を選ぶであろうと判断されたからだ。イスラエルという国は否定し難い現実であり、交渉以外には選択は残されていないとの読みをサダトはしていたのであろう。これまでのアラブ世界でのイスラエル観というのは、イスラエルは二十世紀の十字軍であるとするものであった。キリスト教の辺境ヨーロッパから、キリスト教発祥の地であるパレスチナにやって来たヨーロッパ人は、しばらくの間はその武力で聖地パレスチナを占領した。しかし、やがてはアラブ人によって駆逐された。イスラエルも結局は同じ運命をたどる。そうした歴史観であった。サダトは、イスラエルはやがて消えていく現代の十字軍という歴史観から決別した。少なくとも十字軍は、核兵器は持っていなかったからだ。

　またエジプトの経済状態の悪化から、対決姿勢を取り続けることが難しくなっているという事情もあった。カイロでの食料暴動さえサダトは経験していた。国民は平和と経済建設を求めていた。平和と共に繁栄がやって来るとのサダトの言葉に国民は耳を傾けた。エルサレムから帰国したサダトを熱狂的に迎えた国民の態度にその期待の大きさがよく出ていた。アラブの大義のためにエジプトは、大きなものだけ数えても四回の戦争をイスラエルと戦った。多くの人命が失われた。また経済的な打撃も大きかった。このころには、アラブの大義をエジプト国民は背負いきれないほど重い負担と感じ始めていた。アラブ世界全体のためにではなく、エジプト国民のために政府は働くべきだとのムードが高まっていた。ナセルが代表したのがアラブの大義であり、統一であったのならば、サダトが主張したのはエジプト第一主義であった。サダトが大統領就任後に国名をアラブ連合からエジプトに戻したのは、そうしたエジプト優先主義の反映であった。前述のように、イスラエルから帰国したサダトをエジプト国民は熱狂的に迎えた。これは、サダトの政策に対する厚い信任と熱い支持の投票であった。エジプトがアラブ連合を打ち破った。

キャンプ・デービッド

このエジプトのイスラエルとの単独かつ直接の対話の開始に勇気づけられたカーターは、大統領の威信をかけて調停に乗り出した。一九七八年、アメリカの大統領の保養地のあるキャンプ・デービッドでエジプト、イスラエルの両首脳の交渉がアメリカ大統領を介して行われた。そしてエジプト・イスラエル・アメリカ間にキャンプ・デービッドの合意なる文書が調印された。文書は基本的には二つの部分から成っている。第一は、エジプト・イスラエル間の平和条約を求めるもので、これによって両国関係を完全に正常化しようとするものであった。もう一つは、パレスチナ人の自治に関する規定で、イスラエルはパレスチナ人の自治について交渉することを約束した。

この合意に基づき、一九七九年にエジプト・イスラエル間に平和条約が締結された。イスラエルはシナイ半島の返還を約束、両国間に大使が交換された。アメリカは、両国間の妥協を可能にするために様々な手助けを行った。例えば、シナイ半島にあったイスラエル軍の基地をグリーン・ラインの内側に移転させるための費用の負担などである。さらに、エジプトに多額の経済援助を与えた。イスラエルとの公式の関係を開いたので、エジプトはアラブ世界の怒りを買った。それまでエジプトを財政的に支援していたサウジアラビアなどの産油国は、援助を打ち切った。アメリカの援助は、言わばその埋め合わせでもあった。章末のグラフを参照していただきたい。キャンプ・デービッドの合意の成立した一九七〇年代末にアラブ諸国からのエジプトへの経済援助が激減し、代わってアメリカの援助が急増している。

図4-3　左からサダト、カーター、ベギン
Government Press Office (Israel)

また、シナイ半島の油田の返還で生ずるイスラエルの石油供給の不安を和らげるために、緊急時にはアメリカが石油供給の確保のために努力することも約した。これは、一九七三年の第一次石油危機の際に、田中角栄首相の最悪の場合にはアメリカは石油を融通してくれるかとの問いに、キッシンジャーが「ノー」と答えたというエピソードとは好対照を成している。キッシンジャーが日本に対して断った内容をカーターはイスラエルに約した。アメリカの中東への力の入れ方がわかる。こうしたアメリカの援護射撃を受けながら、ベギンはイスラエル国内タカ派の反対を押さえ、シナイ半島にあった入植地を撤去した。タカ派のベギンであればこその芸当であった。

最後のエジプト兵まで

この条約締結は、しかしながらアラブ世界でエジプトを孤立させた。シナイ半島と引き替えにパレスチナ人を売り渡すものだとの批判の声が高まった。イスラエルとの平和条約締結を理由に、アラブ諸国はエジプトとの外交関係を絶った。アラブ世界からエジプトは追放された形であった。だがサダトは、エジプトこそがアラブ世界であり、エジプト抜きのアラブ世界などあり得ないと豪語した。

しかし、湾岸産油国からの援助の打ち切りが貧しいエジプトに応えないはずはなかった。パレスチナ人への裏切りであるとの指摘が胸に突き刺さらないはずもなかった。指摘が真実である場合にはことさらそうであった。というのは、パレスチナ人の自治のための交渉は全く進ちょくしなかったからだ。ベギンは、約束通り自治についての交渉は確かに行った。しかし、交渉を約しただけで、その結果として自治を与えるとは、イスラエルは約束していなかった。ましてやパレスチナ国家など外野の外のような話であった。オーバーに言えば、占領地のパレスチナ人に「自治」としてイスラエルが与える用意があったのはゴミ集めの権限ぐらいなものであった。高校の生徒会程度の自治ではパレスチナ人の民族主義が満たされるはずもなかった。自治交渉とは、パレスチナ人の裏切りを隠すイチジクの葉に過ぎないとの批判をこうした実態が裏書きした。自治交渉は徒労に終わった。イチジクの葉は、サダトをアラブ世界での批判の嵐から保護してくれるほど大きくもなければ、厚くもなかった。キャンプ・デービッドが実現したのは、カーター政権の打ち出してきた包括的な和平ではなく、単独和平であった。キッシンジャーが押し進めたステップ・バイ・ステップ方式の延長に過ぎなかった。

ベイルートへ

実のところベギンがシナイを放棄したのは、包括的な和平確立への第一歩とするためではなかった。逆に他の占領地を保持し続けるためであった。エジプトが和平に応じたので、エジプトとシリアに南北で同時に対峙するという国家の成立以来の宿命からイスラエルは解放された。エジプトが抜けたアラブ陣営とイスラエルの間には、軍事バランスのかけらもなかった。あるのはイスラエルの圧倒的な軍事的な優越だけだった。アラブ側にはエジプト抜きで戦争に訴えるという選択はなかった。しかしイスラエルにはその選択があった。一九八二年にベギン政権はその選択を行使する。イスラエルが、レバノン戦争に突入した。

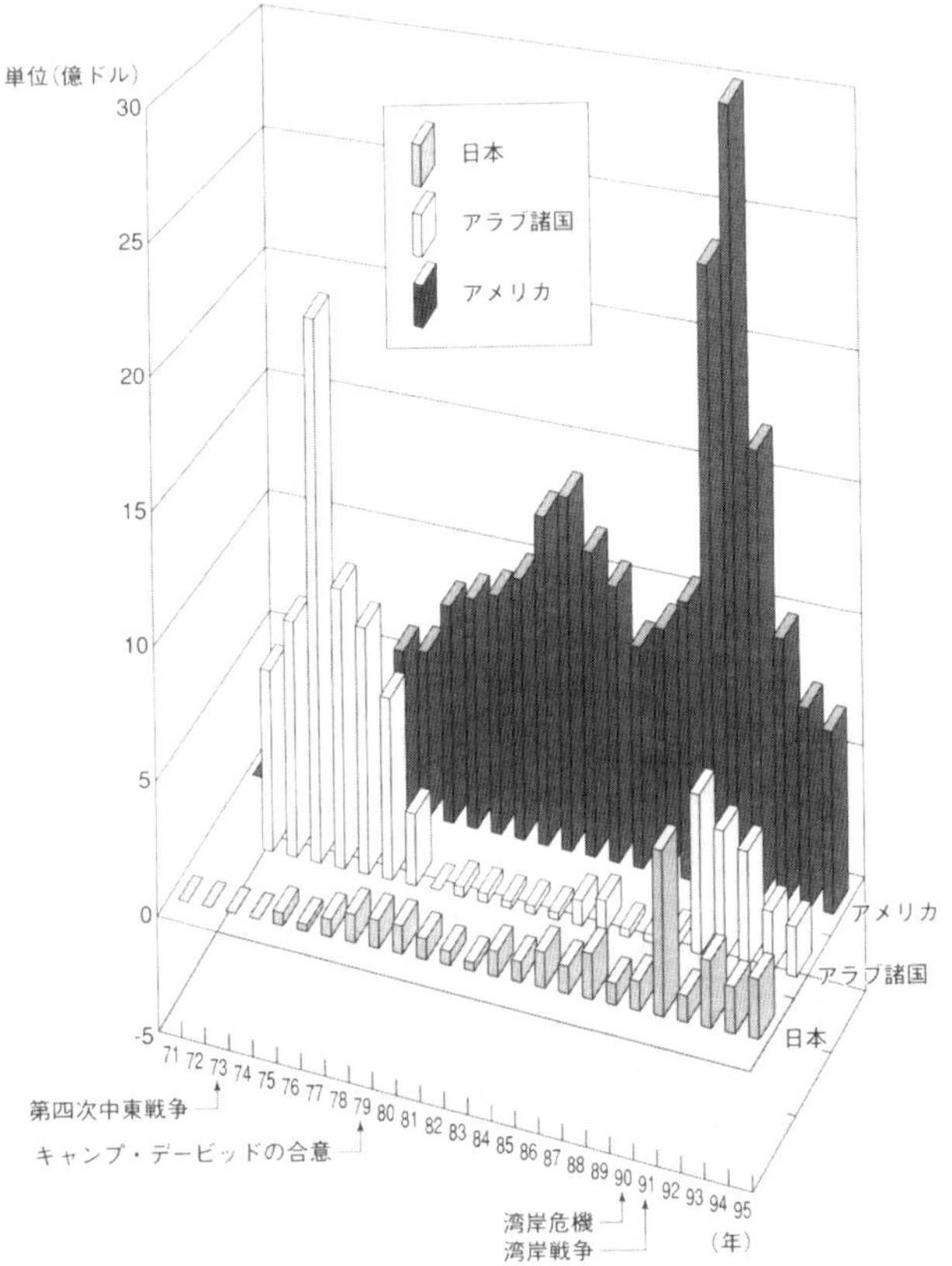

第４次中東戦争時に急増したアラブ諸国の援助が、キャンプ・デービッドの合意時に激減し、代わりにアメリカの援助が増大した。日本、アラブ諸国、アメリカがそろって湾岸危機・湾岸戦争の時期には援助を増大させた。

図4-4　エジプトへの経済援助

各種資料に基づいて筆者作成

◉第五章　レバノン戦争

「パレスチナ人なんかいない」
イスラエルのゴルダ・メイア首相

統計という名の虚構

イスラエルのレバノン戦争への突入を語る前に、レバノンの歴史を概観する必要がある。レバノンは、かつてはオスマン帝国の領土であったが、第一次世界大戦後にシリアと共にフランスの支配下に入った。歴史的にも経済的にもシリアとの一体感の強い地域であった。だが一九四〇年代にそれぞれレバノン、シリアとして分離した形で独立を達成した。このレバノンは、宗教的にキリスト教とイスラム教の様々な宗派がモザイクのように入り乱れる複雑な社会構成をしている。歴史的に見て、迫害を受けた多くの少数派がレバノンの山岳地帯に避難して住みついてきたからだ。いわば「生きた宗教の博物館」状態となっている。

独立の際に、各宗派の間で権力を分割する協定が結ばれた。大統領はマロン派キリスト教徒、国会議長はスンニー派イスラム教徒という具合にである。その権力の分割の基礎になったのが一九三二年の人口調査であった。ところが、各宗派の人口が均衡を保って同じ比率で成長しない限り、この各宗派間のバランスは壊れてしまう。後に実際に起こったようにである。キリスト教徒が多数派を占めていたころの人口統計に基づいたシステムは段々と実情に合わなくなってきた。所得の低いイスラム教徒の方が多産なので、人口増加率が高かった。特にそれが著しかったのがイスラム教徒でも下層を占めていた南部のシーア派であった。しかし、正式な人口調査は一九三二年を最後に行われておらず、旧態依然の権力の分割、つまりキリスト教徒優位のシステムが続いてきた。そして、このシステムの虚構性に対するイスラム教徒の不満が段々と高まってきた。また、自らの特権を脅かされるのではないかというキリスト教徒の不安も段々と深まっていった。各宗派は、独自の武装組織を育成して自衛の構えを固めた。

国の中の国

そうした危うい安定を保持していたレバノンへ、一九七〇年にＰＬＯが乗り込んできた。先に触れたヨルダン内戦で敗れた結果の亡命先からの亡命であった。レバノンは国家としてＰＬＯを歓迎したわけではない。しかし、レバノン政府にはＰＬＯを排除する力は、とてもなかった。ＰＬＯはベイルートに本拠を置き、レバノンの中の独立国家のように振る舞った。病院、学校、研究所などのＰＬＯの機関が設置された。あたかも将来のパレスチナ国家のインフラがレバノンに整備されたようであった。まさに国の中の国であった。

ＰＬＯの存在はレバノンの宗派間のバランスをさらに危うくした。パレスチナ人の九割はイスラム教徒であり、キリスト教徒が残りの一割を占める。となると、レバノンにおけるイスラム教徒の比重がさらに高まった。イスラム教徒はこれに勇気づけられ、キリスト教徒は脅威を感じた。そして、遂に一九七五年にレバノンは内戦に突入した。イスラム教徒とパレスチナ人の連合軍 対 キリスト教徒という図式であった。前者が後者を圧倒し、急進的な親パレスチナ人の政権の誕生が目前に迫っていた。ところが一九七六年、シリア軍がキリスト教徒側に立って参戦して、ＰＬＯとイスラム教徒連合軍の野心を砕いた。

スフィンクスの計算

レバノンと深く長い歴史的関係を有する国の介入であった。シリアのアサド大統領が介入したのは別にキリスト教徒に同情したからでは、もちろんない。シリアは、自らの影響力が全く及ばない政権がレバノンに誕生することを嫌っていた。それに、もしレバノンがＰＬＯ国家に変質すれば、イスラエルとの戦争は必至であり、シリアがそれに巻き込まれるのも避けられまい。アサドは、自らの運命をアラファトに委ねるつもりなど、さらさらなかった。シリア軍は、一方でＰＬＯとイスラム教徒連合軍の勝利を阻んだものの、同時に他方ではキリスト教徒に勝利を与えるつもりもなかった。シリアは適当なところで攻撃を止めた。ＰＬＯとイスラム教徒の力を完全に削いでしまえば、今度はキリスト教徒はシリアを必要としなくなるだろう。双方の力が均衡しているのがシリアの影響力の維持のためには最善であった。ダマスカスのスフィンクスと呼ばれるアサドの批判者や敵は掃いて捨てるほどもいたが、その政治感覚の鋭さを評価しない者はいなかった。計算し尽くされたスフィンクスのレバノン介入であった。

ファタハ・ランド

レバノン全土制圧の夢は破れたものの、シリアの勢力を脅かさない範囲での行動の自由をPLOは保持した。パレスチナ解放運動の表看板である対イスラエル武装闘争の拠点になったのがシーア派の多いレバノン南部であった。PLOはこの地域を制圧して、イスラエルへとゲリラを出撃させた。そのため、レバノン南部はPLO内の最大武装組織の名を冠してファタハ・ランドと呼ばれるようになった。しかし、ファタハ・ランドからのゲリラの出撃は、イスラエルの報復を呼ばずにはおかなかった。シーア派にとってはパレスチナ人は招かれざる客であり、もう一人の招かれざる客イスラエル軍を連れて来る迷惑至極な存在であり、ほとんど占領軍であった。

湾岸戦争のリハーサル

このPLOの攻撃がイスラエル北部のガリラヤ地方の安全を脅かすとの口実で、イスラエル軍は一九八二年六月、レバノン国境を越えて北上した。「ガリラヤの平和」作戦の発動であった。ファタハ・ランドのゲリラを一蹴したイスラエル軍は破竹の進撃を見せ、七十二時間後にはベイルートの郊外に迫った。アラブ側の抵抗らしい抵抗は地上ではなかった。かえってシーア派は、イスラエル軍がパレスチナ・ゲリラを一掃したことを歓迎していた。

立ち向かったのはシリア軍のみだった。イスラエルは、無人の飛行機をシリアのミサイル基地に向けて飛ばした。一九七三年の戦争でイスラエル空軍に大打撃を与えたソ連製の地対空ミサイルが無人機を次々と撃墜した。しかし、これはミサイルのレーダーの使用している周波数を探知するためのオトリであった。今度はイスラエル空軍がシリアのミサイル基地を攻撃した。ミサイル基地のレーダーの周波数に導かれて、正確に基地を爆撃した。シリアがレバノンに配置した十九の地対空ミサイル部隊は、オトリの無人機を撃墜しただけで戦場から姿を消した。イスラエル空軍には一機の損失もなかった。ソ連製ミサイルの問題が「解決」された。この時に使われた無人機がその後に現在のドローンへと成長していく。

また、空中戦を挑んだシリア空軍も八十二機を撃墜されて惨敗した。イスラエル空軍の損害はまたしてもゼロであった。撃墜比率八十二対〇というのは世界の空戦史上の記録であった。この戦争でイスラエルが失ったのは、結局ゲリラの対空砲火による一機のみであった。一九七三年の戦争で表面化してきたイスラエルの懸念が、つまりアラブ側が軍事技術の面でイスラエルとの距離を縮めてきているのではないかとの危惧がレバノンの上空で消し飛んだ。

しかし、このイスラエルとシリアとの間の空中戦は、そしてシリアの地対空ミサイルの全滅は、中東地域を越えた意味を持っていた。というのは、イスラエルが使用したのがアメリカ製の兵器であり、シリアが使用したのがソ連製の兵器だったからだ。第二次世界大戦後の国際政治の動向を規定してきた大きな要因の一つは、遺憾ながら軍事力であった。だが幸いなことに米ソが直接に戦火を交えることはなかった。それゆえ、米ソの軍事力を比較する際に重要になるのは、実際に米ソの兵器が他の国々によって使われた経験の分析であった。一九七三年の戦争でソ連製の地対空ミサイルと対戦車ミサイルが威力を発揮した事実に、各国の防衛政策は大きな影響を受けた。この点についてはすでに言及した。同じように、米ソの兵器のレバノンの実戦での性能の比較が問題にされた。シリア人に操作されたソ連製の兵器がイスラエル人に操作されたアメリカ製の兵器に完敗した。シリアは性能の悪い兵器を非難し、ソ連は兵器を十分に操作できなかったシリア人の技術水準を問題にした。

しかし、八十二対〇といった数字はシリアとイスラエルのパイロットの技量の差を越えた問題を反映しているのではないかとの結論を多くの観察者が導き出した。つまり、一九七三年から一九八二年の約十年の間のアメリカでの軍事技術の革新にソ連は対応できなかったという結論である。例えば、一九七三年にイスラエルが使用した主力航空機はF4ファントムであった。ところが一九八二年にはF15という次の世代の航空機がイスラエル空軍の主役となっている。F4とF15の間にあるのは西側で進行したコンピューターの小型化に代表されるマイクロ・エレクトロニクス革命であった。ソ連が完全に遅れをとった部門であった。

レバノン上空で撃墜されたのはシリア空軍機ばかりではなかった。ソ連の軍事技術に対する信頼感もまた砕け散った。筆者自身は、この軍事面での遅れがソ連の指導者層をしてペレストロイカに踏み切らせた一つの要因ではないかと推測している。このレバノン上空でのシリア空軍の敗北を知る者は、一九九一年初頭の湾岸戦争においてアメリカ空軍が開戦初日から制空権を奪った事実には何の驚きをも覚えなかったはずだ。基本的にはイラク軍もソ連製の対空防衛システムを装備しており、それがアメリカ製の航空機の前に無力であることは一九八二年にイスラエル空軍がすでに証明していたからだ。一九八二年夏、我々はレバノンの上空で湾岸戦争のリハーサルを見ていたのかもしれない。

ヘルモン山の雪

こうしてファタハ・ランドを制圧し、レバノンの制空権を奪ったイスラエル軍は、アラファト以下のＰＬＯの立てこもるベイルートを包囲し、激しい砲撃を浴びせた。アラブ国家の首都がイスラエル軍の包囲を受けるという屈辱の前にも、アラブ諸国はＰＬＯのために指一本動かそうとはしなかった。アラファトの言葉を借りれば「アラブ諸国の指導者の心よりはヘルモン山の雪の方がまだ暖かかった」。イスラエル軍が犠牲を覚悟でベイルートに突入してアラファトの首を取るかどうかというところまで事態は緊迫していた。ここで結局アメリカによる調停が成立した。アラファト以下のゲリラ一万四千名は、ベイルートを脱出してチュニジアの首都チュニスに向かった。亡命先のヨルダンからレバノンへ亡命してきたＰＬＯが再度亡命することになったわけだ。レバノンを離れたことにより、ＰＬＯはイスラエルとの地上の接触を失ってしまった。ＰＬＯの軍事オプションという標語はますます虚ろに響くようになった。

サブラとシャティラ

　ＰＬＯの退去に当たり、イスラエル側は非戦闘員の安全を保証した。だが、ベイルート郊外のパレスチナ人の難民キャンプのサブラとシャティラで八百余名の住民が虐殺されるという事件が発生した。実際に手を下したのは、イスラエルと協力関係にあったキリスト教徒の軍であった。しかしながら、イスラエル軍の支配地域での出来事であり、イスラエル当局も責任なしとは言えない事件であった。イスラエルは、この後にレバノンのキリスト教徒勢力と条約を結び、レバノンをイスラエルの影響下に置こうとした。レバノンの内戦をイスラエルの力で押さえ込もうとした。「パックス・ヘブライカ（イスラエルの力による平和）」を目指したのだ。しかし、イスラエルの駐留が長引くとレバノン人の反発も高まってきた。特に南部のシーア派は、最初こそイスラエル軍を歓迎したものの、それはパレ

図5-1　レバノンでの虐殺に抗議するクウェート大学構内のポスター。人物の顔は、イスラエルのベギン首相
（著者撮影　1983年）

スチナ人を嫌っていたからに過ぎず、イスラエルを愛していたからではなかった。パレスチナ人に代わってイスラエル軍に支配されるつもりはシーア派には毛頭なかった。イスラエル軍に対する自爆攻撃が始まった。聖戦での死は天国の門を開くと信じて戦うゲリラにとっては、これは殉教攻撃であった。いずれにしろ死を覚悟で爆弾を抱いてイスラエル兵に近づいてくるという戦法には、なかなか有効な防御策が見出せなかった。次々とイスラエル兵の犠牲が増えていった。五百十八番目の死者が埋葬された時点で、六十九歳のベギンは首相を辞任、政治から退いた。一九八三年八月三十日のことであった。

シャロン国防相が立案し実行に移したレバノン戦争が、ベギンの政治生命を絶った。ベギンとシャロンの両家はいずれも東ヨーロッパ出身であり、一九一三年八月十六日にブレスト・リトフスクでベギンが誕生した際に助産婦として将来のイスラエルの首相を取り上げたのは、偶然にもシャロンの祖母であった。その誕生と政治生命の終焉にシャロン一族がかかわっていた。一九八五年四月、遂にイスラエル軍はレバノンの大半から撤退した。レバノンにおけるイスラエルの力による平和、パックス・ヘブライカとやらの短い命であった。

サッダーム・フセイン

こうして三年に及ぶイスラエルのレバノン介入が終わった。しかし、なぜ、何が目的でこの時期にイスラエルはレバノンに介入したのだろう。タイミングの問題についてはいくつかの要因が指摘できる。まず指摘できるのは一九八一年にレーガン政権が誕生したことだ。この政権は歴代のホワイトハウスの中でも最もイスラエル寄りの政権の一つであった。

当時、イスラエルが軍事的に動きやすかったもう一つの理由としてイラン・イラク戦争があげられる。一九七九年のイラン革命はイスラエルにとって大きな打撃であった。というのは、革命前王制下のイランはイスラエルと密接な関係を有する実質上の同盟国だったからだ。イランの石油がイスラエルに流れ、イスラエルの技術援助がイランへ流れていた。革命政府が誕生し、テヘランのイスラエル大使館がＰＬＯに与えられたとき、パレスチナの解放運動は大きく前進したかに見えた。これまでのアラブ対イスラエルという図式が、アラブとペルシア人の国イランが協力してイスラエルに当たれるようになったからだ。イスラエル対イスラム世界という図式に変わるかと、イスラエルは恐れ、イスラム世界は期待した。ところが一九八〇年九月、そのイランをイラクが攻撃してイラン・イラク戦争が始まった。やっとイスラム世界の力を結集してイスラエルに対抗しようという雰囲気の出てきたところで、イラクが反対方向で戦争を始めた。

　これでイスラエルは当分イラクもイランも心配する必要がなくなった。実際のところ、イラン・イラク戦争の終わる一九八八年まで、イスラエルは両国が国力を消耗させるのを笑って見ていればよかった。イスラエルは、イラクの軍事力がシリアの支援に向かうのを心配することなくレバノンへ侵攻できた。イランとの戦争を始めたサッダーム・フセインはベギンの実質上の最大の同盟者であった。ということはパレスチナ人にとってみれば、アラブの大義を妨げた最大の悪人であった。そのフセインが一九九〇年のクウェート侵攻をパレスチナの大義のためと宣伝したのは実に奇妙な光景であった。もっと奇妙なのは、その宣伝を真に受けた人間が遠く離れた日本にも少なくなかったことだ。歴史への無知は様々なことを可能にさせる。

キャンプ・デービッドの果実

だが、こうした要因以上に重要なのは、言うまでもなく平和条約によってエジプトの圧力からイスラエルが解放されていたことであった。でなければあれほど簡単にはイスラエルはレバノン侵攻を始めなかっただろう。ベギンにとってはレーガン様々であり、フセイン様々であり、そして誰にも増してサダト様々であった。つまり、サブラとシャティラのパレスチナ人難民キャンプの虐殺はキャンプ・デービッドの苦い苦い果実であった。サダトにとっての唯一の慰めは、レバノン戦争の始まる半年前の一九八一年十月に暗殺されており、自らの目でレバノンの南半分がイスラエル軍に席巻されるのを見なくて済んだことだろうか。

パレスチナ人の「発見」

レバノン戦争の不思議さは、それがレバノンに対する戦争ではなかったことだ。イスラエルのＰＬＯに対する戦場としてレバノンが選ばれたに過ぎない。ガザと西岸におけるパレスチナ人の民族主義の拠り所となっているＰＬＯを根こそぎにし、占領地の永続的な支配を可能にしようとするものであった。つまり、それはＰＬＯに向けられたものであった。またパレスチナ人の民族主義に対するものであった。イスラエル側の用語を借りれば、ＰＬＯ問題の「最終的解決」を目指しての戦争であった。この言葉は、ナチスが使った「ユダヤ人問題の最終的解決」との用語を想起させた。

事実、シャロンのイスラエル国防軍の目標の一つは、ベイルートのＰＬＯ研究所であった。研究所は、ゲリラ以上にイスラエルにとって脅威であった。そこには古い記録が、写真が、地図が所蔵されていた。シオニストが占領する前のパレスチナが保存されていた。レバノン戦争は、パレスチナの過去とパレスチナ人の歴史に対する攻撃でもあった。

しかしながら、ＰＬＯに対して、パレスチナの民族運動に対して戦争を仕掛けたということは、ＰＬＯが、パレスチナの民族主義が、そしてその主体であるパレスチナ人が存在することを同時にイスラエルが認めたことでもあった。不思議な話ではあるが、シオニストたちにはパレスチナ人を見ない、見たくないという意識が強かった。パレスチナ人さえいなければ、国のない民族ユダヤ人が、人のいない土地パレスチナに移住してイスラエルを造ったというシオニストの神話が成り立つからである。何の良心の呵責《かしゃく》もなしにイスラエルという国家建設に邁進できるからである。人は見たくないものは見ないことが多い。「パレスチナ人なんかいない」という故ゴルダ・メイア首相の言葉にこうした感情が凝縮されている。いるのは難民のアラブだけで、受入れ国に同化され、消えてなくなるべき人々だけだというわけである。

しかし、ＰＬＯに対して、パレスチナ人に対して戦争を仕掛けた以上、パレスチナ人は存在しないという心理的なフィクションをいつまでも保ち続けることはできなかった。パレスチナ人は存在するのである。それではパレスチナ人とはどのような人々であろうかという興味がシオニストの側に起こってきた。パレスチナ人は国を持たず、アラブ世界でも常に差別されてきた。表面上はアラブの大義という看板の下で受け入れられても、内心では決して仲間内としては扱われて来なかった。またパレスチナ人は、国による保護を得られないので、個人の努力、そしてパレスチナ人同士の団結によって人生を切り開いてきた。ある国から追放されるようなことがあっても、命ある限り決して奪われることのないものに投資してきた。つまり教育である。パレスチナ人の勉強熱心はアラブ社会では際立っている。パレスチナ人は、医者であり、弁護士であり、大学教員であり、ジャーナリストであり、研究者である。パレスチナ人たちについて知識を得るようになったユダヤ人たちは、自らの姿を鏡に映し出したような感情を持ったことであろう。つまり、パレスチナ人はアラブ世界のユダヤ人なのである。レバノン戦争によってパレスチナ人の姿がしっかりとユダヤ人の意識の中に根を下ろした。

選択としての戦争

また、この戦争のイスラエルにとっての新しさは、ベギン自身が語ったように「選択による戦争」であった点だ。それまでの四度の中東戦争は、少なくともイスラエル側から見れば、回避できない戦争であった。イスラエルはその生存を賭けて戦ったのである。だがレバノン戦争は違っていた。イスラエルの北部に対するパレスチナ・ゲリラの脅威があったのは確かである。しかし、それとてイスラエルの生存そのものを脅かすようなものでは全くなかった。ましてやレバノンがイスラエルにとっての脅威であったわけでもない。イスラエルは政策として戦争を選択し、レバノンへ侵攻したのであった。つまり、しなくてもよい戦争を戦った。イスラエルの歴史の中で戦争に参加することを拒否する兵士が初めて出たことからも、生存のための戦争という意識を国民が持てなかったことがうかがわれる。さらに、難民キャンプでの虐殺の後のテルアビブでの抗議集会に四十万の市民が集まった。これは、当時のイスラエルのユダヤ人口の約一割が参加した計算である。いかに不人気な戦争であったかがわかる。

そしてこの戦争が、圧倒的な軍事力でアラブ側を蹴散らすイスラエル、という新しい軍事強国像を生み出した。これまでの、アラブの海に囲まれながら健気にも必死で戦う弱小国のイメージはなかった。ベギンの登場によってアメリカのユダヤ人たちが覚え始めたイスラエルへの違和感が、レバノン戦争で深められた。レバノンの首都ベイルートを包囲し、民間人の存在も意に関せずといった様子で市内への砲撃を八十二日間にわたって続けたイスラエル軍の姿は、テレビの画面に映し出されイスラエルのイメージを変換させた。こうしたイスラエルの対外イメージは、そして自己イメージの変容は一九八七年のインティファーダでさらに加速されることとなる。その議論に移る前に、パレスチナの情勢を外から規定してきた国際政治の状況へ視線を向けておこう。そこでは、地殻変動とでも言うべき根本的な変化が進行していた。言うまでもなくペレストロイカと冷戦の終結であった。

◉第六章　ペレストロイカの影で

「仕事、金、家、車、何にもない。それに、いい女もいない」

ソ連からイスラエルへの移民が新生活の見通しを聞かれて

「世直し」

　戦後の世界を規定してきた冷戦構造が、ゴルバチョフの登場した一九八五年三月以降変わり始めた。ゴルバチョフが始めたソ連版の「世直し」ペレストロイカが、ソ連の国力を国内改革に傾注することを求めた。その外交面での表現が「新思考外交」であった。この新思考の新しさは、まずソ連が第三世界でのアメリカとの影響力の拡張競争から手を引くというところにあった。それは、米ソによる陣取り合戦の終わりの始まりを意味していた。これまでのように第三世界の国々が米ソを天秤にかけて競わせるといったことができなくなった。モスクワにとってワシントンとの協調の方が第三世界の国々の支持よりも重要になった。冷戦はこの方面でも終わりつつあった。

新思考の第二の意味は、東欧の親ソ政権の存続にこだわらないということであった。ゴルバチョフの前任者たちは、それまで力で東欧の自由化を阻んできた。前に見たようにフルシチョフは、一九五六年ハンガリーの自由化を戦車で圧殺した。やはり一九六八年にはブレジネフが、今度はチェコ・スロバキアでの自由化運動を戦車のキャタピラで踏み潰した。社会主義国家を反革命から守る義務と権利があるというのがソ連の主張であった。この議論はブレジネフ・ドクトリンとして知られる。チェコ・スロバキアの「人間の顔をした社会主義」のスローガンの下に進められた「早すぎたペレストロイカ」、つまり「プラハの春」は、このブレジネフ・ドクトリンの犠牲となった。

こうした背景の東欧で、一九八九年、自由化への圧力が高まった。世界はかたずをのんでモスクワの対応を見守った。ソ連は、今度は介入しようとしなかった。ブレジネフ・ドクトリンに代わりゴルバチョフの補佐官ゲラシモフが掲げたのは、「シナトラ・ドクトリン」であった。その意味を問われたゲラシモフは、シナトラのヒット曲『マイ・ウェイ』を指摘した。つまり、東欧は自らの選ぶ道、「マイ・ウェイ」を歩む自由があるというものであった。ソ連が事態を静観することが明らかになると、それまでの東欧のためらいがちな自由化への歩みが疾走になった。一九九〇年代には東欧から共産党の独裁政権が姿を消した。

アリアー

ソ連のペレストロイカ、新思考外交、東欧の解放、そのいずれもが、それぞれの形でパレスチナ問題へ影を投げ掛けた。ペレストロイカのソ連国内での影響の第一は経済状況の悪化であり、第二は民族意識の高揚であった。普通は、キリスト教社会で伝統的に反ユダヤ感情を生み出す組み合わせである。事実、言論の規制がゆるむとソ連では民族主義感情が、特にロシア民族主義の高まりが見られた。そして、それが必然でもあるかのように反ユダヤ感情も上昇した。ソ連のユダヤ人にとっては住みにくい状況が発生した。ソ連の経済混乱という経済的理由と、反ユダヤ感情の表面化という社会的理由の二つの力が、ユダヤ人をソ連から追い出すベクトルとして働き始めた。また、国民の出国を自由には認めてこなかったソ連政府が、この問題で政策を変えた。つまり、ユダヤ人に関してはソ連からの自由な出国を認めるようになった。これは、一九七〇年代から米ソ関係の進展の阻害要因になっていた問題であった。というのは、アメリカが対ソ貿易で最恵国待遇を与える条件として、ユダヤ人出国の加速を求めるべきだとの声がアメリカ国内で高まっていたからだ。カーター大統領が人権問題をその外交の指針の一つに掲げたことも、この傾向に弾みをつけた。だがユダヤ人の出国数は、ソ連のアフガニスタン介入以降の米ソ関係の緊張期には減少した。この問題は、対米関係を改善するに当たってゴルバチョフが避けて通れない「踏み絵」であった。こうしてソ連国内にユダヤ人を押し出す力が高まり、しかもそれを押し止めていたタガが外された。数字から見ると、ゴルバチョフが書記長に就任した年にはわずか千百四十人であったソ連からのユダヤ人の出国は、一九八七年には八千人に急増、一九八八年には一万三千人に、一九九〇年にはその十倍以上の十八万六千八百十五人に達した。

しかもユダヤ人の多くは、それまではイスラエルに移住するとの申請の許にソ連から出国し、一度国境を越えると、その行く先をアメリカに変更する例が多かった。なぜならば、アラブの敵意に囲まれ、徴兵があり、戦争があり、テロと戦い、しかも失業率と税金が高いとのイメージのイスラエルよりも、自由の天地で一攫千金《いっかくせんきん》の国アメリカの方がはるかに強い引力でソ連からのユダヤ人を引きつけたからである。一九七〇年代にソ連を出たユダヤ人二十六万五千のうち、イスラエルに行った者が十六万五千、アメリカとカナダに行った者が十万であった。しかし、一九八〇年代に入ると状況が変わり、ソ連からのユダヤ人の九割がアメリカを選択した。よほど熱心なユダヤ教徒でもない限り、ニューヨークよりもエルサレムを選ぶ者は少なかった。そして無神論を国家の公式イデオロギーとしてきたソ連のユダヤ人の間に宗教に熱心な者は少なかった。さらにイスラエルにとって深刻なのは、イスラエル国民のアメリカへの移住が増えていることであった。そのころまでにすでに三十万から四十万のイスラエル人がアメリカに定住していた。特にアメリカからイスラエルに移住したユダヤ人五十万の半数がアメリカに戻っていた。シオニズムはアメリカン・ドリームの前に完敗した。

したがって、それまで通りのメカニズムが働けば、ソ連からのユダヤ人の大半がアメリカに移住しそうであった。しかし、ソ連からのユダヤ人の出国をユダヤ人口を増大させる千載一遇のチャンスと見たイスラエルは、このメカニズムの変更を試みた。つまり、一方ではアメリカのユダヤ・ロビーを通じてユダヤ人のソ連からの出国の自由化を働きかけるとともに、他方ではアメリカの法律の修正をも狙った。それまではソ連から出国したユダヤ人は政治難民としての認定を受け、自動的にアメリカへの入国の権利を与えられていた。それゆえソ連のユダヤ人はイスラエルではなくアメリカを選べた。だが、その後一九八〇年代末にはユダヤ・ロビーの力も与って、アメリカの移民法が改正された。ソ連からのユダヤ人が自動的に政治難民に認定される制度が廃止された。ソ連からのユダヤ人のアメリカへの移住が困難になった。これによってペレストロイカによって押し出されたユダヤ人の流れがアメリカからイスラエルへと方向を変えた。結果は、イスラエルに到着するソ連からのユダヤ人の劇的な増加であった。ゴルバチョフが登場して以来の総数は一九八〇年代の初頭には四十万に達した。当時のイスラエルのユダヤ人口が三百七十万程度だったので、大変な数であった。しかも、これはまだほんの始まりに過ぎない。ソ連の二~三百万と推定されていたユダヤ人のうち百万が結局はイスラエルにやって来た。

イスラエルへの移住はヘブライ語でアリアーと呼ばれる。アリアーとは本来「上る」ことを意味している。アリアーの増加はアラブ人の目から見ればイスラエルを強化するための米ソの共謀であった。ソ連からのユダヤ人が占領地に入植し、パレスチナ人の土地と水がさらに略奪されるのではないかとの懸念がイスラム世界全体で、そして苛立ちと閉塞感が占領地で高まった。一九八七年末に発生したインティファーダ（民衆蜂起）の背景にソ連からのユダヤ人の流入があった。ゴルバチョフの国内改革がパレスチナに直接の影響を与えた。

アサド

ソ連の新思考もまたパレスチナに外交面からの余波を及ぼした。ソ連が中東においてアメリカと覇を争うことを放棄すると、その最初の犠牲者となったのはシリアの対イスラエル強硬姿勢であった。それまでシリアはイスラエルに対するパリティ（均衡）を主張していた。つまり、軍事を中心にあらゆる面でイスラエルと対等の立場に立とうとした。そうすることがイスラエルを和平に引きずり出す唯一の方法である、というのがシリアのハーフェズ・アサド大統領の持論であった。軍事的にシリアがはるかに劣性である現状を放置したままでは、イスラエルは真剣に和平を考えようとはしない。そこで軍事力の強化が求められる。しかし、アメリカが年間四十億ドルの軍事経済援助を与えているイスラエルに対抗するだけの軍備をシリアが整えるためには膨大な資金が必要となる。

貧しいシリアにそれだけの資金があるはずもない。

そこで湾岸のアラブ産油国がシリアの軍備増強のために多額の資金を供与してきた。だが、一九八〇年代の石油グラット（余り気味状態）で石油価格が低下すると、この方面からの資金の流れも勢いを減じた。結局シリアの軍備のための資金は、兵器の供給国のソ連の負担分が大きかった。ソ連は、一九七〇年代以降シリアを中東での唯一の親ソ国家として重視してきた。エジプトのサダトがこのころに外交方針を転換させ、アメリカ一辺倒とも言える政策を取った。そうすると、ソ連は、この地域ではシリア以外の足場を失ってしまったからだ。一九六七年の第三次中東戦争後にイスラエルとソ連が外交関係を断絶したことについてはすでに言及した。このころ、イラクも兵器の輸入先を多様化するなどソ連離れを進めていた。ソ連にとっては中東に影響力を残そうとする限り、シリアは軽視できなかった。ソ連のシリアへの肩入れが続いていた。

ところが、ゴルバチョフが対外コミットメントの軽減を打ち出し、中東においてもアメリカとの陣取り競争からの離脱を決定すると、当然シリアに対する支援の削減が始まった。イスラエルとのパリティの達成というシリアの願望に対しては、もうそんな時代ではない、その種の夢物語に付き合うだけの経済的余力はソ連にはもはや残されていない、といった冷淡な反応をモスクワが見せるようになった。反米さえ唱えていればソ連から援助が与えられるという旧き良き時代は終わった。アサドの方向転換が始まった。

その一つの前兆が、湾岸危機におけるシリア軍のサウジアラビア派兵であった。湾岸戦争で実際にシリア軍が戦闘に参加することはなかった。しかし、シリア軍の多国籍軍側への派兵の意義は大きかった。湾岸危機がイラク対アメリカという構図ではなく、全世界対イラクの対決だと世界に示したからである。それまでアラブ急進派の旗頭として知られていたシリアがアメリカの方に身を投じたのである。世界はいかにイラクの主張に無理があり、サッダーム・フセインが孤立しているかを知った。この紛争はイラク対アメリカではなく、イラク対世界である。そうした事実が浮き彫りになった。こうしてシリアは、一発も撃たずとも派兵するだけで、アメリカが望んでいた構図を生み出すことに貢献した。

シリアの方向転換の報酬は大きかった。湾岸危機に世界の目が集中している中、レバノンで軍事行動を起こしたアサドは、十月までには反シリア勢力を一掃してシリア主導の形で一九七五年以来の内戦を終結させた。そして翌一九九一年の湾岸戦争終結後にはレバノンと友好協力条約を締結して、レバノンがシリアの影で暮らしているという現実を成文化した。また経済面では、日本からの援助の増額という報酬をも得た。一九九一年の五月にこのシリアが、アメリカ主催の中東和平国際会議への参加を発表した。先進工業国首脳会議の開催中の発表であった。国際的に最大限のインパクトを狙ったタイミングであった。その意味は、イスラエルとの直接会談に応じる用意があるということであった。これまでかたくなにイスラエルを拒絶してきたシリアの大きな方向転換であった。米ソ冷戦体制の崩壊に、アサドはその外交を巧みに順応させてきた。

PLOへの打撃

東欧の解放はイスラエルにとっての朗報であった。なぜならば一九六七年の戦争の後、ルーマニアを除く全ての国々がソ連にならってイスラエルとの国交を断絶していたからだ。また東欧諸国はPLOやシリアなどのイスラエルと敵対する勢力との関係を深め、援助を提供していたからでもあった。ゲリラの訓練やゲリラ活動のための拠点を東欧諸国が提供していたと言われる。だが東欧で共産主義の独裁体制が崩壊すると、各国は次々とイスラエルとの国交を回復した。イスラエルの東欧での孤立は終わりを告げた。各国がイスラエルとの関係回復を急いだのは、そうすることでアメリカのユダヤ人の心証を良くし、アメリカの経済援助を得やすくしようとの配慮があったのではと想像される。

　東欧のイスラエル接近の流れの中で、興味深かったのはバルト三国である。一九八〇年代末にバルト三国が独立要求を高めた際のアメリカの反応には熱意に欠けるものがあった。それは、かつてこの地域で激しいユダヤ人迫害の嵐が吹きまくったからだ。ユダヤ人の影響力の強いアメリカのマスコミが、そのために強い同情を示さなかったからだと言われる。もちろんバルト三国の独立運動を積極的にアメリカが支援しなかったのは、それがゴルバチョフの権威の失墜に拍車をかけるのではないかとの懸念があったのが最大の要因であろう。しかし、アメリカ世論の支持が今一つ盛り上がりを欠いたのも事実であった。一九九一年八月の保守派のクーデターの失敗後に、ヨーロッパ諸国がバルト三国との外交関係を樹立した。アメリカは、その後に事実上の外交関係を再開した。

なお、アメリカは一九四〇年のスターリンによるバルト三国の併合を承認したことがなく、したがって外交手続き的には国家承認は必要ではなかった。この点で興味深いのは、イスラエルがバルト三国を承認する際に、その暗いユダヤ人迫害の歴史に言及している点である。

ところで、東欧の解放が全てイスラエルにとってプラスであったわけでもない。というのは、東欧への経済支援という議論がアメリカで出てくると、そのための財源確保の手段としてこれまでアメリカの援助を受けていた国々への供与額をカットしようとの提案がなされたからであった。アメリカの援助の恩恵を受けている国の筆頭はイスラエルである。したがって援助の削減の対象となるのも実はイスラエルである。結局、この提案によって対イスラエル援助が削減されることはなかった。しかし、こうした提案が出てくること自体がアメリカ世論のイスラエルへの認識が変わりつつあることの反映であった。ちなみに提案者は、カンザス州選出の共和党の有力な上院議員ロバート（ボブ）・ドールであった。ブッシュ・ホワイトハウスが世論の意向を推し量る観測気球としての役割を演じさせていると考えられていた人物である。一九七六年には共和党の副大統領候補に、一九九六年には大統領候補に指名された人物である。このように東欧の解放は、イスラエルにとっての思わぬ問題も引き起こした。だが、最大の敗者はＰＬＯであった。この地域での足場を失ったのであるから。

◉第七章　インティファーダ

「パレスチナ人　また倒れしの　報の宵
いつもより重き　アーザーンの声」
アーザーンとはモスクからの祈りへのいざない

ダビデとゴリアテ

「インティファーダ」という聞き慣れぬアラビア語が国際政治の基本用語になったのは一九八七年末以降のことである。ガザ地区に自然発生的に起こった住民の占領当局に対する抵抗運動は、たちまち西岸に飛び火し占領地全体を巻き込む蜂起に発展した。民衆の一斉蜂起、インティファーダの始まりであった。一九六七年の占領以来、比較的平穏に推移してきた占領地の情勢の急変は、イスラエルを驚かした。しかも抵抗運動が非武装の形を取ったため、イスラエルはその鎮圧に手を焼いた。パレスチナ人は、投石や、タイヤを燃やしての交通の妨害、さらには占領当局への協力者の摘発などでイスラエルの支配に挑戦した。鎮圧のために投入されたイスラエル軍もほとんど非武装の抵抗運動を前になす術を知らなかった。逮捕、拷問、逮捕者の家の爆破などが試みられたが、抵抗の火は燃え盛った。パレスチナの大人たちが逮捕されると、子供たちが、そして女たちが続いた。最初の一年だけでパレスチナ人二万人が逮捕され、三百人が死亡し、低めに見積もっても三千五百人以上が負傷した。だがインティファーダは続いた。これまでのコストのほとんどかからない占領が、非常に高くつく占領に転化した。

　実際のところ、イスラエルの占領地支配は「黒字経営」を続けていた。パレスチナ人から集める税金などから、一九六七年の占領開始からインティファーダの発生した一九八七年までの二十年間に、イスラエルは五億ドルの「利益」を上げたとの計算さえある。しかし、インティファーダ以降は、治安維持のための兵員の増強が必要になった。そして、その費用がイスラエル経済の上に重くのしかかった。また占領地の騒擾は、観光収入の激減になって跳ね返った。それはイスラエルの対外イメージの低下の反映であった。

　インティファーダとその鎮圧の様子はテレビによって全世界の家庭に伝えられた。礫《つぶて》で強大なイスラエル軍に立ち向かうパレスチナ人の姿は生々しい臨場感をもって茶の間に現れ、世界の良心を揺さぶった。聖書に登場する巨人ゴリアテと勇敢な若者ダビデの対決そのものだった。しかもダビデの王国の子孫を自認するイスラエルがゴリアテだった。イスラエル支持のアメリカのユダヤ人でさえもが占領という醜い事実から目を背けられなくなった。メディア操作に長けているはずのイスラエルでさえも、そのイメージを守れなかった。キッシンジャーが占領地からマスコミを締め出すようにと助言したことからも、その傷の深さが想像できよう。

イスラエルに常駐していた三百五十名のジャーナリストに加え、インティファーダの開始から七百名の援軍が押し寄せた。イスラエルを世界のマスコミの攻勢から救ったのは一九八九年に始まった東欧の解放であった。共産主義体制の崩壊という歴史的出来事に直面してはじめて、ジャーナリストの多くは占領地を去った。また一九九〇年八月以来の湾岸危機がマスコミの注意を占領地からそらせた。サッダーム・フセイン大統領がイスラエルのイメージの恩人となった。だがイスラエルのイメージについた傷は残った。対外イメージが変わったように、イスラエル国民の自己イメージもまた大きく変わらざるを得なかった。それが、「良い占領」という矛盾した言葉の陰に避難していたイスラエル国民の良心を突き刺した。

「炎上」

インティファーダに驚かされたのは、実はイスラエルばかりではなかった。占領地のパレスチナ人を代表するはずのＰＬＯでさえ、こうした情勢の発展を予想していなかった。インティファーダの尖兵となったのはイスラム急進派であった。占領地の急進派組織としてはハマースとジハードが知られる。ハマースは、ムスリム同胞団がインティファーダの開始以降に使用するようになった名称で、アラビア語のイスラム抵抗運動の頭文字である。またハマースとはアラビア語で「炎上」とか「熱狂」といった意味を有している。またジハードは、イラン革命の影響を強く受けた組織であり、イスラエルに対するテロ行為（もちろんジハードから見れば正当なゲリラ活動）によってその名を知られるようになった。遅ればせながらＰＬＯや左翼勢力もインティファーダに参加し、抵抗運動の組織化が始まった。「民族統一指令部」なる草の根組織が結成された。ただＰＬＯとは思想を異にするハマースは独自の組織で活動し、統一指令部には参加しなかった。

それでは、このハマースとジハードは、いかなる論陣を張っているのだろうか。どんなパレスチナを求めているのであろうか。基本的には両者共に「シャリア」（イスラム法）に基づく国家の樹立を目指している。これは、ユダヤ教徒と非ユダヤ教徒の峻別によって成立しているイスラエルの拒絶である。同時に、全パレスチナに世俗的な、つまりイスラム教徒、キリスト教徒、ユダヤ教徒が平等な立場から共存する民主的国家の建設という当時のＰＬＯの理念への反対であった。なぜならば、シャリアでは、ユダヤ教徒、キリスト教徒は経典の民として保護されることになっているが、保護されるということは政治的には平等ではないということだからだ。イスラム教徒の政治面での優越が前提とされているからだ。

イスラム急進派のもう一つの主要な議論は、パレスチナ全土がイスラム教徒のワクフ（信託地）であり、何人もこれを放棄することは許されないし、そうした権限を与えられていないとする考えである。つまりイスラエルを承認し、パレスチナをユダヤ人国家とパレスチナ人国家に分割し、両者を共存させようとする路線に対する明確な拒絶であった。パレスチナ全土が神によって与えられた契約の地であるとするイスラエルのタカ派の議論を裏返しにすると、イスラム急進派の主張となる。強硬派は強硬派を産み、宗教的熱狂は宗教的熱狂を呼んだ。言葉を換えるならば、ジハードとハマースはパレスチナの完全解放を呼びかけている。だが、解放に至るまでの具体的なシナリオを示していない。あるのは、全世界のイスラム教徒の団結と殉教精神のみである。

こうした極端とも取れる立場に支持が集まったのは、パレスチナ人の置かれている絶望的な状況の反映であった。プロテスト（抗議）として急進派に人心が集まったのではないだろうか。その抗議の対象はイスラエルの占領であり、国際社会の無関心であり、ＰＬＯの無策であった。絶望の深淵からの叫びがハマースでありジハードの主張であった。

大分県と奄美大島の半分

インティファーダの舞台であるヨルダン川西岸地区とガザ地区の面積は、それぞれ五八〇〇平方キロメートルと、三六〇平方キロメートルである。日本で言えば前者は大分県とほぼ同じ大きさであり、後者は鹿児島県奄美大島（七〇九・三平方キロ）の約半分、あるいは東京都二十三区（六一七・七六平方キロ）の六割の広さである。この大分県と奄美大島の半分を合わせた広さの土地に五百万のパレスチナ人が生活している。この地域は旧約聖書の物語の舞台となった地域で、地名の一つ一つに、砂の一粒一粒に数千年の歴史が、愛着が、怨念がこもっている。ユダヤ教にとってそうであれば、ユダヤ教から派生し、ユダヤ教の聖書を自らの聖典の一部として崇《あが》めるキリスト教にとっても、そしてイスラム教にとってもこの地域が重要となる。

　この地に生活するパレスチナ人の大半はイスラム教徒であるが、約一割はキリスト教徒である。例えば、すでに触れたように、ＰＬＯの故アラファト議長のソーハ未亡人はキリスト教徒である。つまり、面積の割には宗教的熱狂を濃密度で包含した地域であると言えるだろう。特にガザの場合は、人口の大半が難民であり、この狭い地域に二百万のパレスチナ人が生活するという世界で最も人口密度の高い地域である。しかも、人口の半分の年齢は十五歳にも達していない。これほど人口の若く濃密な地域を他に知らない。若さと人口の密度の高さは閉じ込められたフラストレーションのエネルギー量の大きさにつながった。インティファーダを発生させたエネルギーであった。

電話を待ちながら

この地域に一九六七年以降ユダヤ人の入植活動が進められてきた。全部で百三十箇所以上の入植地が西岸に建設されている。四十万人以上のユダヤ人がこうした入植地に生活している。これに加えて国際法上の占領地である東エルサレムに二十万人以上のイスラエル市民が生活している。一九七七年のベギン政権の成立までは、先にも触れたように、イスラエルは安全保障上の要請からこの地域を保持するのであって、平和条約が結ばれれば、少なくとも西岸の一部はヨルダンに返還する用意があるという立場であった。つまり、ヨルダンからの和平を求める電話が鳴るのを待っていた。

しかし比喩的に言えば電話は一度も鳴らなかった。その間に入植地の建設が進んだ。入植はタカ派のベギン政権の成立する一九七七年に始まったのではない。それ以前の労働党の政権の下ですでに起こっていた。熱狂的なユダヤ教徒の一団による占領地の浸食が始まっていた。そしてベギン政権が成立してからは、入植が加速された。様々な名目で土地が接収された。そして水資源もユダヤ人の支配下に入った。一九四八年にイスラエルが成立した際に支配下に置いた地域と周辺の境界がグリーン・ラインとして知られる。国際的に認められた国境線である。このグリーン・ライン内部に送られる量と入植者が使う分を合わせると占領地の水の八割がパレスチナ人の手を離れたことになる。占領地のユダヤ化が進行していった。

土地と水を奪われたパレスチナ人は脱農せざるを得なかった。しかも占領地での産業の振興をイスラエルは許さなかった。結果として、占領地に新たな職を求めることは困難となった。占領地のユダヤ化と歩調を合わせるように、パレスチナ人のプロレタリアート化が進行した。日雇い労働者としてグリーン・ラインの内部へと向かうパレスチナ人の姿が目立つようになった。時には建設労働者として入植地の建設に雇用されるパレスチナ人もいる。生活の糧を得るために、自らの土地を奪うユダヤ人のためにパレスチナ人は働いている。ほとんど自らの血を売るに等しい行為であった。それ以外の仕事がないからである。そこまでパレスチナ人は追い詰められている。入植が進んだ。入植の加速は、アラブ人に交渉を急がせる効果があるとイスラエルのタカ派は、本末転倒の正当化さえ行った。だが確かに、イスラエルとの交渉を急がなければ、全ての土地をユダヤ人に奪われてしまい、すぐに交渉する問題さえ存在しなくなるという危機感は占領地で高まっていた。

ダビデの細胞分裂

占領地のユダヤ化は、パレスチナの伝統社会の構造を緩慢ながら確実に崩壊させていった。一九四八年の第一次中東戦争のどさくさ紛れにこの地を占領し、一九六七年まで支配してきたヨルダンのハシミテ王家と結びついていたような名望家の影響力は、次第に低下していった。パレスチナ社会の急進化が進行していった。また占領地も第三世界につきものの人口爆発を経験し、人口構成の若年化が大変な勢いで進行している。その大半は物心がついたときから占領下に暮らしてきた占領の子供たちであった。事実、すでに見たようにガザの人口の平均年齢は世界最低の水準である。おおざっぱに言って平均年齢が十五歳に達していないのである。この数値はすでに引用した。

こうした状況でもパレスチナ人は勉学を続けている。占領地の大学から毎年数千名を越す卒業者が出ている。しかし、その教育水準にふさわしい職があるはずもない。多くが卒業後に石油ブームに沸く湾岸へと出稼ぎに出た。産油国市民の横柄な態度に耐えながら故郷への送金を続けてきた。しかし、一九八〇年代中半以降の石油価格の下落は、産油国の経済を直撃した。占領地からの出稼ぎの機会も失われていった。湾岸からの送金は減少し、代わりに職を失った出稼ぎたちが戻ってくるようになった。狭い占領地に職のない若年人口が充満していた。しかもシオニストによる土地の収奪により、占領地のパレスチナ人の空間はますます狭くなりつつあった。パレスチナ人の鬱積《うつせき》した感情が爆発するのは時間の問題であったのかもしれない。

「占領地都民」

にもかかわらず、世界は占領地のことなど忘れているようであった。逆に占領地へさらにユダヤ人が送り込まれようとしているかのようであった。先にも触れたように、ソ連でゴルバチョフの時代が始まるとユダヤ人たちのイスラエルへの大規模な移住が始まった。彼らの住みつく先が占領地になるのではないかとの懸念が高まった。実際このころまでにイスラエルは、入植者の不足に直面していた。熱狂的な宗教心に燃え、シオニストの夢の実現のためにアラブ人から土地を奪って住みつこうというユダヤ人はそんなに無尽蔵にいるものではない。そこで政府は入植地の建設に補助金を与えて、入植地なら安く住宅が手に入るような仕掛けにして入植者を募り始めた。結果として、入植者と言っても実情はグリーン・ライン内部よりも住宅の入手が容易だからとの理由で入植地を選んだイスラエル版の埼玉都民や千葉都民のような人々が増えていた。

占領地からイスラエルへ通勤するわけである。入植地という言葉からは砦のようなものを想像しがちだが、実際は日本の公団住宅や私鉄沿線の新興住宅地といった風情の場所もある。「入植者」の多くは、エルサレムかテルアビブまで三十分の通勤圏に居住している。だが、入植者の動機がイデオロギーであろうが安価な住宅であろうが、結果としてパレスチナ人の土地が奪われることには変わりはない。ソ連からのユダヤ人の移住という潜在的な入植者の増加はパレスチナ人の警戒心を煽った。

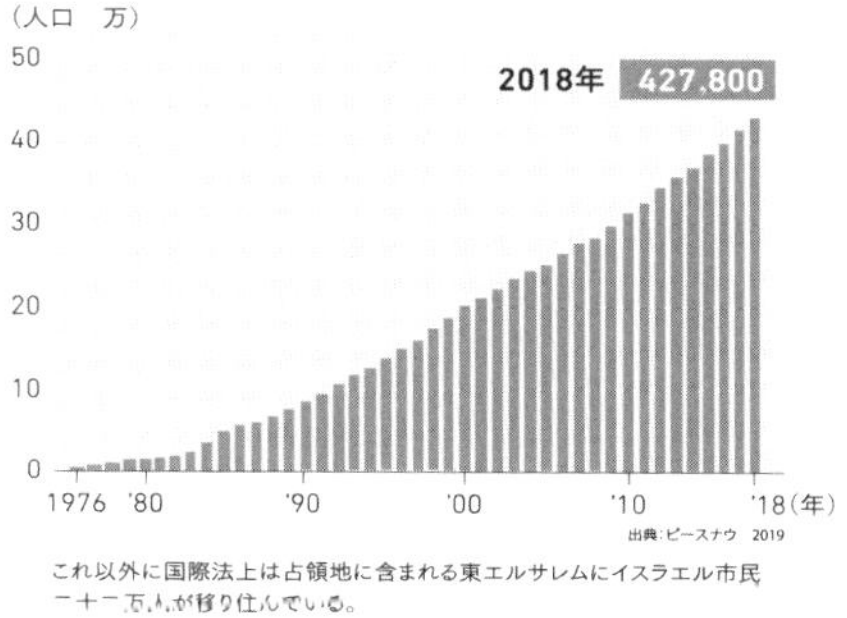

図7-1　入植者人口の増加
放送大学テレビ科目『中東の政治（'20）』より

占領地を忘れているのは、外の世界ばかりではなかった。同胞であるはずのアラブ世界でさえもがパレスチナを無視していた。一九八七年末に開かれたアラブ首脳会議の最大の議題はイラン・イラク戦争であり、パレスチナの大義ではなかった。アラブ首脳会議でパレスチナ問題が主要議題ではない最初の例であった。パレスチナは忘れ去られようとしていた。

真の「イスラエル」

　インティファーダは、世界にパレスチナ問題の存在をもう一度思い起こさせた。その衝撃は中東に深くかかわってきたアメリカでも強く感じられた。その結果、アメリカのユダヤ人のイスラエル観、そしてパレスチナ人観が決定的に変わった。アメリカのユダヤ人の対イスラエル感情には微妙なものがある。なぜならば、イスラエルの生存は保障されるべきであるという立場を取りながら、アメリカのユダヤ人は、その建設と防衛に献身しようとしていないからだ。これまで度重なる迫害の歴史に苦しんできたユダヤ人には、いつまた迫害が起こるかもしれない。そのときの避難の場所としてイスラエルが必要なのだという議論を支持しながら、実際にその場所であるイスラエルに住もうとはしていない。イスラエル国民にその建設と防衛の義務を押しつけたままである。

　したがって、アメリカのユダヤ人はイスラエル人に対して奇妙な劣等感とも罪悪感ともつかぬ感情を抱いている。偽者が本物に対して抱く引け目のような感情である。毎年多額の寄付を様々な形でイスラエルに対して行い、またアメリカ政府の政策をイスラエル寄りにするために活発な政治活動を続けているアメリカのユダヤ人が、お金を受け取っている方のイスラエルに遠慮がちである。イスラエル国民は血を流し、アメリカのユダヤ人は小切手にサインをしているだけではないかという罪の意識にさいなまれながら、また小切手にサインをしてイスラエルへの寄付をするという奇妙な心理が存在していた。

イスラエルは、アメリカのユダヤ人にとっては溺愛している一人息子のようなものであった。ところが、この一人息子の非行が目に余るようになってきた。その端緒は先に触れたようにベギン政権の登場であった。元ゲリラの、見方を変えればテロリストの首相は、非ヨーロッパ系のユダヤ人の票を集め、選挙キャンペーンのたびに支持者が「イスラエルの王、ベギン！」と叫ぶといったタイプの大衆政治家であった。また支持者が反対派の集会を暴力で妨害するといった事件もあった。アメリカのユダヤ人の大半は体質の合わないものをこの首相とその支持層に嗅ぎ取っていた。そしてレバノン戦争があった。イスラエルは、圧倒的軍事力で隣国の首都ベイルートに迫った。そして包囲下のベイルートに砲爆撃を加えた。多くの民間人を巻き込みながらの暴挙は、テレビによってアメリカのユダヤ人の家庭の茶の間に、そして良心の奥深くに飛び込んできた。イスラエルは、いじめっ子に囲まれた体の弱いいじめられっ子ではもはやなかった。誰よりも強い巨人に成長していた。パレスチナ人の民族自決を拒絶する占領者であり弾圧者であった。

しかし、まだこの時点でもアメリカのユダヤ人によるイスラエルの公然たる批判はタブー視されていた。その理由は、パレスチナに住み日夜危険と共に生活しているイスラエル国民のやり方を、マンハッタンのガードマン付きの高級アパートに住むユダヤ人が批判する権利はない、つまり、安全な所にいる者が危険な所に住む者を責めるべきではなく、ましてや、イスラエルに移住して危険を分かち合おうとする気のない者にはそんな権利はないというわけである。またアメリカのユダヤ人がイスラエル批判を始めれば、ユダヤ人でさえ批判するほどひどい、ということになり、それがイスラエルの敵に利用されるだろう。イスラエル批判は避けるべきであるとのムードが強かった。アメリカのユダヤ人の義務はイスラエルの支援であり、批判ではない。アメリカのユダヤ人が加わらなくともイスラエルの批判者はすでに多過ぎるほどいるのだからという議論であった。

だが先にも触れたように、モサドによるアメリカに対するスパイ事件の発覚などもあって、アメリカのユダヤ人たちはイスラエルへの溺愛から目覚めつつあった。アメリカのユダヤ人観は脱皮を完了しつつあった。そしてインティファーダがその仕上げとなった。子供の腕をへし折るイスラエルのやり方に、アメリカのユダヤ人はもうついていけないという感情を強くした。イスラエル軍の兵士に力で押さえ込まれるパレスチナのティーン・エージャーの姿に、一九六〇年代の公民権運動や一九七〇年代のベトナム反戦デモに参加した自らの姿を重ね合わせたユダヤ人も多かったことであろう。イスラエル批判のタブーが破られた。イスラエルに対する批判がユダヤ人の間でつぶやかれ、やがて叫ばれるようになった。

さらにはシオニズムの必要性を根底からくつがえすような議論も一部では出始めた。それは、ユダヤ人がユダヤ人として最も自らを実現できる土地はイスラエルではなくアメリカであるという考えである。現実にユダヤ人は政界、学界、財界、マスコミ、音楽界などアメリカのほとんどの分野で活躍しており、ユダヤ人ゆえの差別、排除は着実に過去のものとなりつつある。二〇〇〇年の大統領選挙で、民主党は副大統領候補にコネチカット州選出のジョセフ・リーバーマン上院議員を指名した。ユダヤ教徒である。ユダヤ人がアメリカの二大政党の副大統領候補に選ばれたのは初めてである。象徴的な出来事であった。そして二〇一六年の大統領選挙ではユダヤ系のバーニー・サンダースが民主党の指名を求めてヒラリー・クリントンと最後まで争った。結局はヒラリーが指名を得た。しかしユダヤ系の政治家が、ここでも、ここまでもホワイトハウスに近付いた。このサンダースについては再び後の章で語りたい。

　こうした流れは、真のシオン、真の「イスラエル」は、パレスチナにではなく、アメリカにあるのだとの議論を強める流れである。この議論は実は全く新しいわけでもない。イスラエルの成立以前には非シオニズムのユダヤ教徒の間で流布しており、しばらく鳴りを潜めていた主張であった。例えば、一八九九年の全米のユダヤ教のラビ（導師）の集会で、「アメリカこそわれわれのパレスチナであり、ワシントンこそシオンである」との発言があったことが記されている。そうした発想が再浮上してきたわけである。

　にもかかわらず、イスラエルに寄せるアメリカのユダヤ人の感情には深くまた強いものがある。しかし、その感情はかつてよりは覚めた冷静な愛であり、愛着ではあっても、溺愛とは明らかに質を異にする感情である。アメリカのユダヤ人の間のイスラエル観の変容が、ワシントンの中東政策の変更の一つの伏線となった。アメリカがPLOとの対話を決定した。

パレスチナ解放運動の力学

キッシンジャーが、テロを放棄し、しかもイスラエルの存在を認めない限りアメリカはPLOとは交渉しないとの政策を残して以来、アメリカ・PLO間の公的な接触は不可能になっていた。PLOにとっては、この二条件の受け入れは困難であった。というのは、イスラエルの生存権の承認ということは一九六七年の戦争以前の国境の承認を意味するからだ。そうなれば、その国境内、つまりいわゆるグリーン・ライン内部には、パレスチナ人の主権は将来とも決して及ぶことがない。つまり、グリーン・ライン内部出身のパレスチナ人にとっては、故郷の村に、街に、自らの家に戻り生活する権利の放棄につながりかねないのだ。世界に散らばるパレスチナ人の約半数が、イスラエル支配地に市民として、あるいは占領地住民として生活している。そして残りがパレスチナの外で生活している。湾岸諸国で出稼ぎとして、あるいはイスラエル周辺諸国の難民キャンプで故郷に戻る日を夢見ながら生きている。PLOを支えてきたのは、こうしたパレスチナの外にいる人々であった。したがって、仮に一九六七年の戦争の占領地が解放されたとしても、そしてそこにパレスチナ国家が誕生したとしても、彼らはグリーン・ラインの内側にある故郷には戻れない。ＰＬＯが、パレスチナの全面解放という路線をそう簡単に放棄するわけにはいかなかった理由がそこにあった。

ところがインテファーダが問いかけたものは、それでは占領地に住むパレスチナ人はどうなるのだ。いつまでもパレスチナの全面解放というありそうもない事態が起こるまで占領下で苦しまなければならないのか。全面解放どころか、寸土だって解放されていないではないか。武力闘争という議論はあるが、ヨルダンから追われ、レバノンから追われたＰＬＯはイスラエルを攻撃する拠点さえ有していないではないか。ＰＬＯがスローガンを叫んでいる間に占領地では入植が続き、パレスチナ人の手にある残り少ない土地さえもシオニストに収奪されつつあるではないか。こうした不満であり、フラストレーションであった。チュニスのＰＬＯ本部の意向に沿わない方向に走り始める可能性を秘めたエネルギーであった。

基本的にパレスチナ人に可能な選択は二つであった。ひどい選択と、もっとひどい選択であった。ひどい選択とは、現在の占領地にパレスチナ国家の建設を目指すことであった。もっとひどい選択とは、現状の継続を許し、占領地のユダヤ化の完了を待つことであった。インティファーダの結果として、パレスチナ人はひどい選択を受け入れることとなった。一九八八年十一月十五日、アラファトはイスラエルの承認、テロの放棄、そしてパレスチナ国家の成立を宣言した。正確には、パレスチナ国家を樹立する意志を宣言した。アラファトが譲歩できたのは、やはりインティファーダの成功でイスラエルを追い詰めたという心理的アリバイができたからでもあった。サダトがシナイでの戦闘で勝利を収めた後、初めてイスラエルとの交渉が始められたようにである。いずれにしろ、インティファーダを戦ったのはパレスチナの外にいる、いわゆるディアスポラ（離散）のパレスチナ人ではなく、占領地のパレスチナ人であった。パレスチナ解放運動の重心が、パレスチナの外から占領地に移り始めた。

アメリカ・PLO対話

この路線変更によって、十四年間続いたキッシンジャーの呪縛《じゅばく》からアメリカの中東外交が解き放たれた。アメリカとＰＬＯの対話が可能になった。だが当時のジョージ・シュルツ国務長官は慎重であった。

シュルツは、一九八八年十二月のパレスチナ問題に関する国連特別総会に参加を予定していたアラファトに対して、アメリカへの入国査証の発給を拒絶した。アラファトがこれまでテロにかかわっていたという理由からである。そのため国連は、会場を本部のあるニューヨークからスイスのジュネーブに移して総会を開催した。これはアラファトのイスラエルの承認宣言の直前の事件であった。こうやってシュルツはＰＬＯに対し、アラファトに対し、そしてテロに対し非常に強硬であるとの自らの印象を作り上げた。

そして、アラファトの宣言を受ける形でＰＬＯとの対話の開始に踏みきった。ＰＬＯに甘いのではない、アラファトにだまされているのではないとの雰囲気がまず醸成され、それからＰＬＯとの交渉が始まったわけだ。そして、レーガン政権が任期を勤め上げてバトンをブッシュ政権に渡した。ＰＬＯとの対話はシュルツ国務長官のジェームズ・ベーカー新国務長官への置き土産であった。

だが、ＰＬＯのテロ放棄宣言にもかかわらず、テロと非難されるような活動が続いた。アメリカとＰＬＯとの対話への批判が高まった。そして一九九〇年五月、アブー・アッバースの率いるＰＬＦ（Palestine Liberation Front パレスチナ解放戦線）がテルアビブの海岸への攻撃を試みて失敗した。アッバースは一九八五年の地中海での客船アキレ・ラウロ号のハイジャックを計画した人物でもある。アメリカはアラファトにアッバースを非難し、処置することを要求した。だが、アラファトはこれを拒絶した。ブッシュとベーカーは、国内世論の圧力の前にＰＬＯとの対話を中断せざるを得なかった。六月二十日のことであった。かくして半年に及んだアメリカ・ＰＬＯ対話は、何ら成果も上げることなく中断した。アラファトが、全てのパレスチナ人の組織を押さえきれないという現実がもたらした結果であった。こうして和平への動きが停滞した一九九〇年夏、ペルシア湾岸で大事件が発生した。イラクがクウェートに侵攻した。

◉第八章　湾岸戦争と中東和平

「もしイスラエルの攻撃を受ければ、イラクは化学兵器でイスラエルの半分を焼き尽くすだろう」

サッダーム・フセイン

イスラエルの恩人フセイン

冷戦の終焉、そしてインティファーダとパレスチナ問題の枠組みを内外から揺さぶる事件が続いた。その崩れかかった枠組みに最後の衝撃を与え、結果として和平交渉への展望を開いたのが、一九九〇年八月二日のイラクのクウェート侵攻に始まる湾岸危機であり、それが引き起こした一九九一年初めの湾岸戦争であった。この戦争で圧勝したアメリカは、その余勢を駆って同年秋にスペインの首都マドリードで中東和平国際会議を開催し、中東和平への扉を開いた。和平プロセスと呼ばれる長い交渉の過程への助走が始まった。本章ではなぜアラブ側がこのプロセスに参加することになったのかを説明し、次章ではイスラエルの対応を論じよう。

さて、議論を一九九〇年八月の湾岸危機に戻そう。この危機がアラブ世界を二分した。クウェートとよく似た政体を持つペルシア湾岸の君主制の産油国は、一致して反イラクの立場を取った。アメリカに率いられた多国籍軍の陣営に、エジプトやシリアのようなアラブ世界の大国と共に参加した。逆に、イラクの行動に理解を示したのはヨルダン、スーダン、イエメンそしてＰＬＯであった。このグループは、武力の使用を排してアラブ世界内での話し合いによる解決を主張した。

その問題のイラクは、クウェートの制圧後にパレスチナ問題とクウェートの占領が関連づけられるべきであるとの論を展開した。何かパレスチナ解放のためにクウェートを占領したかのような議論を繰り広げた。少し後で見るようにこの議論は「リンケージ」として知られる。だがイラクのクウェート侵攻がパレスチナ問題解決のためであったと信じるのは困難である。なぜならば一九九〇年八月二日の侵攻に至る時点までのイラクとクウェートの交渉において、イラク側はパレスチナ問題について一言も言及していないからである。また、それまでのイラクの行動から判断して、パレスチナ問題の解決を至上の課題としてサッダーム・フセインがとらえていたとは思われないからでもある。

　例えば、繰り返しになるが、一九七九年のイラン革命の最初の外交上の犠牲者はイスラエルであった。というのは、シャーの時代の親イスラエル政策が変更されたからであった。アラファトはイランに招かれて、革命の指導者ホメイニーと会談した。そして新政権は、テヘランのそれまでのイスラエル大使館をＰＬＯに与えてパレスチナ大使館に変えた。イランの方向転換は、パレスチナ解放闘争への大きなプラスであった。アラブとイランの民族の差異を越えてイスラム世界の力を結集する機会が訪れた。ところが、その翌年の一九八〇年九月にイラク軍がイランに侵攻し、八年にも及ぶイラン・イラク戦争を引き起こした。これによりイスラム世界はその精力を使い果たし、パレスチナ解放闘争への支援が停滞した。八年にも及ぶ戦争は、中東においてはイスラエルでのみ感謝と安堵と侮蔑をもって迎えられた。イスラエルにとっては安楽な八年間が保障されたからだ。一九八二年のイスラエルのレバノン侵攻の背景として、すでに言及したキャンプ・デービッドの合意ばかりでなく、イラン・イラク戦争も指摘できるだろう。レバノンのパレスチナ人が虐殺されていたとき、イラク軍はイラン軍と対峙していた。フセインは決してパレスチナ人の友人ではなかった。イスラエルの恩人にしか過ぎなかった。この点については先に触れた。

「リンケージ」

にもかかわらずフセインは、クウェートからの撤退要求に対して、パレスチナ問題を持ち出して応酬した。国際社会がイスラエルによるパレスチナの占領状態を放置してきたのに、イラクのクウェート占領ばかりを問題にするのはおかしいというのであった。

まずイスラエルの占領地からの撤退が行われるべきであるとする議論であった。パレスチナ問題とクウェート問題を結びつける「リンケージ」として知られるようになる議論である。国際社会の大半は、これを問題のすり替えであるとして相手にしなかった。そして多国籍軍は、イラクの無条件の撤退を求めて湾岸戦争に突入した。しかし、アラブ世界の一部では、この議論に対する支持も見られた。特にパレスチナ人の間でフセイン人気が高まった。国際社会なるものが、かくも長くパレスチナの占領状態を放置していたのに対し、イラクはその問題を国際政治の中央舞台に引き戻したからであった。

実は、このリンケージ論が出てくる前からサッダーム・フセインの人気はパレスチナ人の間ですでに高かった。イラクとイスラエルの間に緊張の高まっていたこの年の、つまり一九九〇年の四月二日、もしイスラエルから攻撃されれば、イラクは化学兵器でイスラエルの半分を焼き尽くすだろうとサッダーム・フセインが豪語した。クウェートにイラク軍が侵攻する四カ月前のことであった。国際社会の大半、特にイスラエルでは、この発言に対するほとんど嫌悪とも呼べる拒絶反応が強かった。だがアラブ世界の大衆の多く、特にパレスチナ人が、サッダームの発言に表現しようもない爽快な感情を覚えたようだ。なぜならば一九六七年のナセルの敗北以来、アラブ人がイスラエルを脅かしたほとんど唯一の例だったからだ。イスラエルの占領政策という不正に対して、また国際社会の沈黙に対して上げられた異議申し立ての声としてフセインの言葉が響いたからだ。となれば、パレスチナ人がフセインの豪語に天井を突き抜けたような快感を覚えたのも自然だった。そして湾岸戦争では、実際にイラクのミサイルが天井の上の空からイスラエルに降った。

もう一つのパレスチナ問題

フセイン大統領の人気が高まったもう一つの要因は、イスラム世界の人々が産油国に対して持っている複雑な感情である。クウェート人は決して愛されていなかった。地下から湧いて出る石油からの収入ゆえに、自らは額に汗して働かない人々に対する反感は強かった。クウェートの住民の六割以上が非クウェート人であった。アラブ諸国からの、イスラム世界からの、そして非イスラム世界からの労働者と家族であった。この国を支えていたのは外国人であった。総労働力の実に四分の三以上が外国人であった。その中でも肉体労働者の大半が、いやほぼ全員が外国人であった。クウェートには、本当に多くの国々からの労働者がいた。その多くは「出稼ぎ」という語感のピッタリくる人々であった。その出稼ぎたちは、若干の貯金とクウェート人に対する反感を故国に持ち帰った。

クウェート人は、外国人労働者を必要としながらも、同時に恐れていた。外国人の余りの増加は、いつの日かクウェートの安全を脅かすのではと心配していたからだ。それゆえ、一つの国から余りに多くの出稼ぎが集中しないように配慮していた。出稼ぎが団結しないようにとの予防策であった。また、出稼ぎが居つくことがないように様々な手段を取っていた。例えば、一定以下の収入の労働者は家族を呼び寄せることができない、あるいは、職を失えば在留許可が取り消され、クウェートに留まれないシステムとなっている。さらには外国人による不動産の取得も禁止されている。つまりクウェートにとっての理想の出稼ぎは、単身でやってきて、働いて、送金をして、貯金をして、さっさと帰国する労働者であった。

ところがそうした理想の「出稼ぎ像」とは全く正反対のグループがいた。四十万人とも言われたパレスチナ人であった。クウェート人の目から見てパレスチナ人の最大の問題点は、帰る国を持たない点であった。しかも、その数はクウェート人に次いでいた。クウェート市民権を持つ者の数とて当時は六十万程度だったのだから。

図8-1　クウェートの給水塔
（著者撮影　1983年）

しかもクウェートのパレスチナ人は数が多く、帰る国を持たないという以外にも他の出稼ぎとは異なっていた。それは、クウェート生活が長く、そのうえ近代クウェートを建設し、運営してきたという自負心をパレスチナ人が持っていたからである。事実、クウェートで本格的な石油生産が始まった一九四八年は、イスラエル成立の年でもあった。イスラエルの成立によってパレスチナを追われた人々が、爆発的な石油ブームに沸くクウェートに引き寄せられるようになった。それまでは、ネズミの走り回る泥の家に住み、裸足で生活していたようなクウェート人には、近代国家の建設を自らの手で行う力がなかった。また石油成金のクウェート人にそんな勤労意欲もなかっただろう。逆に国を持たないパレスチナ人の勤労や学習意欲は非常に強く、アラブ世界では一番の頑張り屋として知られ、そして嫌われている。教員、ジャーナリスト、医者、エンジニアなどの専門知識を要する職業にパレスチナ人は集中する傾向が強かった。いわゆるホワイト・カラー出稼ぎであった。クウェートの公務員の半分、教員の大半を占めていた。それほどにパレスチナ人の存在は大きかった。

こうしたクウェートに対する貢献にもかかわらず、パレスチナ人にクウェートの市民権が与えられる例は誠にまれであった。パレスチナ人ばかりでなく、どの外国人に対してもクウェートが市民権を与える例はほとんどない。しかしパレスチナ人の間には不満が燻っていた。「出稼ぎ」とは言え、クウェートのパレスチナ人のコミュニティは、すでに第三世代の時代に入っていたからである。多くのパレスチナ人はクウェート生まれであり、クウェート人より勤勉で学業においてもはるかに優秀でありながらも、外国人としての待遇に甘んずる以外はなかったからである。実際はすでに「出稼ぎ」ではないのにもかかわらず、「出稼ぎ」の地位に留まることが求められていたからである。

　こうした状況のクウェートにイラク軍が侵攻してきた。これに反対し、クウェート人と共にレジスタンスに身を投じたパレスチナ人もいた。しかし、同時にイラク軍に迎合するパレスチナ人も出た。また侵攻から四日後の八月六日、アラファトは問題のアラブ内解決を目指してバグダードに飛んだ。フセインとアラファトが抱き合うシーンがテレビで放映された。クウェート人の脳裏に焼きついたシーンであった。こうした事情が重なって、クウェートのパレスチナ人全てが占領軍に協力したかのような汚名を着せられることとなった。

図8-2　アラファトと抱き合うフセイン
Bettmann/Bettmann/Getty Images

そして一九九一年に入ると湾岸戦争が戦われた。その詳細には触れない。ただアメリカ軍を主力とする多国籍軍の圧勝で戦争は終結し、クウェートは解放された。その解放されたクウェートは、外国人の数を削減する政策を取っている。パレスチナ人もその対象になった。多くのパレスチナ人が解雇され、クウェートを追われることとなった。また危機の間クウェートを離れていたパレスチナ人には、ほとんどの場合は再入国が認められなかった。クウェートのパレスチナ人社会が消滅した。

アラファト金脈

湾岸戦争でのイラクの敗北、そしてクウェートのパレスチナ人社会の消滅は、パレスチナ人全体にとって、そしてＰＬＯにとって、中でもアラファト議長にとって大きな打撃となった。その理由は、この地域からパレスチナ人への、ＰＬＯへの、そしてアラファトへの資金の流れが止まったからである。ペルシア湾岸からの何本かの資金の流れがあった。だが湾岸危機と湾岸戦争で、その全てが枯渇した。

まず第一は、イラクのアラファトへの支援である。サッダーム・フセインは湾岸危機の以前からアラファトの抱き込みを図り、多額の資金援助を与えていた。アラブ世界の盟主として覇を唱えるためには、パレスチナの大義への貢献が不可欠であった。湾岸危機でのアラファトのサッダーム・フセイン支持は、一つにはイラクのそれまでのＰＬＯ支援から説明できるだろう。しかし、一九九〇年のクウェート侵攻の直後からの国連の経済制裁によって石油収入を断たれ、しかも湾岸戦争で敗北したイラクには、ＰＬＯを支援する余裕はなくなった。

第二に、産油国の君主たちは、自国で働くパレスチナ人に徴税する権限をアラファトに与えていた。クウェートの四十万を筆頭に、アラビア半島では全体で八十万のパレスチナ人が働いていた。彼らは収入の五パーセントを解放税として納めた。豊かな産油国の政府にではなくＰＬＯにである。アラファトは産油諸国のＰＬＯ事務所を掌握することで八十万人の稼ぎの五パーセントを得た。この税収入がアラファトの貴重な資金源であった。

第三に、同じように重要だったのは、産油国の君主たちからのアラファトへの直接の資金援助だった。なぜ君主たちはアラファトに援助を与えていたのだろうか。その理解のためにはパレスチナ解放運動の主体であるＰＬＯの構造に目を向ける必要がある。

　ＰＬＯはパレスチナの解放を旗印にするパレスチナ人の組織である。世界には約千三百万のパレスチナ人がいる。イスラエルの成立時に逃亡せずパレスチナに残ったパレスチナ人とその子孫の合わせて約百七十万人は、現在イスラエル市民として生活している。一九六七年以来、イスラエルの占領下にあるガザ地区とヨルダン川西岸には約五百万のパレスチナ人が生活している。そして他に六百万以上のパレスチナ人がアラブ諸国や北米など全世界でディアスポラ〈離散〉を味わっている。

図8-3　クウェートのPLO事務所
（著者撮影　1983年）

　さて、イスラエルの成立によって難民となったパレスチナ人たちは、まず周辺のアラブ諸国で生活することになった。各国でパレスチナ人の置かれた状況は様々である。シリアのようにパレスチナ人に市民権を与えた例もあれば、そうでないケースもあった。そして、アラブ各国でパレスチナ人たちが受け入れ国の意向に沿う形で、様々な組織を形成した。Ｐ（Palestine パレスチナ）、Ｌ（Liberation 解放）、Ｆ（Front 戦線）、Ｄ（Democratic 民主的な）、Ｒ（Revolutionary 革命的な）などの勇ましい単語の頭文字の順列組み合わせの総数ほどの組織が存在する。と書けばやや極端である。だが、大小多数の組織がある。そうした諸組織を束ねる組織がＰＬＯである。日本の政治に類似の例を求めるならば、様々な派閥の連合の上に成り立っている自民党を思わせる。そのＰＬＯの議長をアラファトが務めている。それは、アラファトが最大組織のファタハを率いているからだ。それでは、なぜファタハが最大派閥なのだろうか。それはファタハが最大の資金力を有していたからである。なぜだろうか。なぜファタハが最大の資金力を有していたのか。それはアラブ産油国からの資金の流れをファタハが押さえていたからだ。なぜだろうか。それは他の解放組織とファタハは掲げるスローガンが違うからである。スローガンの違いが、何ゆえにファタハにのみ潤沢な資金があるかを説明する。その違いを見ておこう。

「なぜ故郷を喪失したのだろうか？　何がシオニストに勝利をもたらし、何がアラブ人に敗北をもたらしたのだろうか？」との真剣な問いかけがパレスチナ人の間で一九四八年以来行われてきた。人口でも国土でも天然資源でもイスラエルを圧倒するアラブ諸国が敗れたのはなぜであろうか。アラブ人の多くが、なかんずくパレスチナ人が至った結論は、アラブ諸国の政治の後進性であった。そうした結論に到達した人々は、パレスチナ解放への道はアラブ諸国の政治の改革を経由するのだとの議論を展開した。つまり、アラブ諸国の封建的、前時代的な体制の改革、平たく言えば王様たちの追放を主張した。これではアラブ世界の中でも一番豊かなアラビア半島の産油国の君主たちはパレスチナ解放運動に付き合えない。ところがアラファトのファタハは、パレスチナ解放は主張したものの、そしてそのための武力闘争を提唱したものの、アラブ諸国の内政には干渉しようとはしなかった。アラファトとファタハの特異性であった。

そのため、ペルシア湾岸の君主たちはファタハに対しては資金援助を与えた。ファタハは君主制に口出ししない。その代わり君主たちはアラファトに金を出すという取り決めであった。君主たちは、そうすることでパレスチナ解放運動を支援しているという大義名分を買った。アラブ世界での免罪符を買ったようなものであった。しかもすでに見たように、君主たちはアラファトに自国内で働くパレスチナ人から税金を集めるのさえ許してきた。

ところが湾岸危機以降、その親フセイン政策に激怒した湾岸の君主たちはアラファトへの資金援助を切った。故郷を追われたパレスチナ人を受け入れて仕事を与え、その解放闘争を支援してきた揚げ句の果てにアラファトに裏切られた。飼い犬に手を噛まれた。アラビア半島の市民たちはそんな意識を持ったことであろう。君主たちは、アラファトへの資金の流れを断った。

こうしてアラファトの金脈の全てが枯渇した。アラファトは資金面でも追い詰められた。ＰＬＯ職員、ゲリラなどへの給料の遅延、不払いが続出した。湾岸戦争後に東京のＰＬＯ事務所が閉鎖されたことからも、当時の財政状態の逼迫が想像できる。これは国際的認知を求めたＰＬＯが長年かけて日本政府を説得して開いた事務所であった。言わば将来のパレスチナ国家の大使館となることを期待されていた事務所が、あっけなく閉鎖に追い込まれた。アラファトは組織を守り、パレスチナ解放運動での自らの地位を守るために新しい資金源を求めた。それが中東和平プロセスであった。和平プロセスへの国際的な支援を取りつけ、そしてその資金の管理権を掌握する。これがアラファトの生き残りには不可欠であった。なお、東京のＰＬＯの事務所は二〇〇三年に再開された。

中東和平国際会議の開催にアラファトの応じた理由が長くなった。その会議への出席をシリアも決定した。その理由の一つはゴラン高原の返還交渉を望んでいたからだろう。このゴラン高原を一九六七年の戦争で奪って以来、イスラエルは多数の入植地を建設してユダヤ人を移住させてきた。またベギン政権期には、ゴラン高原の併合を宣言している。だがゴラン高原は聖書に言う契約の土地には含まれていない。つまりジュダヤとサマリアの一部ではない。となれば、非武装化や国連軍の駐留などの安全を保障する措置を取れば、イスラエルが返還に応じる可能性は、ガザや西岸よりは高いとの読みがあった。シナイ半島をベギンがエジプトに返還し、シナイ半島の入植地を撤去した前例をアサドは意識していたであろう。

だがゴラン高原だけがシリアにマドリードでの会議の参加を決めさせたわけではないだろう。アサドは超大国としての地位をソ連が放棄して以来、中東で主要な役割を果たせるのはアメリカだけであることを認識している。したがって、会議に参加する理由の一つは、アメリカとの関係の維持であったろう。また、西側との関係改善への入口としてマドリードの国際会議を認識していたであろう。アサドも政権の生き残りのために経済援助を必要としていた。ソ連の混乱以来、経済援助をシリアに与えられるのは西側とアラブ産油諸国のみである。いずれも国際会議を支援している国々である。たとえゴラン高原が返ってこなくとも、シリアはマドリードに行くしか選択がなかった。こうして問題の多かったシリアとパレスチナ人の会議参加が決定された。

湾岸危機でイラクに荷担したと見られたヨルダンにも参加を拒絶する可能性はなかった。国際社会への復帰と援助の流れの再開を求めていたからだ。シリアの影響下にあるレバノンもシリアに追随することが確実であった。エジプトは、すでにイスラエルとキャンプ・デービッドで和を講じており、和平に反対する理由は何もなかった。残るはイスラエルの対応であった。

◉第九章　オスロへの道

「金のない者には権力がない」
アラファト

アメリカのリンケージ

アラブ側の熱意と好対照に、アメリカが呼びかけた中東和平国際会議に関して、イスラエルは乗り気ではなかった。というのは、交渉の落とし所として国際社会が考えていた案をイスラエルは拒絶していたからである。その案は、イスラエルのガザ地区とヨルダン川西岸からの撤退と、その後に生じる隙間でのパレスチナ人の自治を想定していた。撤退の範囲と期限、さらに撤退後のパレスチナ人の自治の性格に関しての交渉が期待されていた。ところが、当時のイスラエルのシャミール政権は、こうした考えとは全く違う認識を持っていた。ガザ地区とヨルダン川西岸は神がユダヤ人に約束した契約の地「エレツ・イスラエル」の一部であり、占領地ですらない。それは神が契約の履行としてユダヤ人に与えた土地であり、「解放地」である。神の意思として与えられた土地を手放す権限は人間には与えられていない。したがって、占領地からの撤退はできない。こうした認識を抱いていたのであるから、交渉に熱意があるはずもなかった。

しかし、アメリカとソ連（会議が実際に始まるまでには崩壊し、ロシアになっていた）が国際社会の総意を受けて召集した会議をボイコットすれば国際的に孤立してしまう。イスラエルの後ろ盾であるアメリカとの関係を損ねてしまう。乗り気ではないにしても、あからさまな拒絶は難しかった。しかもアメリカは、イスラエルを会議に引きずり出すためのカードを手にしていた。それはイスラエルが巨額の資金を必要としていたからであった。何のための資金であろうか。この資金の目的を少し時間をさかのぼって説明しよう。

すでに見たように、一九八五年三月にミハイル・ゴルバチョフがソ連の最高権力者となった。ゴルバチョフは、経済改革に力を傾注するために軍事費の削減を図った。そのために対外緊張の緩和を目指した。中でもアメリカとの関係改善を求めた。そのときにワシントンがモスクワに求めた条件の一つにソ連からのユダヤ人の出国があった。ソ連からのユダヤ人の出国問題はアメリカのユダヤ人にとっての関心事であり、したがってアメリカ議会の関心事であった。出国を希望しながら許可を得られないユダヤ人の数は多かった。出国許可を得られなかった人々を意味する「リフューズニック」という単語が作られたことからも、いかに出国を許されないユダヤ人が多かったかがわかる。

だが、この問題でゴルバチョフがアメリカの条件を受け入れたため、ユダヤ人のソ連からの大量出国が始まった。ゴルバチョフ政権の誕生からマドリードの中東和平国際会議のころまでに四十万のユダヤ人がソ連からイスラエルへ移住した。これだけの人々の受け入れには、莫大な費用が必要である。当時のイスラエルの総人口が四百万強であったから、その人口が一割弱ふくらんだ計算であった。ソ連からの移民の吸収がイスラエル経済にとっていかに重い負担であったか想像できよう。そのための資金の手当

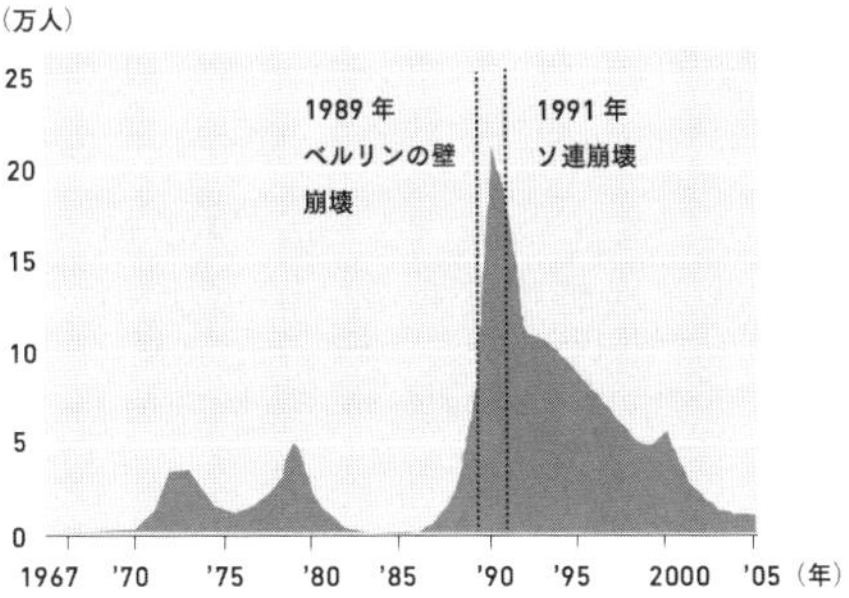

図9-1　出国ビザを与えられたソ連のユダヤ人
放送大学テレビ科目『パレスチナ問題（'16）』より

てがイスラエル政府にとっては火急の課題であった。しかも、さらに多くのユダヤ人の流入をイスラエルは予想していた。そして行く行くはその総数が百万に達するのではとイスラエルは期待していた。付言すれば、すでに見たようにこの予想通りに百万人が旧ソ連からイスラエルへ移民した。

　こうした人々の受け入れの費用として、イスラエル当局の計算では百億ドルが必要であった。パトロンのアメリカからはすでに年間で四十億ドル以上の軍事・経済援助が与えられていた。老いも若きも入れて当時のイスラエルの全てのユダヤ人の一人一人に年間千ドルの援助をアメリカが与えている計算であった。援助のこれ以上の増額を言い出すのは、さすがに憚《はばか》られた。そこでイスラエルは自力で資金を調達するつもりであった。しかし、イスラエルの国際金融市場での評価は芳しくなかった。リスクが高いと見なされていた。湾岸戦争でイラクのスカッド攻撃を受けた記憶も生々しい国に、安い利子で金を貸そうとする銀行はなかった。そこでイスラエルがアメリカに求めたものは債務保証であった。つまり、イスラエルが債務を返済できない場合にアメリカがこれを代わりに支払うと保証してくれれば、国際銀行団からの有利な条件での借り入れが可能になる。

その保証をするためには、アメリカは十五億ドルの準備金を用意する必要が出てくる。この準備金には利息が付くものの、もしイスラエルが債務を履行しない場合はアメリカ政府はこの準備金を失うことになる。このイスラエルの要請に、アメリカはいかに反応したのだろうか。

ブッシュ政権はイスラエルの依頼に対して冷淡であった。それは、ここでアメリカがイスラエルの債務保証の要請に応じると、和平会議の開催を危うくするとの判断があったからだ。というのは、イスラエルがソ連からのユダヤ人の占領地への入植を進めていたからである。それに手を貸すことは、アメリカがイスラエルの占領地政策を支持することであり、アメリカの調停者としての立場を台なしにすることであったからだ。債務保証は、最悪の場合アラブ側の和平会議ボイコットにつながりかねない。アメリカは、イスラエルの要請を受け入れるわけにはいかなかった。

問題を先送りするために、ワシントンは会議の開幕までは債務保証の要請をしないようにイスラエルに求めた。つまり、アメリカは和平会議への参加を渋っているシャミール政権を説得するテコとして債務保証問題を使った。和平会議への参加を拒否する場合には、アメリカが債務保証を拒絶する可能性をちらつかせた。すなわち、債務保証と和平会議への参加がリンクされたわけだ。債務保証とパレスチナ問題のアメリカ版のリンケージであった。それでは、なぜイスラエル政府はこうまでもアメリカからの債務保証の取りつけを急いだのだろうか。一つには、イスラエルの翌年の予算案はアメリカからの債務保証を前提に構成されており、シャミール首相としては、今さら予算を巡る連立内閣内部の交渉をやり直したくはなかった。それほどまでにイスラエルはアメリカの援助を当然視していた。加えてイスラエルは、アメリカ政府の中東和平への決意を過少評価していた。ホワイトハウスのこれほどまでに強い反発を予想していなかった。

だが、それと同時にソ連からの移民のスピードが鈍りつつあったのも見逃せない。一九九一年には三十万のユダヤ人がソ連からやって来るものとイスラエルは期待していた。ところが九月までに実際に移住したのは十一万二千人に過ぎない。その理由の一つは湾岸戦争におけるイスラエルへのイラクのミサイル攻撃とその後遺症である。しかし、それればかりではない。すでに移民した人々の生活がそんなにすばらしいものではないという事実が、ソ連のユダヤ人の間にも浸透していた。住宅不足、それに失業が大きな問題になっていた。イスラエル政府は、予算の一六パーセントを移民の吸収のために使っていた。しかし状況は厳しかった。イスラエルの平均失業率が一〇パーセント程度であったのに対し、ロシアからの移民の失業率は四〇パーセントに達していた。しかも職を見つけた者も、多くは単なる肉体労働者に甘んじざるを得ない状況であった。その高度な学歴と専門知識にもかかわらずである。さらに、イスラエル経済は失速状態にあった。年三十億ドルの貿易赤字を出していたのをはじめ、毎年のように赤字予算を組んでいた。失業率も湾岸戦争後の六パーセントからすでに引用した数字である一〇パーセントに急上昇した。事態は差し迫っていた。百億ドルの債務保証を供与する法案の上程がアメリカ議会の親イスラエル議員の間で準備された。

ホワイトハウスの対応は素早く毅然としたものであった。一九九一年九月六日、ブッシュ大統領は議会に対し、債務保証の問題の審議の百二十日間の延期を要請した。伝説的ともなっている強力なユダヤ・ロビーとの正面衝突をブッシュは選択した。一九九二年の大統領選挙を前にして、一見これは大きな賭けであった。しかし、ブッシュは共和党の大統領である。ユダヤ人の票の大半が伝統的に民主党に流れる強い傾向についてはすでに触れた。いずれにしろ在米ユダヤ人の支持を当てにできる立場にはない。しかも、この点も繰り返しになるが、ブッシュはアイゼンハワー以来の戦争に勝った大統領である。アイゼンハワーは第二次世界大戦で戦争に勝利を収めた後に大統領になったが、ブッシュは大統領になってから二つの戦争に勝利を収めた。相手であるソ連が崩壊することで終了した冷戦と、アメリカの圧倒的な軍事力で百万のイラク軍を一蹴した湾岸戦争であった。世論調査では、瞬間風速ながらアメリカ国民の支持率が九割を越えていた。この強い大統領であれば、ユダヤ・ロビーとの対決も可能であった。

一九九一年九月十二日、ブッシュは記者会見で議会が債務保証の供与を可決しても、大統領の拒否権を行使してこれを阻止すると表明した。大統領が署名を拒否した法案を制定するためには議会で再度三分の二以上の賛成で可決しなければならない。債務保証への賛成派と反対派の頭数の計算が始まった。ホワイトハウスは議会の支持を得るためのロビー活動の開始を、そして直接アメリカ国民に支持を訴えるブッシュ大統領のテレビ演説の計画を示唆した。その二十日後の十月二日、アメリカ議会は債務保証の問題の審議の百二十日間の延期を決定した。ブッシュのイスラエル・ロビーに対する第一ラウンドでのノック・アウト勝ちであった。湾岸戦争の勝利がブッシュを史上まれに見る強力な大統領に変えた。そして、イスラエルとユダヤ・ロビーをも押さえ込んで、中東和平国際会議の開催を可能にした。フセインの意図した形ではなかったにしろ、湾岸戦争とパレスチナ問題にはリンケージが成立した。

ユダヤ・ロビーの本音

形の上ではブッシュと議会が対立し、ブッシュが勝った格好であったが、実際のニュアンスは違っていた。というのは、親イスラエル議員の中にもイスラエルに対する批判が本音の部分では高まっていたからだ。と言って正面きってイスラエルを批判するだけの決断もできないでいるという状態であった。そこで大統領が債務保証に反対の立場を鮮明にすると、イスラエルに反対するのではなく、大統領を支持するのだとの大義名分を得ての審議延期への同意が政治的に容易になった。要するにイスラエルを支持しなくてもよいアリバイを得たのだ。

こうした本音の部分でのイスラエル批判の原点というのは、恐らく一九七七年のベギン政権の成立にあり、レバノン戦争、インティファーダと段階を追って強まっていた。イスラエルのやり方にアメリカのユダヤ人たちがついていけないものを感じ始め、イスラエルを支持し続けることでアメリカで築き上げた自らの地位を危うくするのではないかとの懸念さえ抱くようになった。また当時のアメリカは膨大な財政赤字と貿易赤字に苦しんでいた。いわゆる「双子の赤字」を経験している中で巨額の援助をイスラエルに与え続けることに対する批判もあった。そして、その援助にもかかわらずイスラエルがアメリカの意向に沿わない政策、例えば占領地への入植を継続していることに対する苛立ちを官民共に高めていた。

アメリカ依存が深まった一九六七年以来、この時期までにイスラエルが様々な形で受け取ったアメリカからの援助の総額は七七〇億ドルに達していた。しかも、現在も年間四〇~五〇億ドルの規模の援助がアメリカからイスラエルに与えられている。ブッシュ自らが前述の記者会見でも指摘したように、イスラエルの全ての国民一人一人に年額千ドルの援助をアメリカは与えている計算になる。この数値に関してもすでに触れた。専門家の間ではよく使われていた数字であって目新しくはない。だが、大統領が記者会見の席でわざわざこの数字を引用したこと自体はニュースであった。アメリカの、イスラエルへの援助額の大きさと苛立ちの強さを示した場面であった。

　こうしたアメリカ国民のイスラエルへの苛立ちというのは、当時の数多くの世論調査にも反映されている。一九九一年九月末の『ワシントン・ポスト』紙とＮＢＣテレビの共同の調査によると、債務保証の問題で大統領支持が六九パーセントで反対の一九パーセントをはるかに上回っていた。また一般論として、対イスラエル援助に関しては、反対が四六パーセントで賛成の四四パーセントをわずかながら上回る数値が出た。さらに、『ウォール・ストリート・ジャーナル』紙などが同じころに行った世論調査では、この問題でブッシュ大統領を支持する声が六九パーセントに達した。また、占領地からイスラエルが撤退すべきという意見は四九パーセント、和平への最大の障害はイスラエルであるとする答えが三四パーセントでわずか一パーセントながらアラブであるとする三三パーセントを越えた。そして、その他の世論調査も同じ傾向を示している。また、同じころにイスラエルの英字紙『エルサレム・ポスト』が行った世論調査によれば、平和のためならば入植を中止しても構わないとする意見が過半数の五七パーセントであった。

　こうした数字が示しているのは、イスラエルの強硬路線に対するアメリカの世論の支持の溶解であった。またイスラエル国内においても、シャミール政権の入植政策が決して国民の強い支持を得ていなかったのがわかる。ブッシュは、やみくもに力まかせにユダヤ・ロビーを押さえ込んだのではなかった。イスラエルとアメリカのユダヤ人の意識の隙間の分だけ、シャミール政権の強硬路線と和平を求めるイスラエル国民とのギャップの分だけ、慎重にしかしながら断固としてブッシュ・ホワイトハウスは圧力をかけた。

戦略的資産

　アメリカのイスラエルへの態度の冷却化の背景にあるもう一つの原因は冷戦の終結である。冷戦華やかなりしころは、この地域における唯一の信頼できる同盟国イスラエルへの援助は、アメリカの中東での立場を強めるのだという議論がまかり通っていた。つまり、イスラエルはアメリカにとっての中東における戦略的資産であり、イスラエルへの援助はアメリカの世界戦略への効率の良い投資であるとの主張である。イスラエルとユダヤ・ロビーはこの議論をレーガン政権に売り込むことに成功した。

それまでは、イスラエルへの援助はアメリカの対アラブ関係を悪化させ、二つの面でマイナスであるとの考えが主流であった。一つは、アラブ諸国からの石油供給を危うくするからであった。これは一九七三年のアメリカのイスラエルへの緊急軍事援助に反発してアラブ諸国が石油禁輸に訴えた際に劇的な形で示された。もう一つは、アメリカのイスラエルへの肩入れはアラブ諸国をソ連の方に追いやってしまうという指摘であった。ナセルがソ連製の兵器の導入に踏みきったのも西側が武器の供与を拒否したからであった。その大きな理由は、イスラエルの安全保障への考慮であった。こうしたマイナスにもかかわらず、国内的な政治要因のためにアメリカはイスラエルを支持し続けた。それがレーガン政権以前のアメリカの対イスラエル援助の評価であった。

ところが、イスラエルは戦略的資産であるという議論は、こうした認識をひっくり返した。マイナスにもかかわらずイスラエルを支持するのではなく、イスラエルへの援助がアメリカへのプラスであるから支援するのだとの主張であった。もちろん、現実にはイスラエルの軍事力はアラブ世界ではアメリカの同盟国を守るためには使いづらいもので、この議論は現地への無知と虚構から成り立っていた。政権を守るためにイスラエルの力を借りれば、それだけでその政権は正統性を喪失してイスラム世界では長くは生存できないであろう。というのが少なくとも当時の認識であった。にもかかわらず、この机上の空論がワシントンでの対イスラエル援助の正当化に使われ、受け入れられていた。

ところがである。その前提が冷戦の終結で蒸発してしまった。ソ連の脅威が存在しなくなったので、その脅威に対抗するための同盟者も必要がなくなったわけだ。戦略的資産の資産価値のバブルがはじけてしまった。イスラエル援助の必要性もなくなった。この面からもイスラエルは苦しい状況にあった。中東和平国際会議への招請を拒絶できる状況ではなかった。このようなアメリカのイスラエル認識の変遷については、章を改めて論じたい。

こうしてアメリカは、アラブ側とイスラエルを一九九一年秋のマドリードで中東和平国際会議に引きずり出した。しかしながら、そこでの交渉が進ちょくするとは誰も予想していなかった。というのは、前述のようなシャミール政権の占領地観を考えれば妥協の余地がなかったからだ。事実、なるべく時間をかけてゆっくり交渉し、しかも交渉を失敗させるようにとの指示をシャミール首相はイスラエルの交渉団に与えていた。なお、イスラエルの交渉団には当時売り出し中の若手政治家のベンヤミン・ネタニヤフもいた。最初から進ちょくは期待できない会議であった。しかし、それでも関係者が一同に会する。そのこと自体が新しい時代の到来を予感させる出来事であった。オリンピックと同様に、参加することに意義があった。

ゴルバチョフのプレゼント

世界が、特にアメリカが期待していたのは、一九九二年六月に予定されていたイスラエルの総選挙での政権の交替であった。それまでのイスラエルの世論は左右にほぼ二分され、現職のリクードがやや重いという構成になっていた。リクードはタカ派の政党である。新たな選挙を行っても和平交渉を主張する労働党が政権を奪う可能性はあるのだろうか。それまでと同じような結果に終わるのではないだろうか。労働党とリクードの支持が拮抗《きっこう》し、イスラエルの政治は麻痺状態を続ける。そうしたシナリオが懸念された。

しかし、一九九二年の選挙では全く新しい要因があった。すでに触れた四十万人のソ連からの移民であった。その移民をここでは「ロシア人」と大まかに呼んでおこう。ロシア人が左右のどちらに振れるかでイスラエルの国内の政治バランスが傾く。どちらを選択するであろうか。交渉に反対するリクードであろうか。それとも交渉を主張する労働党であろうか。

　リクードは政権党の利を生かして、彼らを占領地に送り込む政策を取った。占領地にある入植地での住宅建設に拍車がかけられた。もしロシア人たちが占領地に生活するようになれば、その生活基盤を脅かしかねない和平に反対するようになるだろうとの読みであった。なぜならば和平は、少なくとも一部の占領地からの撤退を意味していたからだ。

図9-2　マドリードでの中東和平国際会議
Fundacion Felipe Gonzales

　逆にアメリカは、これを阻止する構えであった。もしロシア人がリクードに投票してシャミール政権が再選されれば、和平の進展は期待できないからであった。いかにすればアメリカはロシア移民の占領地への入植を阻止できるだろうか。入植地は平和への阻害要因であるとの立場を取ってきたアメリカは、ここに至ってイスラエルに対する経済援助をテコに使い始めた。アメリカの膨大なイスラエルに対する援助についてはすでに述べたが、イスラエルが入植地の建設に使った額を援助から差し引くとワシントンは発表した。少なくともアメリカの納税者の金は平和への阻害要因の建設には使わせないというのであった。実際の選挙を前にブッシュ政権が労働党に投票したようなものであった。

選挙の結果は、労働党の勝利であった。その背景にはいくつかの勝因があった。まず、労働党の党首となったイツハーク・ラビンの存在が大きかった。ラビンは、元将軍であり、タカ派のイメージの人物であった。労働党の和平政策の問題点は、占領地からの撤退が安全保障を脅かすのではないかとの不安をイスラエル国民の間に生む点にあった。そうした不安を和らげるには元将軍でタカ派のラビンは打ってつけであった。ラビンならばイスラエルの安全を危うくするような和平はやらない。イスラエルの有権者にそう思わせることができた。

選挙の流れを決めたもう一つの大きな要因は、やはりロシア人の存在であった。彼らの大半が労働党に投票した。それは、ロシアからの移民たちにとってはイスラエルでの生活が厳しかったからである。前にも見たように、イスラエル社会は高学歴集団であるロシア人にふさわしい職を提供できなかった。その不満が政権党に向けられ、野党の労働党がその恩恵を受けた。ソ連では都市生活者であったので、ロシア人は都会から離れた入植地に住もうとはしなかった。アメリカと対立してまでリクードが建設を強行した入植地の住宅の多くは、入居者の不在のまま残された。しかも、入植地に予算を投入したために、イスラエル国内での福祉がおろそかになった。これが伝統的にリクードの支持層であった貧困層の反乱を引き起こした。新しい層を取り込もうとして、古い支持層まで失う結果となった。いずれにしろ一九九二年六月の選挙の帰趨を分けた大きな要因はロシア人たちであった。ペレストロイカ以来の四十万の移民であった。中東和平へのゴルバチョフのプレゼントであった。

ノルウェーの森、スカンジナビアの家具

ラビンの勝利によって和平交渉が動き出す可能性が見えてきた。ラビンは、占領地か

らの一部撤退という譲歩を提案していた。そして、それと引き換えにアラブ側にイスラエルとの平和な関係を樹立させる。そんな公約を訴えていたからだ。これは、土地と平和の交換として知られる原則である。マドリードで始まった和平交渉がついに前進するかとの期待が高まった。しかし、和平交渉は動かなかった。交渉が世界のメディアの注目を集めたのが、停滞の理由の一端であった。毎日毎晩テレビ・カメラに向かって状況を説明しなければならないようだと、微妙な交渉はやりづらくなるからだ。

そうした時期の一九九二年末に、ノルウェーが仲介してオスロでPLOとイスラエルの非公式な接触が始まった。ノルウェーは国連軍に兵力を提供することで現地とは長年の関係を持っていた。また、パレスチナ難民の支援活動の実績もあり、双方の信頼を勝ち得ていた。やがて、この非公式なチャンネルが実質上の交渉の場に変わった。この交渉に際してラビンは一枚の切り札を手に入れていた。

というのは、関係者の間では以下のような話が流布しているからだ。アラファトの警護担当者がパリを訪れた際に、イスラエルの情報当局が買収に成功した。この人物の一族がチュニスで経営する自動車整備工場で、ＰＬＯの幹部の車の整備が行われていた。一九八二年夏に、ＰＬＯがレバノンからチュニジアの首都チュニスに亡命した点についてはすでに触れた。イスラエル側がこの工場に入り込んだ。ＰＬＯの幹部の車に隠しマイクが取りつけられた。これによってＰＬＯの幹部連の車内での会話がイスラエル側に筒抜けとなった。さらにアラファトの執務室を盗聴することを狙ったイスラエル当局は、この男がヨーロッパを訪れた際に土産にスカンジナビア家具を持たせた。安楽椅子であった。これがアラファトの執務室に置かれることとなった。この椅子には人が近づくと自動的にスイッチが入るマイクが隠されていた。こうしてラビンのもとにアラファトの会話に関する報告が毎日のように届くこととなった。悪化する財政状態の中で和平を模索するアラファトの足元を見ながら、しかもその手の内まで見透かしながらラビンはオスロでの交渉を指揮した。

ちなみに、この盗聴が暴露されたいきさつは以下のようであった。イスラエルに買収された男のチュニスとヨーロッパの間の頻繁な往復が、チュニジア当局の疑惑を招いた。麻薬の密輸にかかわっているのではとの疑いを抱いた当局が、この男の車を検査した。

その結果、不審な部品が発見された。チュニジア当局が友好関係にあるフランスの情報当局に鑑定を依頼し、それがイスラエル製の隠しマイクであることが判明した。イスラエルの諜報当局は、抜け目なく自らのスパイの会話をも盗聴していた。これがきっかけとなって、アラファトの会話の盗聴の事実が表面化した。しかしながら、そのときにはすでにPLOとイスラエルの間には合意が成立していた。

さて、この合意が一九九三年秋にワシントンのホワイトハウスでビル・クリントン大統領の祝福を得て調印された。オスロ合意として知られる文書である。その内容のポイントは三点である。

PLOの相互承認である。つまり相互承認、暫定自治、将来の交渉である。まずイスラエルとPLOの交渉を一切拒絶してきた。例えば、一九九一年のマドリードでの中東和平国際会議でもPLOとの同席をイスラエルは拒否した。そのため、PLOに親しいパレスチナ人がパレスチナ人の公式代表として会議に出席するといった便法さえ取られた。しかし、ここに至ってイスラエルがPLOをパレスチナ人の正統な代表として承認した。逆に、PLOによるイスラエルの実質的な承認は、湾岸危機の以前の段階で行われていたことはすでに解説した通りである。しかし、この機会に改めて正式にＰＬＯはその承認を宣した。

　イスラエル承認の意味は、ＰＬＯがそれまで掲げてきた路線の放棄であった。イスラエルという国を破壊し、現在のイスラエルとガザと西岸を合わせたパレスチナ全体にユダヤ、キリスト、イスラムなどの各教徒が平等に共存できる国家の建設をＰＬＯは謳《うた》ってきた。しかしながら、その路線をアラファトはオスロ合意において放棄した。そして新しい路線を選び取った。それは、パレスチナという土地をイスラエルとパレスチナという二つの国家に分割するという考え方である。この考えはすでに一九八八年のパレスチナ国家樹立の意図の宣言の際に示されていた。オスロ合意は、この路線を再確認した。

　ガザ地区とヨルダン西岸の都市エリコからイスラエル軍が撤退し、そこでパレスチナ人の自治を始めるというのが合意の第二の要点である。交渉に当たってイスラエル側は、まずガザ地区のみからの撤退を提示した。そしてガザ地区でのパレスチナ国家の樹立を認めるとの譲歩を加えた。しかし、ＰＬＯはあくまでヨルダン川西岸の放棄を拒絶した。

結局ガザ地区にエリコを加えた形での暫定的な自治をスタートさせることとなった。これは、ガザ・エリコ先行自治として知られる。

　そして占領地の最終的な地位については将来の交渉に委ねることが合意された。これが第三のポイントである。難しい問題を先送りした形で合意が成立した。なお、その後の交渉で最終的な地位の交渉に入る前に、もちろんエルサレムは除外してだが、ヨルダン川西岸のパレスチナ人の人口密集地域からの撤退をイスラエルは約した。オスロ合意を受けて、アメリカ、ＥＵ、そして日本からの援助がパレスチナの暫定自治政府の、つまりアラファトの銀行口座に流れ込み始めた。アラファトは政治的に生き残った。

◉第十章　ラビン／その栄光と暗殺

「今日、ネタニヤフ首相が誕生した」
ある労働党の幹部の、エルサレムで二回目のバス爆破事件の起こった直後の発言

ネクタイを締められなかった男

こうしてイスラエルにとっては非常に有利な形での和平プロセスが始まった。しかし第三者から見て有利に見えたとしても、イスラエル国民を説得するのは容易ではない。これまでテロリストと非難してきたアラファトに土地を明け渡そうというのである。懐疑的な国民が多いのも当然である。また、たび重なるアラブ諸国との大小の戦争や戦闘を国民は経験している。そのうえ、第二次世界大戦中のナチスによるユダヤ人のホロコースト（大虐殺）の記憶もある。そうした国民を説得し、若干の領土的な譲歩くらいではイスラエルが脅かされることはないと納得させるのは、誰にでもできる仕事ではない。ラビンという男の重みが必要であった。その重みはどこから来ていたのか。それを感じ

取るためには、ラビンの人生を振り返る必要があろう。

　イツハーク・ラビンは一九二二年、イスラエル成立以前のパレスチナで生まれた。両親共にシオニスト活動家であった。それまでの歴代のイスラエルの首相が全てヨーロッパ生まれであったので、後に見るように、一九七四年に最初に首相に就任した際には、イスラエル史上初めてのパレスチナ生まれの最高権力者となった。高校で農学を学んでいたラビンは、イスラエル成立前のシオニストの地下軍事組織ハガナにリクルートされた。ラビンは兵士としての才覚を現した。第二次世界大戦後はヨーロッパで生き残ったユダヤ人をパレスチナに潜入させる仕事に従事した。第一次世界大戦後からパレスチナの委任統治を行っていたイギリスは、ユダヤ人の流入に反対していた。このころのラビンは、イギリス官憲に逮捕されてガザの刑務所に収容された経験もある。また、

図10-1　ラビン首相の暗殺現場
（著者撮影　1996年3月）

そこからの脱獄に成功している。ラビンとガザの因縁である。この当時のラビンの活躍が、後に映画にもなった小説『栄光への脱出』のモデルと言われる。

ラビンは、一九四八年の第一次中東戦争ではエルサレムと地中海岸の都市テルアビブとを結ぶ街道の攻防戦で軍功を上げている。また、停戦後の交渉でエジプト軍の若き将校と接触している。このエジプト人は、その際にシオニストがいかにしてパレスチナからイギリスを撤退させたかに大いに興味を示したという。その後、エジプトとの休戦協定の交渉が行われた際には、ラビンは交渉団の一員として参加している。このときに初めてラビンはネクタイを締めたと伝えられている。ネクタイを上手く締められなかったラビンは、毎晩ネクタイをゆるめると、そのままの形で首から抜いて置いておき、翌朝にはまたそのまま首からネクタイをかぶるようにして締めた。しかし、ある日ラビンの外出中にホテルの部屋に入ってきたボーイが、気を利かせてネクタイをほどき、アイロンをかけてしまった。部屋に戻ったラビンは途方に暮れた。そんな話が残っている。ラビンの気さくな人柄を伝えるエピソードである。

以降ラビンは、とんとん拍子で出世し、四十代でイスラエル軍の制服組の最高ポストである参謀総長にまで上り詰めている。そのラビンが訓練し指揮したイスラエル軍が、一九六七年の第三次中東戦争では六日でエジプト、シリア、ヨルダン各国軍を撃破するという戦史に残る大勝利を収めた。前にも見たように、現在の占領地は全てこの戦争でイスラエルが奪った土地である。これによって当時のエジプトのナセル大統領の威信は地に落ちた。このナセルこそが、シオニストがイギリス軍をいかにしてパレスチナから追っ払ったのかとラビンに尋ねたあのエジプト将校であった。

ラビンの名は国際的にも知られるようになった。ユダヤ人は、伝統的にゲットーに閉じ込められ、武装することが少なく、それゆえ、周囲のキリスト教社会にその運命を翻《ほん》弄《ろう》されてきた。イスラエルは、そうした伝統的なユダヤ人イメージの殻を破ろうとして来た。周辺のアラブ諸国の敵意の中で生きて来たシオニスト国家は、弱ければ地図から消されてしまうからだ。そうした強いイスラエルという新しいイメージを象徴する存在がイスラエル軍であり、中でも参謀総長を務めたラビンであった。この戦争後に英雄として退役したラビンは、講演旅行で世界を回った。そして各地で熱い歓迎を受けた。その講演旅行の途上、日本にも立ち寄り、防衛大学校でも話をしている。

退役軍人が政界に出馬する例の多いイスラエルでは、この勝利の栄光は無限の政治的な可能性を意味していた。しかし輝かしい軍歴に終止符を打ったラビンが、まず求めたポストは駐ワシントンのイスラエル大使であった。イスラエルにとって一番重要な在外のポストである。ラビンとその夫人は精力的に全米各地でイスラエルに対する支持を訴えた。当時の共和党のニクソン政権と、なかんずくキッシンジャーとは緊密な人間関係を作り上げた。これまで民主党とは親密であっても、共和党とイスラエルの関係にはギクシャクした場面が多かった。例えば一九五六年にイスラエル軍がエジプトに侵攻した事件があったが、結局はアメリカの反対でイスラエルは撤退せざるを得なかった。当時の大統領は共和党のアイゼンハワーであった。このエピソードについては前にも言及した。そのようなアメリカの共和党政権との経緯を考えると、ラビンの手腕は評価できよう。

具体的には、フランスに代わる兵器の供給先としてアメリカとの関係を築いたのは、大きな功績であった。というのは、すでに触れたように、ドゴール大統領が一九六七年の戦争後にフランスの外交をイスラエル寄りからアラブ寄りに変更したからだ。その結果、それまでの最大の武器供給先のフランスからイスラエルは兵器の輸入ができなくなった。もしフランスに代わってアメリカが兵器を供給しなければ、イスラエルはソ連製兵器を受け取っているアラブ諸国に対して不利な状況に追い込まれていたであろう。ニクソン政権を説得したラビンの功績が高く評価されている背景である。

　そしてラビンがアメリカ駐在を終えて帰国し、いよいよ政界出馬に備えていた一九七三年十月、エジプトとシリアの奇襲によって第四次中東戦争が勃発した。結局はイスラエル軍がエジプトとシリアの両軍を撃退して戦術的な勝利を収めた。しかし、奇襲を受けたイスラエル軍は緒戦では大きな被害を受けた。死傷者も多く、労働党政権の戦争指導は激しい非難を浴びた。そこで労働党は、世代交代を行った。ゴルダ・メイア首相などが引退し、戦争指導の失敗という傷のついていない指導者を選ぶこととなった。ラビンに白羽の矢が立てられた。内閣の要職から外れていたので、ラビンの経歴には傷が付かなかった。しかも一九六七年の戦争の英雄である。アラブ側の奇襲にショックを受けた国民の心をつかむには最適の存在であった。ラビンは与党労働党の党首に、つまり首相に就任した。

だが、軍のトップから労働党のトップへのラビンの転身を全ての党員が歓迎したわけでは無論なかった。労働党生え抜きの政治家たちは、面白くない感情を持ったことだろう。中でも、日本風に言えば党人政治家のホープであったシモン・ペレスは、苦い思いで党のナンバー・ツーに甘んじざるを得なかった。そうした様々な感情を巻き起こしながら、一九七四年に第一次ラビン内閣が成立した。

この内閣を倒したのはラビン夫人のレアであった。夫人がラビンのアメリカ駐在時代に作った自分の銀行口座をそのままアメリカに残していたことが報道された。これはイスラエルの外国為替管理法に違反していた。だが金額はわずか千ドル程度であった。ラビンの去就が注目された。ラビンの決断は辞任であった。夫人が国家の法を犯した以上、指導者として国民の信頼を得られないとの説明であった。言い訳をしないラビンのいさぎよさが国民の記憶に深く刻み込まれた辞任であった。一九七七年、ラビンに代わりペレスが首相に就任した。

エンテベの奇跡

辞任後の政局に議論を進める前に、ラビンの在任中に起こったハイジャック事件について触れておきたい。一九七六年、エール・フランスの旅客機がヨーロッパでハイジャックされた。犯人たちはユダヤ人以外の乗客を解放し、つまり乗客のうちユダヤ人のみを残して機を東アフリカのウガンダに移動させ、その首都エンテベの空港に着陸させた。そして犯人たちは、人質を機から空港のターミナル・ビルに移した。当時ウガンダは、独裁者イディ・アミンの支配下にあった。アミンは、何かと反欧米の、そして殊に反イスラエルの言動の目立つ人物であった。ゲリラの要求は、イスラエルに収監されているパレスチナ人の政治犯の釈放であった。イスラエルは、原則としてハイジャックの犯人とは交渉しない。一度譲歩してしまえば、第二、第三のハイジャックを誘発するからである。つまり、人質の生命は運が悪かったと諦めてもらう、というわけである。しかし、原則は原則に過ぎない。例外のない規則はない。そんな原則がたとえ存在したとしても、多数のユダヤ人が人質となれば、やはり見殺しにするのは政治的にも心理的にも難しい。ラビン首相は、ハイジャック犯との交渉に入った。だが同時に、エンテベの人質を実力で救出する案の検討を命じた。

幸いウガンダという国にイスラエルは明るかった。そもそも、ウガンダにシオニストが自らの国を造る案を検討した経緯があった。この点については本書の第一章で触れた。しかし、それはイスラエルがウガンダに詳しかった理由ではない。イスラエルはかつて軍事・経済援助をウガンダに与えていたからである。その背景は、以下のようであった。アラブ諸国の敵意の海に囲まれたイスラエルは、その包囲を飛び越えてブラック・アフリカ諸国との関係を一九五〇年代から築いていた。こうした諸国が独立を達成する以前から、独立運動の指導者にイスラエルは接近を図った。軍事・経済援助の約束をテコにイスラエルは影響力を浸透させていった。そして独立と同時にイスラエルを外交的に承認させた。長期戦略の勝利であった。しかし一九七〇年代に、アラブ産油諸国が巨額の経済援助と引き換えにイスラエルとの外交関係の断絶をブラック・アフリカ諸国に迫った。また、イスラエルと南アフリカの白人政権の密接な関係も反感を呼んだ。南アフリカでは、少数派の白人政権が多数派の有色人種を隔離する政策、アパルトヘイトを実施していたからだ。イスラエルはブラック・アフリカで次々と外交的足場を失った。

さてウガンダは、かつてはイスラエルの援助を受けながら、やがてはアラブ諸国の経済援助によってイスラエルにそむいた典型的な国である。イディ・アミン自身がイスラエルで軍事訓練を受けた経験がある。またエンテベ空港のターミナルの建設にもイスラエルの援助が入っていた。そうした経緯もあって、エンテベ空港に、そしてイディ・アミンという人物の行動にイスラエルは詳しかった。この人物が常に黒のベンツを使うことをイスラエルは知っていた。早速テルアビブの市内を走っていた同型の白いベンツが調達され、黒に塗り変えられた。イスラエルの特殊部隊が同車を長駆エンテベ空港まで運び、イディ・アミンの一行のような振りをしてターミナルに近づき、そして突入した。瞬時のうちに戦闘は終了し、犯人たちは全員が射殺された。また人質三名が巻き添えとなった。しかし、特殊部隊は人質となっていた残りの乗員のすべてと共にイスラエルに凱旋した。イスラエル国民は、この快挙に熱狂した。ラビンの決断に、そして特殊部隊の勇気と技量に感動した。エンテベの奇跡であった。この救出劇は、後にチャールズ・ブロンソンの主演でハリウッドで映画化された。第一次ラビン内閣期の最大のドラマであった。ただ、この大勝利において救出部隊にただ一人の犠牲者があった。その隊長がゲリラ側の弾丸に倒れていた。歓喜の奇跡の中の悲劇であった。まぶしく輝く太陽の表面の黒点であった。後に見るように、この黒点がある政治家の原点となった。

ラビンのカム・バック

さて、エンテベからイスラエルの政局に話を戻すと、辞任したラビンに代わって切れ者の評判の高かったペレスが念願の労働党の党首に、すなわち首相に就任した。しかし、そのペレスは一九七七年の選挙で敗れて政権の座を去った。これでイスラエルの政局の重心は、労働党からリクードの方へ移った。そして、その後に労働党も盛り返したが、どうしてもリクードを圧倒するほどの力を取り戻すことはできなかった。その結果は、労働党とリクードの力の拮抗であった。そしてイスラエル政局は、身動きが取れなくなった。この状況が先に触れた一九九二年の選挙まで続くことになる。その間、ラビンはリクードと労働党の連立政権の国防相として政治の表舞台に復帰した。そのラビンが国防大臣であった一九八五年、イスラエルは一九八二年のレバノン戦争で占領した地域の大半から撤退した。レバノンのゲリラによる抵抗によって、イスラエル軍将兵の死傷者が続出したからであった。それでもイスラエルとの国境地帯の一部は安全保障地帯として支配を続けた。

ラビンが国防相に在任中の最大の事件は、しかしながらレバノンからの撤退ではない。

一九八七年のインティファーダである。すでに触れたように、アラビア語のインティファーダとは、パレスチナ占領地での民衆の一斉蜂起を意味する。投石などの方法での占領への反対運動が占領地全土をおおった。ラビンは、石を投げる手をへし折るようにとの命令を軍に与えた。しかし抵抗運動は続いた。男を逮捕しても子供たちが石を投げ続けた。そして女たちまでもがこれに続いた。力のみではパレスチナ人の民族主義を押さえつけることができない。ラビンがインティファーダから学んだ教訓であった。

これが、一九九二年に首相のポストに復帰したラビンが和平交渉へと踏み出した背景となっている。政治家としてのラビンは、この問題には軍事的解決は存在せず、政治的解決が不可欠だと判断した。そして和平の道を選んだ。だがそれは苦悩の決断であった。それゆえ、一九九三年にワシントンのホワイトハウスでのオスロ合意の調印式でアラファトPLO議長とラビンが握手した際には、ラビンの表情が震えていたと伝えられる。この握手は、ラビンのパレスチナ人認識の変遷の長い長い旅の終着点であった。こうしたラビンの苦悩と変遷をイスラエル国民も共有していた。

前線で実際に敵の銃弾に身をさらした元兵士であり、元将軍であり、一九六七年の六日戦争の英雄であり、政治家としてはいさぎよい引き際を見せたという経歴がラビンを重い存在感の指導者にした。交渉を指導しているのがこのラビンであればこそ、イスラエル国民は和平プロセスに将来を託すことができた。ところが、すでに述べたように、そのラビンが一九九五年十一月に凶弾に倒れた。これが中東和平プロセスを揺さぶった。その和平プロセスへの影響の叙述に入る前に、暗殺犯イガール・アミールがラビンに銃を向けた動機を見ておこう。

凶弾の思想

ラビン首相の暗殺犯イガール・アミールは、どのような世界観を持っていたのだろうか。アラブ諸国から移民した家族に生まれたアミールの考えは、神とユダヤ人の間の契約の地であるカナン、つまりパレスチナ全土をユダヤ化することが神の御心にかなうとするものである。イガール・アミールに代表されるイスラエルの極右勢力は、イスラエルの成立とパレスチナ全土の制圧を神の意志の顕れと解釈する。

その証拠としてあげられるのが、一九六七年の第三次中東戦争でのイスラエルの勝利である。人口でも国土の広さでも圧倒的に強大なアラブ諸国をイスラエルが打ち破ったのは神の御加護があったからである。しかも、この戦争は別名六日戦争と呼ばれるように、六日間の戦闘の後に停戦を迎えた。この六という数字にも極右勢力は神を見ている。それは、天地創造の章において、六日間で万物を創造し、七日目に神は休まれたと聖書が記しているからである。イスラエル軍も六日間でその任務を完了し、七日目に撃ち方を止めた。神のようにである。

また神は契約の地を二回に分けてユダヤ人に賜った。まず一九四八年のイスラエルの成立時に半分を、つまり国際的に承認されたイスラエルを、そして一九六七年の戦争で残りの地を、すなわちガザ地区とヨルダン川西岸をユダヤ人の支配下に置いた。両地域は、彼らの視点から見れば占領地でさえない。「解放地」である。パレスチナ全土のユダヤ化が神の意志であるならば、どんな手段をもってしてもその一部の放棄は阻止せねばならない。つまり、パレスチナ人との和平は止めねばならない。ラビンに向けられた弾丸に込められていた世界観である。振り返って見れば、こうした神がかった勢力の成長の最大の要因は一九六七年の戦争の大勝利である。そして、この大勝利の立て役者がイスラエル軍の当時の参謀総長だったラビンである。ラビンはこのときに、自らに向けられた弾丸を用意したのだろうか。

ペレス、ナンバー・ツーの悲劇

ラビンの死は、二重の意味でイスラエル国民にとっては衝撃であった。まずそれは敬愛する指導者を失ったからであった。そして二番目には犯人がユダヤ人であったからだ。ユダヤ人がユダヤ人にテロを行うことはないとの認識が、くつがえされた。ラビンの警護が比較的にゆるかったのもそうした暗黙の前提があったからだ。ユダヤ人には、日本人と同じようにユダヤ人はそんなことはしないと思い込んでいるようなふしがある。日本で凶悪犯罪が起こると、すぐに外国人が増えたせいだとの声が上がる。日本人はそんなことをするはずはないといった認識がこうした議論の前提となっている。歴史を見れば、日本人が凶悪犯罪を行った例は少なくないので、こうした前提には強い根拠があるとも思えない。しかし、根拠のあるなしにかかわらず、外国人と凶悪犯罪は日本人の認識で同一視されがちである。ユダヤ人にも同じような傾向がある。テロはイスラム教徒とかパレスチナ人の独占物でユダヤ人とは無縁である。そんな認識は、もちろん歴史の検証には耐えられない。イスラエル成立以前のパレスチナでは、ユダヤ人の武装組織がテロによってイギリス当局を攻撃した。エルサレムにある有名なダビデ王ホテルは、イギリス軍の司令部があったためにユダヤ人のゲリラ組織に爆破されている。またユダヤ人同士でのテロの例もある。ユダヤ人がテロをしないとか、ユダヤ人がユダヤ人を殺すことはないとかは、神話に過ぎない。しかし、神話は時として大きな影響力を持つ。ラビンはその神話の犠牲となった。

　ラビンの後継者となったのは、外相のペレスであった。ラビンのライバルであった。一九七七年にラビン首相の辞職によって第一次ラビン内閣が崩壊した際に、やはりペレスが首相となったようにであった。和平プロセスにおいては宿命のライバルとも言える大物政治家二人が、過去の経緯を越えて協力してきた。これは二人の間の和解のプロセスでもあった。ペレスは、若いころから実務能力の高さを買われて労働党の内部から伸し上がってきた人物である。寡黙なラビンと比べるとじょうぜつであり、ラビンが兵士ならペレスは大学教授が似合いそうなインテリである。ラビンがタカ派ならペレスはハト派と見られていた。全てに対照的な二人である。一方で外相ペレスは、実際の交渉を指導し、和平達成後の夢を語った。他方でラビンは、ペレスのパレスチナ側への譲歩にブレーキをかける役に回った。ペレスは交渉相手を含む国際社会へのスポークスマンであり、ラビンは国民の説得役であった。つまり、イスラエル政府は同時に二つの交渉を行っていた。一つはＰＬＯとであり、これはペレスが担当した。もう一つはイスラエル国民とであり、これはラビンの役割であった。ラビンの死はイスラエル外交からブレーキを外した。少なくとも国民の多くがそうした感情を抱いた。ペレスがハト派であるとの認識は、妥当ではないかもしれない。なぜならばペレスこそがイスラエルの核兵器開発計画の推進者だったからだ。だが、そうした経歴にもかかわらず、ペレスにはハト派のイメージが付きまとっていた。

いずれにしろ、またペレスに首相のポストが回ってきた。ペレスの直面した最初にして最大の課題は、次の総選挙の日程の決定であった。法律は一九九六年十一月までの総選挙を求めていた。ペレスの周辺の一部は、できるだけ早い時期の解散総選挙を主張した。ラビンの記憶が鮮やかなうちに総選挙を戦えば国民の支持が期待できた。しかし、ペレスはその忠告を退け、翌年の一九九六年の五月末に選挙日程を決めた。ラビンのとむらい合戦として選挙を戦うのをペレスは避けた。ラビンは生きている間は、ペレスにとっては最大のライバルであった。年齢的にも二人は近かった。ラビンは一九二二年、ペレスは一歳若く一九二三年生まれだった。しかし、死せるラビンこそ生けるペレスにとって今度は最大の味方であり資産であったはずだ。なぜペレスは暗殺直後の選挙を避けたのだろうか。

恐らくそれは、ペレスが常にナンバー・ツーだったからだ。東アジア風に言えば、古稀を越えたペレスにとっては、年齢的にも労働党の党首としての最後の選挙となることが予想された。いつもいつもラビンの後塵《こうじん》を拝してきたペレスが、最後の選挙くらいは自分の名前で戦いたいと思ったとしても不思議はない。そして勝てると思った。ペレスは長い政治活動を通じて労働党の内部に人間関係のネットワークを張り巡らせてきた。それゆえ、古顔の党員間での人気は高かったし、党首の選挙ではペレスは強かった。だが、ペレスには一般国民を惹きつける魅力がなかった。あまりに政治家臭く、しかも同時にインテリ風にお高く止まっている。そのうえ輝かしい軍歴もないハト派、大衆はそんな政治屋だとの印象を受けていた。となると党首の選挙では勝てても国政選挙ではペレスは勝てなかった。一九七七年以来ペレスは党首として四回選挙を戦ったが、ライバルの政党のリクードに対して一度も決定的な勝利を収めることはできなかった。それが、実は一九九二年の選挙で労働党がラビンを党首に担いだ理由であった。

「エンジニアの死」

ペレスは労働党のリーダーとしての五度目の選挙に臨もうとしていた。そしてラビンの名前ではなく、自分の名前の選挙を戦おうとしていた。選挙で勝利を収め、中東和平プロセスを完結させ、平和を確立した指導者として歴史に名を残す。ペレスの描いたシナリオであった。選挙の投票日を、ラビンの暗殺、つまり一九九五年十一月から六カ月後の一九九六年五月に決めた。六カ月の開きにペレスの強い自己主張があった。ラビンの選挙ではなく、ペレスの選挙だとの。ペレスは自信に満ちていた。そのはずである。世論調査ではペレスは相手候補を大きく引き離していた。選挙戦の初期段階の一九九六年二月の世論調査では、リクードのネタニヤフ候補にペレスは二ケタの差をつけていた。

しかし、選挙キャンペーン期間中に思わぬ事件が発生する。イスラエルの諜報当局が長らく探していた「エンジニア」を発見したのだ。このエンジニアとは、爆弾を製造し、死を覚悟した若者に持たせてイスラエルに送り込んで自爆させていた人物である。イスラエルの専門家たちは爆破現場での検証から同じ人物が爆弾を製造していると推測し、この人物の捜索に全力を上げていた。だが、その正体と居場所がつかめずイスラエル側は苛立っていた。その分、エンジニアとして知られたこの謎の人物のパレスチナ人の間での人気が高まった。和平合意が動き出し、アラファトがガザとエリコで自治を開始する以前のことであった。和平プロセスが動き出して以降は、エンジニアは「仕事」を休んでいた。この男の手による爆弾の爆発は止んでいた。

ところがペレスが首相に就任して間もなく、イスラエルの諜報当局がこの男を探し出した。ペレスには二つの選択があった。一つは、この男をそのままにしておく。なぜならば、すでに和平プロセスも滑り出しており、このエンジニアもおとなしくしている。となれば、この男に手出しをする必要はない。第二の選択は、この男への報復であった。なぜならば、エンジニアは多くのイスラエル人を殺している。そのうえ今後この男がテロを再開する可能性がある。さらに、一番重要な点は、もし何もしないとすると、この男を探し出すために命を賭けてきた諜報機関員の勇気が無駄になってしまう。そうすれば組織の士気にかかわるだろう。

結局ペレスは第二の選択を命じた。男の暗殺が決定された。その方法として選ばれたのは爆弾である。爆弾男を葬るには爆弾でというのがイスラエルの選択だった。ガザ地区にいたエンジニアが毎日ヨルダン川西岸地区に住む母親に電話することをイスラエル側は知っていた。あるときこの男の使う電話の線をイスラエル側は切断した。そして電話がつながらないので男が困っていると、そのおじが携帯電話を男に貸した。おじはイスラエル側の協力者で、携帯電話はイスラエルの諜報機関が与えたものであった。男は家屋の外に出てこの携帯電話を使って母親と話し始めた。ちょうどそのときに、ガザ付近の上空を飛行中のイスラエルの諜報当局の専門家が、その声を盗聴して本人であることを確認した。そして、遠隔操作のスイッチを入れた。携帯電話に仕掛けられてあった爆弾が爆発して、男の首を吹き飛ばした。目には目を、歯には歯を、爆弾には爆弾をの報復であった。一九九六年一月のことであった。この爆破が、ペレスの二ケタのリードをも吹き飛ばす結果となった。

報復の報復

イスラエル当局の目から見れば、エンジニアの死は当然の報いであったのかもしれない。だがパレスチナ人の目には、そうは見えなかった。このエンジニアの行為は、パレスチナ人とイスラエルが和平交渉を始める前に行われたのであり、それは正統な戦闘行為であり、テロではなかった。つまりゲリラ戦であった。そして和平交渉が滑り出してからは、この男はゲリラ攻撃を控えていた。にもかかわらずである。イスラエルの諜報組織はこの男を殺した。しかもパレスチナ人の自治地域であるガザ地区に侵入してである。このエンジニアは生きている間は英雄であったが、死んでからは殉教者となった。血の復讐が求められた。エンジニアの属した急進派組織が、イスラエルの報復に対する報復を始めた。イスラエル国内でバスが、バス停が、ショッピング・センターが、死を覚悟のパレスチナ人の若者によって爆破された。

死を覚悟の若者たちは、できるだけ多くのイスラエル人を道連れにしようとした。爆破が起こると、負傷者の救助に周囲のイスラエル人が駆けつける。衝動的な動きである。ところが二人目のテロリストが、その救助に駆けつけた人ごみに走り込んで、また爆死するのである。これでイスラエル人の死傷者の数が増える。だから爆破があったとしても、第二の爆破犯人を恐れて直ちに救助に向かうのがためらわれるようになる。これで手当てが遅れて負傷者が死者となる可能性が高くなった。

また長年テロ（パレスチナ側から見ればゲリラ攻撃であるが）と戦ってきたイスラエル国民には奇妙な迷信のようなものがあった。それは一度テロがあった場所は安全だとの認識である。テロのあった場所には、免疫ができるとでも思うかのような認識である。ゲリラは、そんな迷信も爆破した。同じ路線のバスを二度攻撃して、イスラエル国内にはテロに免疫のある場所がないことを示した。

この連続テロがペレスには逆風に、そして対立候補のネタニヤフには追い風となった。テロがあるたびに、爆破事件があるたびに、世論調査でのペレスの支持率が下がり、逆にネタニヤフの支持率は上がった。両者の差が縮まり始めた。テルアビブで、エルサレムで、テロが起こるたびにペレスへの支持基盤が揺さぶられた。ペレスは和平の夢を語ったが、ネタニヤフはテロの恐怖を語った。そしてたび重なるテロが恐怖を煽った。連続テロのあった一九九六年の二月から三月にかけてネタニヤフの支持が二〇パーセント近くも急騰し、一時はペレスを抜き去った。選挙の三カ月前のことであった。その後テロが押さえ込まれると、ペレスの人気が持ち直した。

イスラエルのアラブ人

しかし、ここでペレスが自分の墓穴を掘ってしまった。選挙の前の月の四月に、レバノンでの軍事作戦「怒りの葡萄《ぶどう》」を発動したのである。レバノン南部の一部を安全保障地帯としてイスラエルが占領し続けていた事実にはすでに言及した。この占領に対してレバノン人の抵抗運動が続いていた事実にも触れた。この安全保障地帯とその周辺では激しい戦いが絶えなかった。占領軍であるイスラエル軍とその傭兵である南レバノン軍の連合軍に対して、レバノンのシーア派の組織ヒズボッラーは、果敢なゲリラ戦法で善戦した。ちなみに、南レバノン軍とはイスラエルが組織し、武装し、訓練し、給料を払っていたレバノン人からなる軍隊である。その任務はイスラエルのために戦うことであった。南レバノン軍というよりは、北イスラエル軍であった。

戦闘はしばしばレバノンの民間人を巻き添えにした。その報復にヒズボッラーは、イスラエル北部のキブツをカチューシャ・ロケットで攻撃した。イスラエル側の民間人にも犠牲者が出る。そんな悪循環が続いていた。「怒りの葡萄」作戦は、そうしたエピソードの一つである。報復への報復でイスラエルの民間人の犠牲に対する報復として、ペレスはレバノン南部への大規模な攻撃を、つまり怒りの葡萄作戦を発動した。イスラエルの攻撃を逃れてレバノンの民間人は、この地域に展開する国連軍の施設に避難した。ところが、イスラエル軍はその国連軍施設を砲撃した。イスラエルによれば誤射であった。としかし、事故であったにしろ、この砲撃で国連施設に避難していたレバノンの民間人の多数が死傷した。ペレスはテロに対して断固たる態度を取っている。そう国民に訴えたかった。また、安全保障の面でハト派であるとの印象を一掃する必要があった。しかし、レバノンの民間人を虐殺したからと言って、ペレスがテロに対して有効な対策を取っているとか、安全保障問題で強硬であると信じるほどイスラエルの有権者は愚かではなかった。怒りの葡萄作戦を見て、ネタニヤフ支持からペレス支持へと態度を変えた有権者がいたとは想像すらできない。

逆に何もなければペレスに投票していたであろう人々が、レバノン人の虐殺を見て棄権に回った。接戦の選挙では、これが大きな意味を持った。棄権に回ったのはイスラエルのアラブ系市民である。イスラエルが成立した際に、多くのパレスチナ人が故郷から逃れ、周辺国でそのまま難民となった。今日まで続く難民問題の根がそこにある。だが同時に、ユダヤ人国家の成立にもかかわらず、イスラエルの国内に止まったパレスチナ人も少なくなかった。そして、残ったパレスチナ人はそのままイスラエルの市民となった。子孫も含め当時その総数は約百万に達していた。イスラエルの総人口が六百万程度であったから、ユダヤ人国家の人口の一五パーセントがユダヤ人でない計算であった。

イスラエル市民権を持つパレスチナ人は、占領地のパレスチナ人とは異なりイスラエルの選挙で投票する権利を有している。その動向は選挙の行方を左右しかねない。本来ならば、パレスチナ人との和平に積極的なペレスにアラブ人の票が流れただろう。しかし、怒りの葡萄作戦でのレバノン人の虐殺を目の当たりにして、多くのアラブ系市民はペレスを支持できなくなった。と言ってタカ派のネタニヤフを支持するはずもない。結局、白票の投票とか棄権という選択となった。選挙の結果が接戦であったことから判断すれば、アラブ人の票が入っていれば、ペレスが当選していたであろう。だが実際は僅差でのネタニヤフの勝利であった。ペレスにとっては怒りの葡萄の苦い味であった。

　歴史的な接戦の末のネタニヤフの勝利をどう説明すべきだろうか。恐らく、ネタニヤフの勝因を語るよりもペレスの敗因を語る方が生産的だろう。敗因は多い。繰り返しを恐れずに要約してみよう。まず、ペレスのハト派イメージがマイナスとなった。これがなければ、怒りの葡萄作戦など発動しなかったろう。次に、その怒りの葡萄作戦の「誤射」へのイスラエルのアラブ系市民の反発も大きかった。首相選挙には八万票以上の無効票が出た。その大半は白票であり、怒りの葡萄作戦に抗議するアラブ人の票ではなかったかと推測されている。後に見るように三万票足らずの差でペレスは敗れている。「もしも」とか「たら」は歴史では禁句だそうだが、結果が接戦であっただけに、敢えて怒りの葡萄作戦が、もしもなかったならばと想像してみたくなってしまう。

さらに選挙キャンペーンも不可解であった。国民的な英雄であるラビンの暗殺を受けての選挙だったので、その遺影を高く掲げた「とむらい合戦」との売り込み方が有効だったはずだ。だが、そうしたキャンペーンは行われなかった。暗殺直後を選ばなかった選挙日程の設定からして問題であった。労働党にとっての最大の資産であるラビン人気をなぜペレスが利用しなかったのかとの悔いが、負けた方には残った。死せるラビンが、生けるネタニヤフを走らせることも可能であったはずなのに。その理由はすでに推測した。これまで常にラビンの後塵を拝してきた男が、生涯における恐らく最後の選挙において、ラビンの名ではなく自分の名で戦い、勝利を収めようと希望したのであろうか。イスラエルのベテランの平和活動家にペレスが負けた理由を尋ねたことがある。「馬鹿だからだ」との言葉が、その口から吐き出された。切れ者の評判のペレスであったが、最後の最後で自らのエゴにつまづいたのだろうか。

　そして、やはり決定的だったのは、テロの続発であった。すでに触れたように、二月末から三月初旬にかけて四回の自爆テロがエルサレムとテルアビブで発生した。五十九人のユダヤ人が死亡した。ペレスは中東和平の希望を語った。中東で普通の国としてイスラエルが受け入れられるだろうとの将来を語った。しかしネタニヤフは「労働党の和平によってイスラエルは安全にならなかった。かえって危険になった。バスに乗るのにさえ恐怖を覚えるようになった」と批判した。ペレスのスローガンが「希望」であるならば、ネタニヤフのスローガンは「恐怖」であった。選挙キャンペーンで「恐怖」という言葉を繰り返し繰り返し使用して労働党の和平路線を批判した。選挙前のペレスとの三十分のテレビ討論では、実に十回以上もこの「恐怖」という言葉を繰り返した。三分に一回以上の「恐怖」の密度であった。自分ならイスラエル国民の安全を確保しながら和平を進めることができると主張した。テロを根絶できると約束した。テロ対策を争点にしてネタニヤフは戦った。

　選挙の結果は報道された通りである。歴史的な接戦であった。投票総数三百万のうち、わずか三万票足らずの僅差でネタニヤフが勝利を収めた。正確には二万九千四百五十八票差であった。勝敗を決めたのは開票が最後になった兵士たちの票であった。前線にいて一番危険にさらされる人々の票で新しい首相が決まった。いかにも臨戦体制の国イスラエルの選挙にふさわしい幕切れであった。実質上ラビンの暗殺というテロ事件で幕を開けた選挙においては、二月から三月の一連のテロがネタニヤフに勝利をもたらした。エルサレムでの二回目のバス爆破事件の直後、「今日ネタニヤフ首相が誕生した」との言葉を吐いた労働党の幹部がいた。その予言が本当になった。テロに規定された選挙であった。イスラエル国民は、ネタニヤフを指導者に選んだ。希望が恐怖に敗北した。

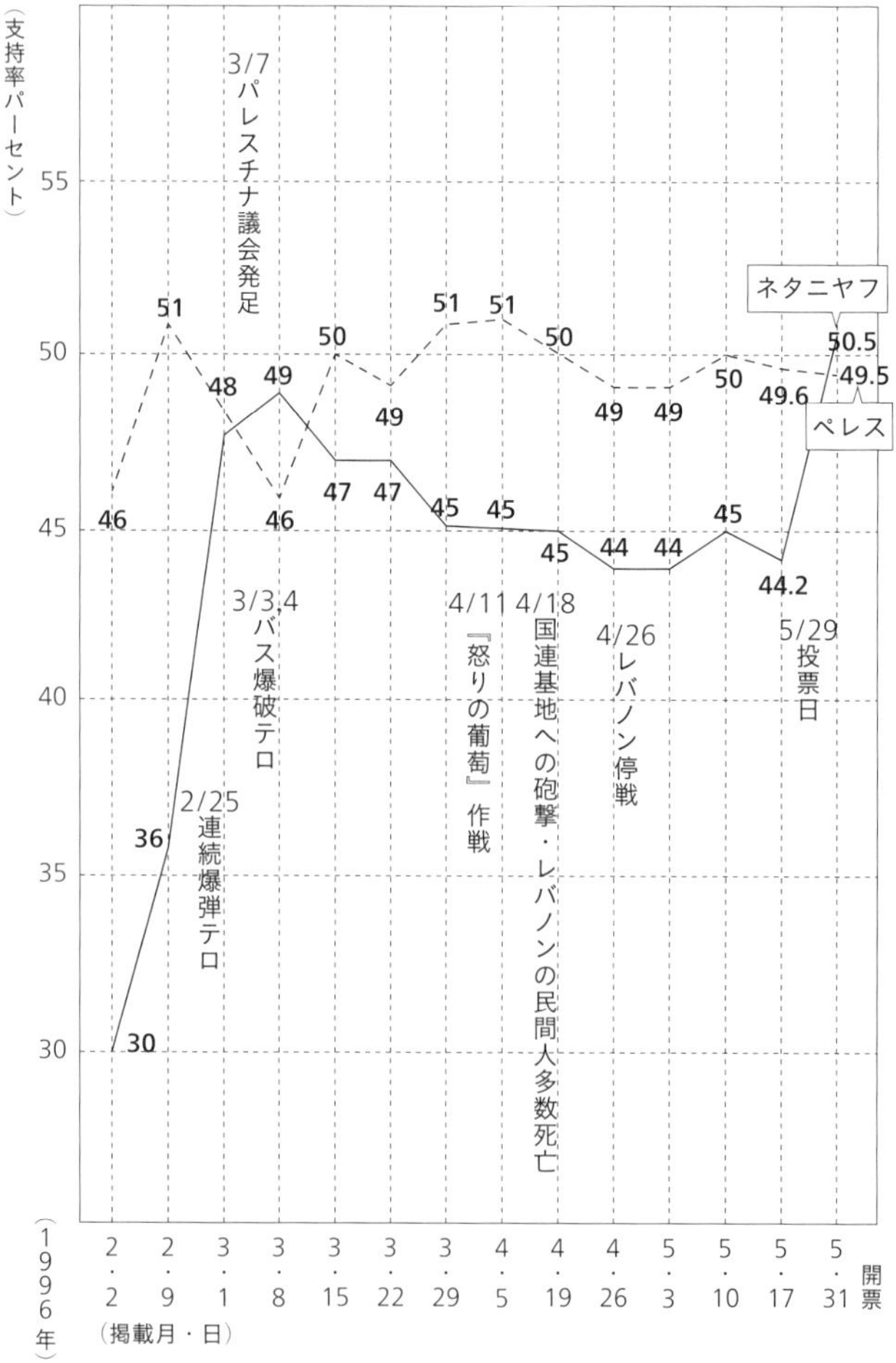

図10-2　ネタニヤフとペレスの支持率の推移
(イディオト・アハロノト紙　世論調査より／木村和規作成)
『中東協力センターニュース』1996・7より

◉第十一章　ネタニヤフとバラク

「自分がパレスチナ人の若者ならテロリストになるだろう」
エフード・バラク首相

ネタニヤフ一族

「イスラエルで一番セクシーな男」とベンヤミン・ネタニヤフの紹介記事を載せたのは『読売新聞』である。そのセクシーさにふさわしく、イスラエルではネタニヤフは「ビービー」との愛称で知られている。これは、一昔前のセックス・シンボルで、あのドゴール大統領もお気に入りだったフランスの映画女優ブリジッド・バルドーの愛称BB（英語読みならビービー、フランス語読みならべーべー）を思い起こさせる。さて一九九六年の選挙でペレスを破ってイスラエルの首相となったビービーとは、つまりネタニヤフとは、どのような人物であろうか。

ネタニヤフの一族で最初にパレスチナに移住したのはベンヤミン・ネタニヤフの祖父であった。一九二〇年にヨーロッパからパレスチナに到着した祖父は、それまでの名前を捨ててヘブライ語で「神の贈物」を意味するネタニヤフと名乗るようになった。その孫にあたるベンヤミン・ネタニヤフは一九四九年十月二十一日にテルアビブで生を受けている。イスラエルの成立した翌年のことである。母親は法律を専攻したインテリであり、父親のベンジオンは歴史家である。そのベンジオンは『十五世紀スペインにおける異端審問の起源』を一九九五年に出版して高い評価を得た。その内容は、カトリック教会によるイベリア半島の再征服が完成した十五世紀以降のスペインでのユダヤ教徒とイスラム教徒の弾圧であった。父は、そんな分野の研究者であった。同書の出版は、息子が首相になる前年であった。またベンジオンは修正シオニストでもあった。修正シオニズムは、アラブ人との妥協を排除し、ヨルダン川の両岸、つまり今のイスラエル、パレスチナ占領地、そしてヨルダンにユダヤ人国家を樹立することを目指していた。シオニズムの中でもひときわ強硬な考え方である。イスラエルの成立後にリクードに流れつく思潮である。

その父親はイスラエルに失望してアメリカに移り、フィラデルフィアの大学で教鞭を取った。あまりに強硬な思想ゆえにイスラエルの大学で職を得られなかったからだ。思想はともあれ、勉強好きの多いユダヤ人の国で大学の教員になるのは容易ではない。父の「転勤」により十四歳のネタニヤフは、アメリカ生活に投げ込まれた。最初はとまどった。だがフィラデルフィア郊外の生活にやがて順応し、アメリカで高校を卒業した。その後十八歳でイスラエルに戻り兵役についた。今度はイスラエル生活に再適応するのに苦労したほど、アメリカ生活に浸りきっていたという。一九六七年のことであった。第三次中東戦争でラビン参謀総長の下でイスラエル軍が歴史的な勝利を収めた年である。

その後一九七二年まで軍に籍を置き、危険な任務に当たっていた。五年間の軍歴は輝かしく、大尉にまで昇進している。その中で特筆されるべきは一九七二年五月のベルギーのサベナ航空機がテルアビブ空港でハイジャックされた事件である。ネタニヤフは特殊部隊の一員として同機に突入し、顔面を負傷している。二十二歳のときのことである。その年に退役してアメリカに戻り、マサチューセッツ工科大学で建築学を、続いて同大学院で経営学修士を収めた。そのころはネタニヤフという名前をニティと短くしていた。一九七八年、ボストンで経営コンサルタント会社に勤務していたとき、ミッキィーという名の大学院生と結婚した。一女をもうけたが、ネタニヤフの不倫によってこの結婚は破局を迎える。また、この会社の同僚にミット・ロムニーがいた。二〇一二年の共和党の大統領候補になる人物だ。

ネタニヤフをイスラエルに連れ戻すことになったのは、一九七六年のエール・フランス機がハイジャックされ、東アフリカのウガンダのエンテベ空港に着陸した事件であった。この事件についてはすでに言及した。イスラエルは、ユダヤ人乗客の奪回作戦を敢行した。作戦は大成功であり、独裁者アミンの鼻先でイスラエルの特殊部隊は人質を奪回し、無事イスラエルに帰還した。この成功にイスラエル国民は歓喜した。長駆ウガンダまで出動した大胆な作戦の手際のよさに世界は驚嘆した。この奪回作戦の際に救出部隊側に一名の犠牲が出たことにも触れた。この犠牲者の名は、ヨナタン・ネタニヤフであった。ネタニヤフの兄であった。弟と同じように危険な任務の特殊部隊にヨナタンは志願した。だが弟は任務で負傷したのみだったが、兄は死んだ。ヨナタンは国民的な悲劇の英雄となった。政府はその犠牲を記念して、この作戦をヨナタン作戦と命名した。

ビービーは、つまり弟のネタニヤフは一九七八年にイスラエルに戻り、テロ対策を研究するヨナタン研究所を設立した。これまでにビービーは二冊本を書いているが、そのうちの一冊はテロに関するものである。翌一九七九年、イスラエルの家具会社に就職した。収入が必要だったからだ。その翌々年の一九八一年に、ネタニヤフは再婚している。相手はハーバード大学で経営学を勉強したイギリス女性であった。しかし、この結婚もまた一九八八年に離婚に終わる。

兄のヨナタンの死亡が、ある意味でネタニヤフをイスラエルに連れ戻した。そのネタニヤフが政界に出る足がかりを提供したのは、ネタニヤフ家の友人でリクードの政治家モシェ・アレンスだった。アレンスは、一九八二年に駐アメリカ大使に任命されると、ネタニヤフを大使館の次席に任命した。アメリカ英語を喋るネタニヤフの任務は広報担当であった。ビービーは、外交団のレセプションやパーティーなどにはあまり出席しない奇妙な外交官であった。イスラエルの立場を宣伝するために重要なのは、そうした伝統的なチャンネルではない、テレビのチャンネルだとの認識からだった。にもかかわらず、ネタニヤフの最初のテレビ出演はうまくいかなかった。そのためネタニヤフは、ビデオを回してテレビ出演のための特訓を繰り返した。やがてテレビというメディアに習熟したビービーは、ニュース専門のテレビ局のＣＮＮやアメリカの三大ネットワークの一つのＡＢＣテレビなどの常連のゲストとなった。イスラエルの顔としてアメリカのメディアで活躍した。

やがてパトロンのアレンスが駐米大使から外務大臣になると、ネタニヤフも国連大使に昇格した。一九八四年のことであった。ネタニヤフは、アメリカ勤務の時代に有力な、そして裕福な全米のユダヤ人とのコンタクトを深めた。例えば化粧品のエスティローダーを所有する一族やアイスクリームのハーゲンダッツの創業一族さらには不動産業界のクシュナー一族などである。リクードの、そして自分自身のスポンサーのネットワークを築いたわけだ。そしてイスラエルに戻ると、今度は一九八八年にはリクードからイスラエルの議会クネセットの議員に当選し、外務次官のポストに就任している。一九九一年の湾岸戦争の際には、ＣＮＮのような国際メディアにしばしば登場した。防毒マスクを装着して出演するなどのパフォーマンスも交えながら、イスラエルの受けている脅威を強調した。流暢な英語でイスラエルが置かれた危うい立場への理解を求めた。

そうしたテレビ映りのよさを逆から見ると「浅い」とか「薄っぺらな」とも見える。事実、それがネタニヤフにつきまとうイメージである。この年、ネタニヤフはイスラエル航空エル・アルのスチュワーデスであったサラと結婚した。三度目の結婚であった。

　筆者は、一九九四年にイスラエルを旅行中に、このネタニヤフと偶然に出会った。後に見るように、このころのネタニヤフはリクードの党首であった。あるアラブ料理のレストランに食事に入った際のことであった。タクシーの運転手が紹介しようと言ってネタニヤフのテーブルに筆者を招いた。こんなところがイスラエルの気楽さであろうか。ただの運転手が、つかつかとネタニヤフの所に行って、「こちらは日本からいらした」と言ってネタニヤフに引き合わせてくれた。もちろん運転手が以前からネタニヤフと知り合いであったわけではない。しかし、当然のことのようにイスラエルの最大野党の党首に一運転手が話

図11-1　ネタニヤフ
（著者撮影　1994年）

し掛け、外国人に紹介し、ネタニヤフの方も筆者に向かって、パレスチナ人に占領地で自治を与えれば、それがパレスチナ国家に発展し、イスラエルを脅かすようになるとまくし立てた。カジュアル・デモクラシーというか、しょってないというか、イスラエルに関してはいろいろと言いたい点はあるが、こうした点には教えられる。有権者と政治家が対等に話す姿はすがすがしい。対アラブ強硬派のネタニヤフと出くわしたのがアラブ料理の店であったのも面白かった。

後で友人にネタニヤフに遇った話をすると、ボディ・ガードはいたかと聞く。「いや運転手がいただけだ」と答えて、「イスラエルは、そんなに物騒なのか？」と聞き返すと、そんなわけではなく、「皆が、昔の嫁さんにネタニヤフが刺されるのではないかと期待してるから、聞いてみただけだ」そんな返答であった。こんな会話からもネタニヤフのイメージが想像できる。本人も軽いと見られているのを気にしていたようで、「ビービー」とのニックネームの使用を止めるようにマスコミに訴えてさえいる。一国の首相ともあろう人物がビービーと呼ばれるのでは威厳にかかわるとの議論であった。マスコミは、「お気持ちはよくわかりました。ビービー！」と反応した。その軽さを象徴するようなビービーとのニックネームはネタニヤフから離れなかった。ラビンが重い政治家であったとすれば、ネタニヤフはいかにも軽かった。

「ビービー・ゲート」

話は前後するが、ネタニヤフを政界の表舞台に引き出したのは、一九九二年の選挙でのリクードの敗北だった。この選挙については、すでに述べた。ラビンの率いる労働党に敗れると、野に下ったリクード党内では新しい指導者を求める党員の声が高まった。そうした声に押されてネタニヤフは、一九九三年三月に予定されていたリクードの党首選挙に出馬の意思を表明した。ところが、党首選挙の二カ月前の同年一月、妻のサラに何者かがビービーの不倫を告げる電話を入れた。不倫の相手は広告代理店の女性という。俗に言う「ビービー・ゲート」が表面化した。ネタニヤフはテレビに出演してこの事実を認めた。だが同時にネタニヤフは、もっと驚くべき発言を行った。リクードの党首選挙から身を引かなければ、ビービーのロマンスのみっともない場面のビデオを公表するとの脅迫を受けていると主張したのだ。脅迫している人物の名前は明かさなかったが、リクードの党首選でライバルだったデービッド・レビが黒幕だと誰もが想像した。

これを受けて警察当局が捜査に乗り出したが、ビデオも出てこなかったし、陰謀も確認されなかった。結局ビービーは、テレビで謝罪することになったが、後の祭りであった。レビのイメージが回復する前にリクードの党首選挙が行われ、ネタニヤフが党首に選ばれた。この脅迫事件が虚言であったとすれば、不倫スキャンダルを逆手に取ったビービーの作戦勝ちということになる。テレビ映りがよいだけでなく、ヤラセ・プロデューサーとしての才能もあるのだろうか。不倫、告白、テレビ出演とワイド・ショー番組を一人で取り仕切っているような活躍ぶりであった。

初めて公選された首相

彗星のごとく世に出たものの、リクードの党首となってからは、ネタニヤフは苦戦を強いられた。野党の悲哀を味わうことになる。なぜならば、ラビン首相とペレス外相の率いる労働党主体の連立政府は、早いスピードで和平路線を走り、ビービーに十分な対応の時間を与えなかったからだ。相手のラビンは、イスラエル軍のかつての参謀総長で、一九六七年の第三次中東戦争での電撃的な大勝利の立て役者である。ビービーとは格が違うとの観は免れなかった。一九九三年の秋のワシントンのホワイトハウスでのラビンとアラファトのオスロ合意の調印式、パレスチナ暫定自治の開始、アラファト、ラビン、ペレスへのノーベル平和賞の受賞、自治区の拡大などなど、状況は国際的な支援を受けながら急速に展開した。和平ムードはイスラエルへの投資ブームを引き起こした。世界がラビン政権の和平路線に微笑んでいるようであった。一九九六年十月で任期の切れるラビンが、次の選挙でも立候補して勝利を収めると予想する向きが多かった。

実は、一九九三年のリクードの党首選挙でネタニヤフが勝利を収めた背景には、他の大物政治家が立候補を見合わせたという事実も見逃せない。一九九六年の選挙も労働党はラビンを党首に立てて戦うに違いないと予想された。一九六七年戦争の英雄で、いまや平和の勇士ともなったラビンの国民的な人気を考えると、正面からぶつかるのは得策ではない。高齢のラビンが引退した後の二〇〇〇年の選挙まで待つ方が利口ではないか。そうリクードの大物政治家たちは計算した。そうした解釈もそれなりの説得力を持つ。であれば、負けと決まった選挙にネタニヤフを党首にしておくのも悪くない。だがこの計算は見事に狂った。計算違いの第一はラビンの暗殺であり、第二はネタニヤフの選挙での勝利であった。

しかし、ネタニヤフがリクードの党首に選ばれた際には、ラビンの暗殺は予想されていなかった。そしてラビンの暗殺された一九九五年十一月は、ネタニヤフにとっても最悪の時期であった。パレスチナ人に自治を与えたラビンを「裏切り者」と呼ぶリクードの過激なレトリックが、このような悲劇の原因だとの議論が出てきたからであった。ラビン未亡人のレアは、テロを煽動したとしてビービーを名指しで非難した。ラビンの後継者のペレスは、世論調査での支持率でネタニヤフを大きくリードしていた。ラビンへの同情もあり、このときに選挙を打てば、ペレスの楽勝が予想された。この点には前に触れた。結果は周知の通りである。この点については選挙後にラビンのレア未亡人がなぜ首相暗殺という事件をもっと利用しなかったのだとペレスの選挙戦術を批判している。

選挙のタイミングをペレスが遅らせた理由として、そのエゴを指摘した。もう一つの説明は、シリアとの交渉である。シリアとの和平に期待を抱いていたペレスは、シリアのアサド大統領との交渉を決着させ、一九九三年のアラファトとラビンの握手のような歴史的な場面をホワイトハウスで再現させる。そして、その実績の上に選挙を闘う。そんなシナリオを描いていたのではなかったのか。だからこそ、シリアとの和平に時間を使うために六カ月も待ったのだろうか。だがアサドは動かなかった。交渉は膠着し、シリアとの和平の達成という成果を国民に示せないままにペレスは選挙に突入した。

ビービーにとっての救いは、少なくとも救国の英雄ラビンと選挙で対決しなくても済むようになったことであった。ラビンと比べるとペレスは、はるかに戦いやすかった。ペレスは、戦歴のない人物である。これは、男も女も銃を取る国民皆兵の国ではマイナスである。戦争に次ぐ戦争を戦い抜いてきたイスラエル国民の目には物足りなく映る。さらに、一九九六年の選挙で初めて採用された首相の直接公選のシステムは、ネタニヤフには有利だった。その輝かしい軍歴が、直接対決でいっそう輝いて見えるはずであったからだ。

イスラエルでは定数百二十議席のクネセットと呼ばれる議会が国権の最高機関である。一院制である。それまでのイスラエルの選挙では、有権者は政党に投票していた。各政党は国全体での得票数に比例して議席を得る仕組みであった。要するに全国を一選挙区とする比例代表制度であった。そして最多得票を、つまり最多議席を獲得した政党の党首が首相として組閣する。そんな仕組みであった。しかしイスラエルの政党制度は多数の政党が群立し、これまでいずれの政党も過半数の議席を獲得した例がない。つまり常に連立内閣であった。多数の政党が群立するのは、ユダヤ人の自己主張が強いからだ。そのような説がある。この議論好きな国民性の根拠として「ユダヤ人が二人いれば政党が三つできる。」そんな表現が引用される。しかし、より重要な理由はユダヤ人の議論好きではなく、比例代表制度という政治制度である。比例代表制度であれば、死票がないので、小さな政党も議席を獲得しやすい。

　例えば日本では、保守政党の強い地域で革新政党に投じられた票が死票になる可能性が高い。イスラエルの場合はそれがないのである。正確には、総投票数の三・二五パーセント以下しか得なかった政党には議席が与えられないので、非常に小さな政党は議会から排除されるシステムになっている。それでも、ほぼ完全な比例代表制と言えるだろう。このシステムが、イスラエルに多党の群立する状態をもたらしてきた。それでは、なぜイスラエルがこうした比例代表制を採用したかと言えば、それはやはりユダヤ人の議論好きという理由に落ち着くのだろうか。

理由はいずれにしろ、多数の政党の群立状況では、議席の過半数を獲得する政党がないのだから、イスラエルは常に連立政権であった。この連立の交渉の過程で、小さな政党が大政党に対して特別に強い交渉力を持つ。小さな政党を取り込まねば政権が握れないとなると、大きな政党は譲歩に次ぐ譲歩を迫られる。いわば小さい方が大きいな方を「ゆする」とでも呼べるような状況である。こうした事態を改善したいという点では、大政党であるリクードと労働党の間でコンセンサスがあった。そこで一九九六年の選挙からシステムが変更された。有権者は二票を投じることとなった。一票はそれまで通り政党に、そして、もう一票は首相に投票する。つまり首相が公選となった。公選で選ばれた首相であればその権威が高まり、小さな政党との交渉力が高まるだろう。そうした期待からの選挙制度の改革であった。これが少し前に触れた首相公選制度の導入の背景である。なお、その後に首相公選制度は廃止された。

特殊部隊の軍歴が、体を張ってハイジャック犯と撃ち合って負傷した経歴が、そしてエンテベの救出劇で英雄として死んだ兄が、テロ対策の研究所を設立した経緯が、その全てが公選制度ではネタニヤフに有利に働いた。すでに前の章で強調したように、選挙の争点がテロ対策であったからだ。軍歴の乏しいペレスには、勝ち目の薄い争点であった。

本章の冒頭で見たように、ネタニヤフは一九四九年生まれなので一九四八年に成立したイスラエルよりも一歳年下の四十代の首相であった。イスラエルで六十歳以下の人物が首相になるのは第一次ラビン政権のラビン首相以来である。またパレスチナ生まれの首相は、ラビンに次いで二人目である。しかしラビンの生まれたころは、まだイスラエルが成立していなかった。つまり、ネタニヤフはイスラエル生まれの最初の首相となった。ラビンとネタニヤフ以外のそれまでの首相は皆ヨーロッパからの移民である。輝かしい軍歴、パレスチナ生まれ、こうしたネタニヤフの経歴にはラビンを想起させる点さえある。ネタニヤフ首相の誕生により、イスラエル史は新しい世代の時代に入った。

神の贈り物

ネタニヤフとはヘブライ語で「神の贈り物」を意味していると紹介した。だがアラブ側にしてみれば、このネタニヤフ政権の誕生はとんでもない贈り物であった。なぜならばネタニヤフの選挙公約は、ゴラン高原からは撤退しない、パレスチナ占領地での入植を止めない、パレスチナ国家は認めない、エルサレムは不可分かつ永遠のユダヤ国家の首都であるので交渉の対象とはしない、などなど「ないない」尽くしだったからだ。

和平交渉は、ネタニヤフが政権にいた三年の間は停滞したままであった。その再開にはネタニヤフとは違う考えを持った新しいリーダーがイスラエルに登場する必要があった。その機会がやってきた。連立政権の内部矛盾が表面化して政局運営が困難になると、ネタニヤフが選挙を一九九九年の五月に行う決定を下したからだ。

ネタニヤフの功罪

中東の政治では、予想は当たらないということになっている。ところが、一九九九年五月のイスラエルの総選挙では、世論調査の予想通りに労働党のエフード・バラク候補が現職のベンヤミン・ネタニヤフ首相を破って当選した。予想が当たらないという予想が外れたのだから、結果は予想通りとは言え、やはり予想が外れたと解釈するべきであろうか。予想外だったのは、バラクの勝利の幅であった。バラクは五六パーセントの支持を得て当選した。その前の選挙では〇・九パーセントの差でネタニヤフがペレスに辛勝したのと比較すると、ほとんど大勝とも表現できるほどの差である。予想以上の大差での勝利であった。この点では、予想が外れた。つまり、予想通り予想外であった。

ピアノを弾く「ゴルゴ13」

さてネタニヤフが敗れ、バラクが勝ったことで、後者を軸に中東の情勢が展開することになった。それでは、このバラクとはいかなる人物だろうか。そのプロフィールを紹介したい。エフード・バラクは、イスラエル成立前の一九四二年にパレスチナのキブツで四人兄弟の長男として生を受けた。父はリトアニア、母はポーランドの出身であった。子供時代は、他の子とは距離を置く存在だったようだ。サッカーをするとボールではなくて、相手チームのプレイヤーを蹴飛ばしていたというから、距離を置いたのではなく、置かれた方かもしれない。そのせいか、人を相手にしなくても済むピアノの練習に打ち込み、相当な腕前に上達した。しかし、ピアニストのバラクは、十七歳で軍に身を投じ、以降一九九五年の退役まで軍に籍を置いた。その間、ヘブライ大学で数学と物理を学んでいる。学生時代は興信所でアルバイトをしていた。夫の不倫の調査が専門であったとアメリカの『タイム』誌は伝えている。とすると、一九九九年の選挙は不倫で知られたネタニヤフとその調査を専門としていたバラクの対決だったのか。さらにスタンフォード大学に留学して、システム・アナリシスの修士号を得ている。イスラエル人の多くは海外に出る際に、ヨーロッパ風の名前をヘブライ語に変える。意味の同じヘブライ語を選んだり、発音の似通った言葉を選んだりする。バラクもその一人であった。もともとの名字はブログ（Brog）であった。つまりこのときにエフード・ブログが、エフード・バラクとなった。

軍では、バラクはエリート部隊に属し、数々の手柄を立てた。イスラエルでは、誰よりもたくさん勲章をもらった軍人として知られている。秘密作戦に従事していたため、勲章を受けた理由の全てが明らかにされているわけではない。しかし、いくつかはよく知られている。例えば、一九七二年にはパレスチナ・ゲリラにハイジャックされたサベナ・ベルギー航空の旅客機の奪還作戦を指揮している。このときは整備士の格好をして自ら同機に突入した。その際にバラクに従った部下の一人が首相選挙の相手候補のネタニヤフであった。こうしたエピソードはイスラエルという国の小ささを示している。現在でも総人口は九百三十万である。アラブ人を除くとユダヤ人はわずか七百万以下である。政党やイデオロギーは異にするにしろ、イスラエルのエリート層は、学校とか軍隊とか、どこかでつながっている。例えば、暗殺されたラビン首相の娘とネタニヤフは知り合いである。小さな小さな社会の出来事が世界を引きずり回している。人口がたったこれほどで、これほどまでに世界の注目を浴びている国もまれである。イスラエルを見ていると、そんな感情にとらわれることがある。

バラクの経歴に話を戻すと、一九七三年には女性に変装してレバノンの首都ベイルートに乗り込み、当時そこに本拠地を置いていたＰＬＯの幹部を暗殺している。手榴弾を入れて胸をふくらませたと伝えられている。このエピソードは、スティーヴン・スピルバーグ監督の二〇〇五年公開の映画『ミュンヘン』に描かれている。あくまで沈着冷静、クールな指揮官として数々の危険な任務を遂行してきた。高額の報酬の見返りに難しい暗殺を引き受ける『ゴルゴ13』という殺し屋の漫画があるが、バラクはお金のためではなく、お国のために次々とパレスチナ・ゲリラを倒してきた。ピアノを弾くゴルゴ13であり、ピアノを弾く指で銃の引き金を引く必殺仕掛人であった。この女装の暗殺者はイスラエルにとっては英雄である。そして一九九一年には、軍の制服組のトップである参謀総長に就任している。逆にアラブから見れば、比喩的にはパレスチナ人の流した返り血を浴びてきた血まみれの人物である。血で血を洗うパレスチナ・ゲリラとイスラエルとの間の過去の抗争を象徴する存在でもある。

ラビンの後継者

バラクは、一九九五年に参謀総長から退役すると政界に転じた。軍のトップから政界に転じる。これがイスラエルの典型的な出世コースである。その代表的な人物が、何度も触れたように、一九六七年戦争の際に参謀総長を務めた故イツハーク・ラビン首相である。そのラビンは、バラクを高く評価して内務大臣に抜擢《ばってき》した。ラビンはバラクの言わば後援者であり、バラクはラビンの子飼いであった。しかしバラクは、決してラビンのイエス・マンではなかった。パレスチナ占領地からの撤退を進めるラビンの政策に、内閣でただ一人で反対したこともある。しかも安全保障上の理由からである。ラビンは、イスラエルの「ミスター安全保障」である。参謀総長として一九六七年の第三次中東戦争でイスラエルをわずか六日間での歴史的な大勝利に導いた。そのラビンに安全保障の見地から反対するというのは容易ではない。しかしバラクも、安全保障に関しては職業軍人としての見識を持っていた。ミスター安全保障のラビンともう一人のミスター安全保障のバラクがぶつかり合った場面だった。

　一九九五年十一月にラビンが凶弾に倒れると、外相だったペレスが首相となった。繰り返しになるが、ペレスの問題は軍歴のなさであった。ペレスは労働党のインサイダーとして出世してきた。そのため、どうしても安全保障問題に弱いハト派のイメージがついて回った。そうした弱点を少しでもカバーするためにタカ派イメージのバラクを外相に起用した。しかし、そのペレスは一九九六年の選挙でネタニヤフに敗れた。敗れてもペレスは、労働党の指導者としての地位に未練を持っていた。だが党員の多くは、次の選挙では新しい指導者の下で闘いたいと希望した。そうした感情が一九九七年の労働党大会での新党首バラクの選出につながった。一九九六年の選挙ではペレスのハト派イメージで敗れた労働党が、今度はタカ派イメージのバラクを看板に据えた。同時に、この大会で労働党はパレスチナ国家の樹立には反対しないとの決定を下した。ハト派的な政策を主張するアリバイにバラクを党首にした格好となった。

しかし、バラクの人気はなかなか盛り上がらなかった。その理由の一端は、バラクには政治家としては正直過ぎる面があるからだ。本音を漏らしてしまうのである。パレスチナ占領地の状況の悪さに触れて、自分がパレスチナ人の若者ならテロリストになるだろうなどという発言もあった。占領地の難民キャンプを見ると第三者の日本人でも、なぜパレスチナ人がテロに走るのかが理解できる。それほどまでに状況はひどい。しかし、テロの標的とされているイスラエルの政治家としては、口にしてはいけない類の言葉である。フーテンの寅さん風に言えば、「それを言っちゃあ、おしまいよ！」そんな発言である。

だが、一九九九年五月の選挙が近づくにつれ、バラクの人気が国民にじわじわと浸透し始めた。これまで秘密作戦が多く、何で勲章をもらったのかわからない人物の個性が選挙キャンペーンを通じて有権者に伝わり始めた。正直者との認識もこの段階では有利に働き始めた。何せ相手のネタニヤフには信頼の置けない人物としての評判があった。これもバラクにはプラスであった。嘘つきネタニヤフと正直バラクの対比となれば後者には絶対有利であった。

また、その他の状況も一九九六年の前回の選挙とはいささか違っていた。まず、選挙前にテロ事件がなかった。一九九六年にはネタニヤフはテロを争点に、ペレスが安全保障に弱いと攻撃した。しかし、今度はその手は使えなかった。第一テロが起こったとすれば、政権を担当しているネタニヤフの責任となり、どちらにしてもバラクには打撃とはならなかっただろう。結果として、テロ対策は争点とはならなかった。また、安全保障問題全般についても状況が違った。ペレスに戦歴がない事実に的を絞り、ネタニヤフは自分こそがイスラエル国民の安全保障を確保できると前回の選挙では主張した。しかし、今回の選挙の相手はバラクである。ネタニヤフのかつての上官である。バラクは、安全保障に関しては周囲が一目も二目も置かざるを得ない見識と経験を誇っている。この点を突くこともできなかった。

安全保障の面でのプロという前回の選挙でのネタニヤフのお株を奪ったバラクは、自らをラビンの後継者として国民に売り込んだ。一九九六年の選挙で優勢を予想されたペレスが、ネタニヤフに敗れた原因は多い。その一つは、すでに紹介したように、ラビンの名前で選挙を打たなかったことだろう。ラビンのとむらい合戦として選挙を演出すれば、ラビンへの同情が高まっていたので、ペレスの楽勝が予想された。しかし、長年ラビンとライバル関係にあったペレスは、ラビンの名前を使った選挙戦術を避けた。結果はネタニヤフへの惜敗であった。しかし、ラビンを政治的な後ろ盾としていたバラクには、そうした心理的な引っ掛かりは全くなかった。その霊を墓場から引っ張り出したかのようにラビンの名前を使った。イスラエル国民の多くにとっては、ラビンは国家のために体を張り、勇気を持って和平に挑み、そして凶弾に倒れた殉教者である。そのイメージを自らに重ね合わせることは、有権者の心をつかむうえで有効であった。しかも、そのイメージは間違っていない。ラビンと同じように軍人として輝かしい経歴を歩み、ラビンに評価されてバラクは閣僚となった。そのうえ、ラビンのレア未亡人もバラクを応援した。これがラビンの後継者としての御墨付きをバラクに与えることとなった。選挙戦での力強い援護射撃であった。つまり労働党は、前回の首相候補であったペレスとは反対のイメージのバラクを候補に立て、そのバラクはペレスとは反対の選挙戦術で戦った。そして結果も、前回とは反対となった。労働党が勝った。

このバラクの直面した外交上の課題は、二つあった。まず第一に、シリアとレバノンとの和平をどう開始するのかであった。そして第二には、パレスチナ人との和平である。つまり実質上ネタニヤフ政権が凍結してしまっていた和平プロセスの再起動であった。バラクの課題に対応し、本書でも次章では、まずシリアという国家の体制を論じつつ、そのシリアとの和平の可能性を論じよう。そしてその次の章で、パレスチナ人との和平について語ろう。

◉第十二章　スフィンクスの謎／シリアの故アサド大統領

「シリアの主要産業は秘密警察です」
ある中東研究者

アサドのプロフィール

二〇〇〇年六月、シリアのハーフェズ・アサド大統領が世を去った。シリアの政治を三十年間にわたって規定してきた人物の死であった。アサドを語ることが、この時期シリアを語ることである。アサドについては、イギリスのジャーナリストのパトリック・シールが伝記を著している。アサド自身を含む多数の関係者との長時間のインタビューに基づいた決定版とも呼べる内容である。シールの記述に従いながら、この人物の経歴をまず見ておこう。そして、アサドの中東和平に対する政策に関しての二つの対立する見解を紹介しよう。

シリアの地中海岸から一〇キロほど離れて、南北に山脈が連なっている。シリアの少数派アラウィーの居住地である。アラウィー派は、シリアの総人口の一割程度を占める少数派に過ぎない。アラウィーとは、アラビア語で「アリーの」という意味である。すなわち預言者ムハンマド（マホメット）の四代目のカリフ（後継者）アリーを崇めている宗派である。その点では、シーア派に属する集団であると見なすことができる。しかし、アリーの神性を信ずるなど、シーア派の各派の中でも特異な存在であり、しばしば異端視されてきた。そのため多数派の迫害を逃れ、いつのころからか、この山岳地帯に住みつくようになったようだ。オスマン帝国の支配期においても政府の威令は完全にはこの地域には及ばず、半独立状態にあった。人々の生活は貧しく、塩を買うことさえかなわず、地中海まで海水を汲みに出かけ、それを革袋に入れて持ち帰るといった有様であった。またその多くが貧困に追われ、山を離れて内陸部の都市ハマなどで下働きをした。

そうしたアラウィー派の村の一つクルダハにハーフェズ・アサドは生を受けた。アサドの父アリー・スレイマンは射撃の名手であり、この村ではちょっとした顔であった。アリー・スレイマンは二度結婚し、子宝に恵まれた。最初の妻サーダから三人の息子と二人の娘を、そして二十歳年下の妻ナイサから一人の娘と四人の息子を得た。

ハーフェズ・アサドは、このナイサの第四子として、一九三〇年十月六日に生を受けた。父アリー・スレイマンが五十五歳のときの子であった。アサドが生まれた当時のクルダハは、百軒余りの家があるだけで、モスクも教会もカフェもない貧しい集落であった。大半の家屋は泥と石で建てられていた。アサドも部屋が二つしかない家で育った。アリー・スレイマンは、村では特殊な才能の持ち主として知られていた。字が読めたのである。電気やラジオとは無縁のこの村では、数日遅れの新聞を購読するアリー・スレイマンは外部世界の事情に通じた唯一の人物であった。その父はアサドの教育に熱心だった。アサドは村では学校に通う数少ない子供の一人であった。

党と軍へ

九歳のとき、アサドは学業を続けるために、故郷の村クルダハから三〇キロ離れた地中海岸の町ラタキアに送られた。アサドは初めて家族を離れ、またアラウィーの地を離れた。第二次世界大戦の始まった一九三九年のことである。優秀な成績を収めた。そして激烈な試験を突破して、アサドは上級の学校への入学を許された。算数、アラビア語などが得意科目であった。アサドは、ハーフェズという名前通りに詩の暗誦などに抜群の記憶力をこのころから示している。ハーフェズとはアラビア語でコーランを暗記した人物を指す。また、ペルシアの大詩人の名でもある。こうして、ここでも首席を通している。アサドは、七年の学業の後、一九五一年の夏にバカロレア（高等学校卒業資格）を授与されている。学業のみならず、アサドは政治にも熱心であった。在学中の十六歳のときにバース党に入党して、その長い政治活動の第一歩を踏み出している。モスレム同胞団との争いで背中を刺されるといった経験を味わいながらも頭角を現し、卒業の年には全シリア学生同盟のリーダーにまで上り詰めている。

　卒業後は、医学部への進学を希望したものの、家にそれだけの資力はなく、やむなく授業料の免除されている士官学校に進み、パイロットとしての訓練を受けた。一九五五年に、ここも首席で卒業した。その年、アサドはさらに訓練を続けるためにカイロに留学した。一九五五年とはソ連の兵器がエジプトに流れ込み始めた年である。カイロにはわずか半年の滞在であった。だが、ナセルのエジプトでアラブ民族主義が燃え上がるのを実際に肌に触れて経験し、その後もスエズ運河国有化とそれに続くナセルのイギリス、フランス、イスラエルとの対決、そして勝利を熱い思いで見守った世代にアサドは属していた。そのアサドはミグ戦闘機の夜間飛行の訓練をソ連で受けた。

アニセ・マフルーフ

一九五八年はシリアとエジプトがアラブ連合を結成した。この連合は、三年間の短命に終わるのだが。バース党員であるということがアラブ連合下のシリアではマイナスであった。バース党はアラブ民族の統一を主張する政党である。またナセル自身もアラブ民族の統一を主張した。違いはナセルが自分自身の指導の下でのアラブ民族の統一を主張したのに対し、バース党は自党がリーダーシップをとることを求めており、ナセルの風下に立とうとはしなかった。したがってナセル主義者は、アサドのような生え抜きのバース党員を疑いの目で見た。そして一九五九年、アサドの所属するミグ19の飛行部隊はアラブ連合の南部地域、つまりエジプトへと配属された。アサドにとって二度目のエジプトであった。体のよい島流しであった。

軍事委員会

エジプトに配属されたシリア軍人の中の五人の将校が、一九六〇年に「軍事委員会」

と呼ばれる秘密組織を結成した。三十歳のアサドもそのメンバーであった。三人はアラウィー派であり、他の二人はやはりシーア派の少数派であるイスマイリィー派に属していた。最年長者は三十八歳であり、最年少者は二十八歳であった。なお当時のアサドは、三十歳ちょうどだった。いずれもバース党員であった。この五人がやがてシリアの実権を掌握し、そのうちの四人は失脚していくことになる。軍事委員会は密かに同志を集めていった。その多くが宗教的少数派であり、大半が農村部の出身者であった。一九六一年シリアの首都ダマスカスでクーデターが起きた。クーデターで権力を掌握したシリアの新政権がアラブ連合から離脱すると、エジプトにいたアサドは捕らえられ、刑務所で四十五日を過ごすこととなった。シリアで捕虜となったエジプト軍との交換のためであった。その後アサドはシリアに戻った。

シリアに戻ったものの、新政権もバース党を警戒しており、アサドは閑職を与えられた。その閑職でアサドは、軍事委員会の勢力の拡大に忙しく働いた。一九六二年、その軍事委員会がクーデターを敢行したものの失敗し、アサドはレバノンへ逃亡した。しかし、レバノン当局に逮捕され、一週間の投獄の後シリアに引き渡され、シリアの牢獄に移った。こうしてアサドは、わずかの期間のうちにエジプト、レバノン、シリアの三国の刑務所の経験者となった。そして一九六三年にアサドらはナセル主義者と協力してクーデターに成功、遂に権力を奪取した。アサドは空軍大臣のポストを得た。三十二歳の春であった。また、この年に父スレイマンが死亡している。そして三年後の一九六六年に、三十五歳のアサドは国防相に昇格した。

その翌年の一九六七年、シリアは第三次中東戦争でイスラエルと砲火を交えることになる。しかし、シリア軍はイスラエル軍の敵ではなかった。開戦から六日後に停戦が発効したときには、イスラエル軍がゴラン高原を占領していた。ゴラン高原の喪失は、国防相として、そして後に大統領としてアサドが人生の最後まで背負うことになる重い十字架である。にもかかわらず軍部を掌握したアサドは、ライバルを次々と失脚させて権力の頂点へと歩みを進め、一九七〇年の十一月に遂に全権を掌握した。妻のアニセはその前にアサドが天下人になる夢を見たという。アラブ世界の英雄ナセルが死去してからわずか二カ月後のことであった。ところで、軍事委員会を創設した五人のうち、アサド以外はいかなる運命を辿ったのだろうか。一人は死去し、二人は国外へ亡命し、後の一人はダマスカス郊外の刑務所に入った。軍事委員会は軍内部のライバルを粛清し、アサドは軍事委員会内部のライバルを排除して権力基盤を固めた。

孤高の電話魔

不規則な食事、外気に当たることも少ない長時間にわたる執務、運動不足、長年のこうした生活がアサドの健康を蝕んできた。甘い物好きのアサドは長らく糖尿病を患っていたが、一九八三年十一月、入院を余儀なくされた。心臓の不整脈が見られた。十三年間に及ぶ統治者としての疲れが出たのであろうか。主治医は完全な休息を求め、アサドは一時的ながら執務できなくなった。側近は大統領が盲腸炎の手当てを受けていると発表したものの、アサドの入院は政権の内外に大きな動揺を引き起こした。ことに二十年前にアサドがすでに盲腸の手術を受けていたとの情報が伝わると、動揺が激しくなった。アサドに毒を盛った者がいるのではとの噂が立ち、アサドの料理人から看護婦に至るまで身の回りの世話をするスタッフ全員が交替させられた。また家具や食器類も全て取り換えられた。噂は噂を呼び、下半身不随説、死亡説などが飛び交った。

アサドの入院が、弟リファートの不穏な動きを引き起こした。アサドの片腕として政権内部で治安を担当してきたリファートが政権の後継者の候補として浮上してきた。しかし、アサドの健康回復とともにリファートへの軍部の支持は溶解したものの、リファート指揮下の部隊がダマスカス周辺に駐屯しており、緊張状態が続いた。そして翌年の一九八四年三月、リファートは部隊にダマスカスへの進撃を命じた。リファート派の部隊とアサド派の部隊が首都を分割し、睨み合った。一触即発の状態に陥った。その前日アサドは、故郷の村から齢九十に近い母親をリファートの元へ送った。母親の影響力によって内戦を避けようとした。そしてアサドは、長男のバシールのみを伴ってリファートの本営に乗り込んだ。母親の目前で兄弟間の激しい口論が始まった。結局、財産の保証と引き替えにリファートは身を引くことに同意した。

内戦は回避され、アサドの支配が完全に回復された。そして、リファートはヨーロッパに亡命した。アサドの支配の強固さを見せつけた場面であった。だが同時に、シリアの体制がアサドという一人の人間によって動かされており、というよりはアサド白身がシリアの体制であり、アサドの健康の衰えが体制の動揺に直接つながるという構造をこの事件は再認識させた。あたかも、長年の激務で疲れたアサドの心臓にシリアの安定がかかっていたかのようであった。

「ダマスカスのスフィンクス」

このアサド大統領を、「ダマスカスのスフィンクス」と呼んだイスラエルの研究者がいる。もちろんスフィンクスは、カイロ郊外のピラミッドの近くにある巨大な石像である。人の上半身とライオンの下半身をしている。自身の知恵を誇り、通りすがりの旅人へ謎を投げかけて、それが解けない者を食べていた。しかし、あるとき「最初は四本足で歩き、次に二本足で歩き、最後には三本足で歩くものはなーに？」との謎を問いかけると、知恵のある旅人が「人間だ。赤ん坊は四つんばいで歩き、やがて立ち上がって二本足で歩き、そして老後は杖をついて歩くから三本足だ」と即座に答えたので、スフィンクスは恥じて石になった。そんな話が伝わっている。

アサドをスフィンクスと呼んだのは、なかなかの命名である。ふさわしいニックネームである。というのは、もちろんアサドは人間だが、「アサド」とはアラビア語でライオンを意味しているからだ。また動物なのか、あるいは人間なのか判断に困る想像上の存在がスフィンクスであるように、アサドに関しても判断がつきにくい面があるからだ。それは、アサドの対イスラエル政策である。アサドは本当に和平を望んでいたのかいなかったのか、識者の意見が分かれているからだ。和平を望んでいたとの見方が大勢だった。だが、内心では和平を望んでいなかったとの認識も存在する。

和平を望んでいたと解釈する人々の根拠は、以下のような議論である。すでに見たように、アサドは一九六七年六月の第三次中東戦争でイスラエルにゴラン高原を奪われた際の国防相であった。したがって、自分が国防を担当していた時期に奪われた土地を取り戻したいとの意識がアサドには特に強い。その第三次中東戦争の三年後にシリアの大統領となったアサドは、そのさらに三年後に武力でゴラン高原の奪還を図った。一九七三年十月六日に始まった第四次中東戦争である。緒戦では、奇襲に成功したエジプトとシリアの連合軍がイスラエルを追い詰めた。ゴラン高原でもシリア軍が攻勢に出た。しかし、やがて反撃に出たイスラエル軍に押し戻され、シリア軍はゴラン高原から後退した。その後の交渉の結果、ほんの一部の地域からイスラエル軍は撤退したが、ゴラン高原の大部分はイスラエルの手に落ちたまま今日に至っている。この経緯については本書の前半で述べた。

一九七〇年代の末には、エジプトのサダト大統領がイスラエルとの和平に走った。ところがアサドは、イスラエルとの対決姿勢を堅持してきた。しかし、ソ連でペレストロイカが始まると、共産主義諸国の支援で軍事力を強化し、武力でゴラン高原を奪回する、といったシナリオがもはや描けなくなった。武力による問題解決の道が閉ざされた。アメリカとの協調政策を目指したゴルバチョフには、アサドのそんな強硬路線に付き合い続ける気持ちはなかったからだ。そして、やがてソ連を中心とする共産圏それ自体が崩壊してしまう。イスラエルの強大な軍事力と、その背後にいるアメリカの存在を考えると、そもそも軍事的な手段に訴えるという選択がシリアにあったのかは疑問であるが。冷戦の終結によって、そうした可能性の影さえ消えてしまった。

アサドの伝記を書いたイギリスのジャーナリストのパトリック・シールの言によると、アサドは、ゴルバチョフの始めたペレストロイカの外交的な意味を嗅ぎ取った第三世界で、いや世界全体の中でも最初の政治家かもしれない。ゴルバチョフの外交には「新思考」とのラベルが貼られていた。その内容は、早い話が対米協調であった。つまり、第三世界に対しては民族解放闘争や反帝国主義勢力への支援の停止、ないしは大幅な削減であった。国内改革に専念したいというゴルバチョフの意識の外交上の表現が新思考であった。

それは、イスラエルと対決するシリアへの支援の停止を意味していた。シリアはソ連という後ろ盾を失った。すなわちゴラン高原を奪回する軍事的な道が塞がれたのだ。なぜならば、シリアにはイスラエルの軍事力に単独で対抗する力はないからだ。ソ連の崩壊以前にアサドはそう理解した。残る手段は外交しかない。となれば、イスラエルに影響力を行使できるアメリカとの接近は不可避である。アサドは、外交の軸足をソ連依存から動かし始めた。

そのシフトの機会が一九九〇年の湾岸危機であった。湾岸危機ではアメリカは国際正義を掲げ、サウジアラビアの防衛とクウェートの解放のために多国籍軍を募った。これに対抗するイラクの戦略は、アラブの民族主義に訴えることであった。そこでアメリカは、このイラクの戦略を粉砕するためにシリア軍の派兵を求めた。アラブの大義を掲げ、イスラエルと戦争を繰り返し、妥協を頑として拒絶してきたシリア以上にアラブの民族主義を象徴する国家はない。もし、そのシリアが多国籍軍側に派兵すれば、湾岸危機をアラブの民族主義とアメリカの帝国主義との対決であるとの構図に描こうとするサッダーム・フセインの試みは挫折する。シリア軍が加わることで、この対決は、もはやアラブ民族主義とアメリカの帝国主義の間の対立ではあり得なくなった。アラブ民族主義の雄であるシリアの参加する多国籍軍が、アラブ民族主義に敵対するはずがないからである。湾岸危機は、イラクの拡張主義と多国籍軍の国際正義の対立の舞台となった。湾岸危機でのアサドの貢献であった。アサドのソ連依存からの脱却への第一歩であり、同時にアメリカへの接近のための大きな一歩でもあった。

さらにシリアは、その前年の一九九〇年に軍事力で一九七〇年代から続いたレバノン内戦を終結させ、レバノンとの間に友好同胞条約を締結した。世界がクウェートに気を取られている間にアサドはレバノンを掌中に収めた。アメリカと接近し、しかもレバノンの支配体制を固めてアサドは対イスラエル交渉に備えた。そして湾岸戦争のあった一九九一年には、アメリカの提唱する中東和平国際会議への参加を表明して注目を浴びた。こう見てくると、アサドが和平を望んでいると考える人たちの認識はよくわかる。シリアは、ゆっくりと時間をかけ丹念に一歩一歩を踏みしめるように対米関係を改善させてきたからだ。こうした点については、前に述べた。

アラウィー派の支配体制

逆に、実はアサドは本当は和平を望んでいなかったという見解も前述のように存在する。もちろん少数意見ではある。だが、真実は多数決では決まらない。この見解の代表的な論者はアメリカのダニエル・パイプである。親イスラエルの中東研究者として知られる人物だ。対アラブ強硬論者として知られる。父親のリチャード・パイプは著名なロシア研究者である。アメリカの研究者の間では、父親を大パイプ、息子を小パイプと区別するようだ。さて、この小パイプことダニエル・パイプは、アサドにとって和平の代償があまりに高過ぎると論じた。

イスラエルにとっての和平の代償はよく知られている。ゴラン高原からの全面撤退である。シリアにとっての代償は何だろう。それは相互承認、大使館の相互開設、貿易、市民の相互訪問などなどである。要するにシリアの対外開放である。イスラエルとの対決を口実に、アサドの体制はシリア国民を押さえに押さえつけてきたが、和平が実現すれば強権体制を維持する大義名分を失う。となれば、アサドの構築してきた支配体制そのものが崩壊の危機にさらされる。したがって、和平はアサドにとって危険過ぎる。そうした議論をパイプは展開した。

　それでは、アサドが構築してきた支配体制の内実とは、いかなるものであろうか。シリアの主要産業は、半ば冗談を込めて秘密警察だと言われる。それほどまでに、体制は国民を監視してきた。しかも、いくつもの治安機関が相互に監視し合って体制の安定を維持してきた。監視するばかりでなく、この体制は必要とあれば抵抗の姿勢を示す勢力の徹底的な弾圧を厭わなかった。例えば、一九八二年にスンニー派がハマ市で蜂起した際には、容赦のない鎮圧でこれに応じた。多数の住民を虐殺したばかりでなく、ブルドーザーで都市部を平坦にしてしまった。死者そして政治犯として収監された者の合計は一万五千人に及ぶ。男手を奪われた家族は貧困の淵に沈んだ。シリアの中でも最も美しい都市として知られたハマの運命は、アサドの体制の本質を雄弁に物語っている。そこまでやれるのか、そこまでやる必要があるのか。その残虐性は、体制側の握る無限とも見える権力の反映なのだろうか。それとも権力者をとらえている底知れない不安感の裏返しなのだろうか。なお、ハマの弾圧を担当したのはアサドの弟のリファートの部隊であった。

　この体制を支配する人々が不安なのは、少数派だからだ。シリアの総人口二千二百万は、大まかには一割と九割に分けられる。一割のアラウィー派と九割のその他である。その他の大部分はスンニー派である。若干のキリスト教徒もいる。スンニー派は、イスラム教徒の大多数を占める人々である。イスラム教における少数派であるシーア派の存在はよく知られている。アラウィー派はさらに少数派である。シーア派の一部と見る見解もあれば、異端との認識も存在している。その教義はキリスト教などと融合した秘儀的なものとされている。スンニー派の一部から見れば外野の外のような宗派である。

アサドの伝記の紹介でも見たように、シリアの山岳部などを生活空間としてマイノリティーとしてのアイデンティティーを守り通したアラウィー派は、貧しく、蔑まれ、虐げられた集団であった。伝統的には、都市部に出てスンニー派の下で下働きをする。それがアラウィーの運命であった。ところが、第一次世界大戦後に転機が訪れた。オスマン帝国領土だったシリアはフランスの委任統治下に入った。しかもヨーロッパの影響を受けて、シリアではその以前から民族主義や社会主義の運動が起こるようになっていた。これがアラウィー派の青年層の心をとらえた。民族主義とは、宗教ではなく所属する民族によって人間を規定しようとする考えである。この考えでは、重要なのはスンニー派とかアラウィー派の区別ではなく、アラブ民族に属することである。アラブ民族であれば、アラウィー派故の従属的な地位からの解放が可能である。アラウィー派の若者が惹かれたのは自然であった。

さらに、もう一つの思潮がアラウィー派の心に訴えた。それは社会主義である。レーニンが宗教をアヘンと呼んだように、社会主義は宗教に敵対的である。従属的な地位に置かれたマイノリティーが社会主義に惹きつけられたのは中東だけの現象ではない。

ヨーロッパの社会主義運動でユダヤ人が果たした役割の大きさはよく知られている。宗教的な社会であればマイノリティーとして社会の主流から疎外されがちなアラウィー派が、こうした世俗的なイデオロギーに魅力を覚えたのも当然でもあった。この社会主義と民族主義の流れは、合流してバース党（アラブ復興社会主義党）を生み出す。このバース党の中でアラウィー派はやがて主流となっていく。そしてこのバース党が権力を掌握したときに、アラウィー派がシリアの実権を押さえることになる。つまりバース党とは、アラウィー派を権力の座まで運んだ乗り物であった。

それではバース党は、いかにして権力を奪取したのだろうか。もちろん軍のクーデターによってである。それではバース党は、いかにして軍を掌握したのだろうか。これも、やはりアラウィー派の貧しさに起因している。第一次世界大戦後にフランスは、オスマン帝国に代わってシリアの支配者となった。そのフランスが、現地人を訓練し教育する士官学校を創設した。フランスのために働く現地人の軍隊を育てようとしたのだ。ところがシリア人の多くの間では、つまりスンニー派の間では、この士官学校は愛されなかった。植民地主義者が自らに奉仕させるために現地人を教育しようとする学校である。まともな感覚であれば、当然であろう。他に教育の機会があれば、そちらを選んだ。士官学校で汗を流し、卒業後はフランス帝国主義の権益のために血を流そうとするスンニー派は多くなかった。

ところがアラウィー派の若者には、そんな贅沢は許されなかった。教育を受けたければ無料の教育機関を選ぶしか道は開かれていなかった。その結果、シリア社会全体では少数派のアラウィー派が軍の上層部では力を伸ばし、多数派となった。フランスがシリアを去ると、やがてアラウィー派が軍を掌中に収めた。そして、この軍が権力を奪ってバース党、つまりアラウィー派の支配が確立した。バース党がアラウィー派を権力の座にまで運んだ乗り物であったならば、軍はその乗り物のエンジンであった。すでに見たように、故アサド大統領の経歴はこうしたアラウィー派の社会上昇の過程の代表的な例である。

マイノリティーが軍隊を階段にして社会を登って行くのはシリアだけの話ではない。湾岸戦争の際のアメリカの参謀総長コーリン・パウエルは、黒人として初めて制服組のトップに上り詰めた人物である。軍人を職業として選択したのは、黒人への制度的な差別がアメリカで最も早く撤廃された分野だからだと回顧録の中で述べている。そして、二〇〇一年にはこのパウエルが国務長官に就任した。シリアに敵対するイスラエルでも同じような現象が起きている。ネタニヤフ内閣で国防相を務めたモルデハイは、イラクのクルド人地域の出身である。クルド人地域の出身者は、イスラエルのユダヤ人の間では最下層を構成してきた人々である。しかし、モルデハイは軍をキャリアに選び、国防相に就任した。このモルデハイが参謀総長に任命したモファズ将軍はイランからの移民である。セファルディムながら、やはり軍のキャリアを歩むことで社会の上層に進んだ人物である。軍は、こうした例にも見られるようにマイノリティーに立身出世の機会を与える例が多い。シリアは、その極端な例ではあるが。

軍を押さえてシリアの支配者となったアラウィー派の統治の最大の目的は、その支配の永続化である。少数派として辛酸を舐めた人々は、二度と再び下層には転落したくない。そうした決意で政権を運営してきた。いくつもの諜報機関を競わせて国民と軍・治安機関を監視してきたのも、またハマの虐殺に見られるように徹底した弾圧で反対派を押さえ込んできたのも、マイノリティー政権ゆえの不安感の反映であろう。より寛容な、より開かれた政治は、国民の多数の支持を得ているとの自信のある政権にのみ許された特権である。マイノリティーの政権は、国民に恐怖心を植えつけてその服従を勝ち得ようとしてきた。愛されるよりも、力で恐れられる方が容易だからだ。シリアの体制の本質である。

こうした体質の政権であれば、和平によって人、物、情報が自由に流れ始めることを歓迎するわけがない。体制を開放することは、その崩壊につながる。アサドは内心では決して和平を達成する意図はなかった。ただ和平努力を行っている振りをしていただけだ。こうした議論を小パイプ、つまりダニエル・パイプは展開した。

死人に口なし

それでは、実際の動きに照らしてアサドの行動をよりよく説明するのは、どちらの説だろうか。アサドは和平を望んでいたとの多数説だろうか。それとも望んでいなかったとの少数意見だろうか。現実の歴史に照らして検討してみよう。シリアとイスラエルの交渉に動きが見えたのは、故イツハーク・ラビンが首相に就任した一九九二年以降のことである。一九九三年の晩夏、PLOとイスラエルの間のオスロでの秘密交渉が公表された。そしてワシントンで合意文書が調印され、パレスチナでの暫定自治が開始された。和平プロセスの実質上の始まりであった。このころ、シリアとイスラエルとの和平にも動きが見えた。ラビンがアサドにゴラン高原からの全面撤退の用意を通告したと伝えられる。イスラエルは、その代償として様々な安全保障措置を求めた。こうしてシリアとイスラエルの間での交渉も動き始めた。

なぜイスラエルは、この時期に対シリア交渉で大胆な動きに出たのであろうか。この点に関しても他の問題と同様に二つの対立する見解がある。その第一は、次のような説明である。つまり、対パレスチナ交渉が滑り出した以上、残されている課題であるシリアとの交渉にイスラエルが真剣に取り組み始めたのは、物の順序であり、自然の摂理にも似た当然の流れである。もう一つの見方は、パレスチナ人とイスラエルとの交渉をシリアが妨害するのを阻止するために、ラビンはシリアとも和平交渉を開始したかった。自らがイスラエルと交渉するのであれば、アサドはパレスチナ人の和平努力に水を差すのを控えるだろう。そう考えたからだ。この第二の説は、イスラエルの意図を以下のように見ていたことだ。すなわち、とりあえず譲歩の姿勢を見せてシリアを交渉に応じさせる。それによってパレスチナ人との交渉にシリアが横槍を入れるのを押さえる。そして、パレスチナ人との和平が終わった段階で、シリアに対する譲歩を引っ込めれば、対シリアに関してイスラエルは何ら失う物はない。そうした計算からラビンのアサドへの譲歩の姿勢は出てきたのだ。つまり、イスラエルは本気で和平に取り組むつもりは対シリアに関してはなかったのだ、という疑念である。

いずれにしろ、イスラエルが譲歩の姿勢を見せたので、シリアも交渉に応じた。その問題のゴラン高原は、イスラエルと接している部分の標高は数百メートルである。岐阜県の飛騨高山と同じくらいの高さである。その面積は、全体で一八〇〇平方キロメートルくらいである。大阪府と同じくらいの広さである。ゴラン高原に生活する将兵以外のユダヤ人、つまり入植者は二万人強である。ゴラン高原は戦略的には重要であるが、宗教的には聖書で言う契約の地ではない。この地域を放棄したからと言ってユダヤ教徒が神様に叱られる心配はない。長らくシリアは、このゴラン高原の全面返還を求めてきた。

イスラエルは、それまで部分的な返還を示唆したことはあっても全面返還を提案したことはなかった。もし、ラビンが本当にそうした提案をしたのであれば画期的であった。

ゴラン高原に関する交渉の核心は、その範囲の問題でもある。つまりどこまでがゴラン高原かという問題である。第一次世界大戦後に英仏がオスマン帝国領土を分割した際に、パレスチナをイギリスが、シリアを前述のようにフランスがそれぞれ支配下に置いた。一九二三年に両者の境界が確定された。ゴラン高原はシリア、つまりフランスの支配地域の一部となった。さて、それから四半世紀後の一九四八年に、パレスチナで成立を宣言したユダヤ人国家イスラエルとアラブ諸国との間で戦争が発生した。イスラエルが勝利を収めて、新国家が生き延びることとなった。その際にイスラエルとシリアとの間に休戦が成立し、休戦ラインが引かれた。この休戦ラインと一九二三年の英仏境界線の間にはわずかながらのズレがある。実質上一〇メートル程度の差である。しかしこの休戦ラインの方がシリアに有利である。

それは一九二三年のラインだと、ティベリアス（ガリラヤ）湖の周辺全部がイスラエルの支配下に入るのに、停戦ラインの方だと、シリアの支配地域が湖に接するからである。ちなみに第三次中東戦争の始まった一九六七年六月四日まで、シリアがこのラインまで支配していたので、通称六月四日ラインとの名称が使われる。もしシリアの領土が湖に接するとなると、その水利権を当然シリアは主張できる。水の貴重な中東においては、土地争いは往々にして水争いである。シリアの求めるゴラン高原の全面返還というのは、この六月四日ラインまでの返還を意味している。ラビンは、このラインまでのイスラエル軍の撤退を受け容れたという。そして、撤退後の安全保障措置についてイスラエルとシリアの間で詰めた交渉が行われた。イスラエル側は、撤退後もゴラン高原にイスラエル軍の監視所を残すこと、ゴラン高原のみならずその周辺地域へのシリア軍の配備の禁止ないし制限などの措置を求めたとされる。

しかし、一九九五年十一月にラビンは暗殺者の凶弾に倒れてしまう。シリアとの交渉も挫折せざるを得なかった。そして後継者のペレスは翌一九九六年の総選挙で落選する。首相となったネタニヤフは、交渉の前提条件なしの再開を提案した。ラビン時代の交渉が合意文書として署名されていない以上、イスラエル政府はそれには拘束されない。ネタニヤフはそうした立場を取った。逆にラビンとの交渉の停止した点からの再開を主張するシリアは、これを拒絶した。交渉は凍結状態に陥った。その約束が実際にはどんな内容であったかは、公式な文書では残されていない。まさに死人に口なしである。

時間との競争

　そして一九九九年、イスラエルでバラク首相が誕生した。ラビンの子飼いであった新首相は和平交渉の再開を公約に掲げた。シリアとの交渉のための交渉が始まった。しかし、ゴラン高原からの撤退後の安全保障措置に関する交渉を求めるイスラエルに対して、シリアは全面撤退の確約を前提に求めた。交渉のための交渉は壁にぶち当たった。そこで一九九九年十二月に、アメリカのクリントン大統領が仲介して、イスラエルのバラク首相とシリアのシャラ外相の交渉を再開させた。そして、二〇〇〇年の一月には西バージニア州シェパーズタウンで再度の交渉が持たれた。和平達成への期待が次第に高まった。全面撤退の確約なしには交渉に応じないとしていたシリアが態度を軟化させたとの見方が一般的であった。アサドは、ぎりぎりまで粘るがやはり和平を求めている。そんな多数派の意見が勝ったようにさえ見えた。

しかし結局は、この交渉も物別れに終わった。ゴラン高原の全面返還を求めるシリアに対して、イスラエルはガリラヤ湖畔の寸前までの撤退を提案したと、つまり六月四日ラインではなく、英仏境界線までの撤退を打診したと伝えられる。シリアは立場を変えなかった。アサドは、少なくともイスラエル側の条件では和平を望んではいなかった。だがこれをもって、アサドが本当は和平を望んでいなかったとは断言できない。イスラエルが六月四日ラインまでの撤退を受諾すれば、和平に応じたかもしれないからである。しかし、実際にはバラクはそうした提案を行わず、アサドの反応を確かめることもできなかった。

こうした中、二〇〇〇年二月に入るとレバノン情勢が緊迫化してきた。レバノン南部を占領するイスラエル軍は、前にも触れたように、ここを「安全保障地帯」と称してきた。だが、これほど危険な「安全保障地帯」も少ない。この地帯で活動するシーア派の抵抗組織ヒズボッラーの攻撃によって、イスラエル軍とその傀儡《かいらい》である南レバノン軍の犠牲が続いた。イスラエルはレバノンの発電設備を空爆するなどの報復を行って世界の批判を浴びた。レバノンを実質上支配しているのはシリアである。従って南レバノンでのヒズボッラーの活動もシリアの容認なしには不可能である。となればシリアは、イスラエルとの和平を望んでいない。なぜならばヒズボッラーを使ってイスラエルに犠牲を強いているからだ。そうした見方があった。逆に、シリアはイスラエルに犠牲を強いることで、和平交渉での譲歩の引き出しを狙っている。そうした解釈もあった。

後者の見方を裏づけるように、このころからシリアが交渉の再開を模索しているとの報道がしきりであった。ゴラン高原からの撤退以降の安全保障措置としてイスラエルが要求している監視基地については、イスラエル軍兵士ではなくアメリカとイスラエルの二重国籍を持つアメリカ軍兵士による管理が提案された。そんな興味深い情報も流れた。しかし、依然としてアサドが本当に和平を求めているのか、いないのかとの二つの解釈の優劣はついていなかった。

そして二〇〇〇年五月末に、バラクはイスラエル軍をレバノン南部の安全保障地帯から撤退させた。一九九九年の選挙の際のバラクの公約の一つがレバノンからの一年以内の撤退であった。この公約の実行であった。レバノンでイスラエルに兵の死傷者を出させて、交渉への圧力にしようとのシリアのカードは、一応はこれで使えなくなった。それにしてもヒズボッラーの壮絶な戦術の勝利であった。当時のヒズボッラーは、わずか五百名程度の第一線の戦闘員と予備部隊三千の組織であった。それが、中東最強のイスラエル軍を追い払った。一九八五年以来、二百五十名のイスラエル兵と三百名を越える南レバノン軍の兵士が、少しも安全でなかった「安全保障地帯」で死んだ。

これでヒズボッラーは武器を置いて政治活動に専念するのか、それともイスラエルへの攻撃を行うのか。ヒズボッラーの動きが、そしてシリアの次の一手が注目された。特にいくつかの締め切りが迫っていたからだ。まず和平の仲介に熱心なアメリカのクリントン大統領の任期の残りが短くなっていた。二〇〇〇年の十一月に次の大統領の選挙が予定されていた。そして二〇〇一年一月のクリントンの任期切れが迫っていた。実際に次の大統領が決まってしまえば、現職のクリントンの権威は低下する。それまでに何とかしたいとの意向だった。モニカ・ルウィンスキーとのスキャンダルの大統領としてではなく、外交の大統領として歴史に名を留めるべき時間は残り少なくなっていた。

そうして究極の締め切りがシリア側に訪れた。二〇〇〇年六月、アサド大統領が世を去った。一九三〇年生まれのアサドが七十歳を前にしてのことであった。前にも見たように長らく心臓病と糖尿病を患っている事実が知られていた。過去三十年間アサドは死にかかっていると常に噂されてきたが、遂にそのときがやって来た。本当に和平を望んでいるのか、あるいは内心は望んでいないのか。その本心を見せずに世を去った。エジプトのスフィンクスは石になって、その姿を残した。しかし、このダマスカスのスフィンクスは、その謎を解く旅人が現れる前に、土に戻る旅へと去ってしまった。

眼科医の眼識

アサド大統領の死は長らく予想されていた。実は大統領になった直後から、健康状態が悪く死にかかっていると噂されてきた。それゆえ、後継者問題は早くから議論され、長男のバシールがシリアの次の指導者となるものと思われていた。ところが、このバシールが一九九四年一月に交通事故で死亡した。アサドは急遽ロンドンにいた次男のバシャルをシリアに呼び戻した。一九六七年生まれのバシャルはロンドンで眼科医としての教育を受け、政治には興味がないと言われてきた。しかし、こうなると政治の方がバシャルに興味を示した。アサドは、次男に帝王学の詰め込み教育を始めた。士官学校に送り、軍に配属した。国内にバシャルの肖像画が多数見られるようになった。アサドの後継者としてのバシャルの国民へのお披露目であった。政権のスローガンは「バシールは理想、バシャルは希望」であった。指導者としては理想的な人物であったがバシールは夭折してしまった。しかし、その弟のバシャルが次の指導者としてシリア人に希望を与えているとのプロパガンダである。

そしてアサド大統領の死後、予想通りにバシャルが大統領へ就任した。大統領は四十歳以上であるべしとの憲法の規定が改正され、三十代半ばのバシャルがアサドの後継者となった。

シリア内戦

そのバシャルは、父親の作り上げた抑圧的な体制を維持したまま、二〇一〇年から一一年にかけてのアラブの春という大衆運動を迎えた。このチュニジアに始まった民主化を求める運動は、二〇一〇年末に始まり二〇一一年にはチュニジアとエジプトで長年の独裁政権を倒した。この動きはシリアにも波及し、シリアでも大衆の民主化運動が発生した。

エジプトでは、デモが大規模になり、警察の力では対処しきれなくなると、軍が出動した。しかし兵士がデモ隊に発砲せず、体制が倒れた。シリアでも軍隊の出動までは同じであった。しかし、チュニジア軍やエジプト軍は発砲しなかったが、シリア軍は発砲した。そして政権は倒れなかった。シリア各地で、同じような風景が繰り返された。やがて民衆が武装して蜂起を始めた。シリアは内戦状態に陥った。そして今日まで内戦が続いている。このシリア内戦には三つの節目があった。最初の節目が二〇一三年で、二番目が二〇一五年であった。そして二〇一六年のアレッポの攻防戦の終結という第三の節目であった。

最初の節目の二〇一三年にシリア政府が、すなわちアサド政権が化学兵器を使用した。それまでオバマ大統領は、大規模な化学兵器の使用がアメリカにとってのレッド・ライン（赤い線）であると主張していた。つまり、越えてはいけない一線であるとしていたわけだ。レッド・ラインの意味は何か。この線をアサド政権が越えると仮定しよう。その場合にはアメリカが大規模な軍事介入をするという意味だと受け止められていた。しかし、化学兵器の使用にもかかわらずアメリカは軍事力を行使しなかった。反体制派は、オバマがアサド政権を倒してくれるだろうと期待していた。少なくとも大きな打撃を加えてくれるだろうと見ていた。しかし、オバマは介入しなかった。

なぜ介入しなかったのだろうか。オバマ大統領の自己認識は、以下のようなものであった。つまり、自分はアフガニスタンとイラクの戦争から手を引くために国民に雇われた大統領である。シリアで新たな戦争を開始するのは自分の仕事ではない。オバマは反体制派に対する限定的な援助は行ったが、本腰を入れての支援は行わなかった。

この不介入の決断は内外の強い批判を受けた。アメリカが約束を守らないと見られれば、敵はアメリカを恐れなくなり、味方はアメリカを信頼しなくなると。しかし、オバマは動かなかった。

これと好対照にロシアのプーチン大統領は、二〇一五年九月にシリアで大規模な空爆を開始した。シリア政府つまりアサド政権側が劣勢になり体制が崩壊の危機にひんしていると判断したからである。そして、やはりアサド体制を支援しているイランなどと協調して戦局を逆転させた。これが第二の節目である。

アメリカが動かなかったのに対しロシアは介入した。よくメディアで語られる構図に従えば、シリアの問題は代理戦争であり、ロシアやイランが支援するアサド政権と欧米やトルコの支援する反アサド派とが対立してきた。しかし実際は、そうではない。ロシアやイランがアサド政権を本気で支えてきたのに対して、欧米やトルコの反アサド派支援は本腰ではなかった。穏健とされ欧米やトルコの支援を受けていたはずの勢力が敗退した。そして二〇一六年末に、その拠点であったシリア北部の大都市アレッポをアサド側が制圧した。反政府勢力が敗北したのは、つまりシリア問題が代理戦争になっていなかったからである。このアレッポの陥落が、第三の節目である。

アサドスターンとクルディスターン

それでは、現在のシリアは、どのような状況なのか。大まかに言うと、シリアは、三つに分かれるアサド政権の支配地域「アサドスターン」とクルド人の支配する地域の「クルディスターン」である。クルド人は、アサド政権寄りでもなければ、反アサド勢力寄りでもない。クルド人はクルド人寄りである。つまりクルド人の自治や独立を求めている。そして、その他に狭い地域で反アサド勢力が存在している。これを、「その他スターン」と呼ぼう。「スターン」とはペルシア語で「〇〇人の国」というほどの意味である。

その他スターンはシリア北東部のトルコ国境地帯のイドリブ市を中心とする地域である。何百万人もの反アサド派が押し込められている。この地域ではトルコが強い影響力を振るっている。

エルドアンの変心

さて第三の節目として言及した反体制派のアレッポでの敗退を決定づけたのは、アメリカの不介入ばかりではなかった。トルコの方向転換も大きな役割を果たした。トルコは、アサド政権の打倒を掲げ反体制派やイスラム急進派に対する支援を行ってきた。アサド政権を支持するロシアと対立し、二〇一五年にはトルコ領を侵犯したとしてロシア空軍機を撃墜した。ところが二〇一六年に入りトルコはアサド大統領の即時の退陣要求を取り下げてロシアとの関係を改善させた。トルコは、ロシア寄りにシリア政策を変更した見返りに、何を得たのだろうか。恐らくトルコがロシアに求めたものはクルド人への支援の打ち切りであろう。

現在、トルコ国内では政府軍とクルド人の組織ＰＫＫ（クルディスターン労働党）が内戦を戦っている。シリアにおけるクルド人の影響力の増大は必ずやトルコの情勢に跳ね返る。エルドアンは、アサドの打倒よりは国内のクルド人の押さえ込みの方が重要だとの認識に至ったのだろう。クルド問題に直面するトルコの動向が、イラクとシリアの将来の鍵となるだろう。

計算できる敵

さてシリアと何度も戦火を交えた隣国のイスラエルは、どのようにシリア内戦の展開を見ているのだろうか。二つの見方がある。一つの見方は、シリアは敵であるので、敵の内戦による混乱を歓迎している。これと対立する第二の見方は、敵ながら行動の計算できるアサド体制の方が、イスラム過激派の支配するシリアより、ましだとの認識である。結局は内戦の結果、計算できるアサドが生き残りそうなのだが。

シリアは、父親アサド大統領の時代から今日にいたるまで、慎重にイスラエルとの大規模な軍事衝突を避けてきた。敵だが信頼できるアサド政権の存続がイスラエルの国益であるとの議論は根強かった。というのはアサド体制の最大の目標は体制の生き残りであり自殺ではない。

しかし、仮にイスラム過激派が政権を握ったりすれば、負けるのは、死ぬのは覚悟の上で攻撃を仕掛けてくる可能性もあるだろう。「殉教は天国の扉を開く」といった発想の人々である。その行動は現世的には非合理的である。となれば、「安心できる敵」であるアサド体制の方が、先の見えない混乱よりは、ましだとの考え方も十分に成り立つ。

いずれにしろイスラエルにとっては、ゴラン高原との引き換えに平和条約を結びシリアとの国境線を平和な状態に置くという選択肢が消滅した。交渉の前提となる安定した政権がシリアに存在しなくなったからである。しかも二〇一九年にはアメリカのドナルド・トランプ大統領が、ゴラン高原はイスラエルの主権下にあると認めた。イスラエルにとってはアサド政権と交渉する必要性など、さらさら存在しない。

だがイスラエルにとっての問題は、イランの影響力のシリアへの浸透である。そしてイランの支援を受けるレバノンのシーア派組織ヘズボッラーの軍事力の拡大である。イスラエルは、シリア国内のイラン側の勢力の拠点に対して繰り返し爆撃を行っている。シリアがイランとの対決の戦場となっている。

シリア情勢の展開を深追いしてしまって、時間的にパレスチナ情勢の解説を追い抜いてしまった。次章では、バラクの和平交渉の失敗の後の時点にさかのぼって、パレスチナ情勢を跡付けよう。

◉第十三章　シャロンとガザからの撤退

「占領は石を投げる子供を怖がりません。占領が恐れるのは科学者です。知識人です。音楽家です。パレスチナの人々の人間性を反映するし、メッセージを発するからです。石を投げたからって勝てると思いますか。無知に勝利はありません。子供たちを教育しましょう。子供たちの心に希望と人間性の種を蒔きましょう」

パレスチナの歌手アマール・ハサン

難民キャンプとキャンプ・デービッド

　難民キャンプが、ちっとも難民キャンプらしくない。多くの日本人がパレスチナ人の難民キャンプを見て抱く感想である。キャンプという言葉から想像するテントがまず存在しない。それにコンクリートの建物が多い。しかし、考えてみるとパレスチナ難民が最初に発生した一九四八年からすでに七十年以上が経過している。長くキャンプに生活しているのであるから、いつまでもテントで生活するはずがない。パレスチナ難民の問題に詳しいある日本人の言葉を借りれば、それが問題なのである。七十年以上も経ったのに、故郷に帰ったパレスチナ難民は未だに一人もいないのである。この長い時の流れの間にパレスチナ人の悲しみが、あたかも凝固してコンクリートになってしまったかのようである。

この難民問題を含むもろもろの問題の解決を目指して、二〇〇〇年七月、アメリカの大統領避暑地のキャンプ・デービッドでクリントン大統領の仲介でイスラエルのバラク首相とパレスチナ自治政府の指導者であるアラファト議長の間で首脳会談が開かれ、決裂した。交渉の決裂が示したように、パレスチナ自治政府とイスラエルの間に残された課題は余りにも多い。しかも、より困難な課題が多く残されている。それは、中東和平プロセスが難しい問題を先送りし、合意の容易な分野での和解を積み上げるという手法で進められてきたからでもある。

それでは、先送りされてきた課題とはどのような問題だろうか。まず第一に、占領地の最終的な地位の確定である。第二に、その中でも占領地の一部である東エルサレムの問題がある。第三に、占領地に展開するユダヤ人の入植地の取り扱いの問題がある。第四に、占領地の水資源の管理と使用権の問題である。そして最後に、本章の冒頭で触れた難民問題がある。それぞれに関する議論を紹介して、イスラエルとパレスチナ側の間の目もくらむほどの亀裂の深さと広さを押さえておきたい。

国境

占領地の最終的な地位に関しては、バラクはキャンプ・デービッドの首脳会談で九割相当の土地からの撤退を提案したとされる。しかし、ヨルダン国境付近に集中する入植地とエルサレムは保持する政策である。イスラエルが西岸の一割に当たる地域を併合する見返りに、イスラエル「本土」の一部をパレスチナ人に割譲する、そんな提案が出されたとの報道が漏れ伝わってきている。

入植地

イスラエルとパレスチナ国家の国境線の確定の難しさの一端は、占領地に多くの入植地が散在していることにある。もしパレスチナ国家が現在の占領地全体に成立するとしても、入植地が撤去されない限り、それは穴だらけにされたスイス・チーズのような国家になるだろう。長年この問題に取り組んできたピースボート共同代表の吉岡達也氏の比喩を借りれば「入植地はパレスチナ国家の体内に突き刺さったガラスの破片」となるだろう。そして、その破片の数は余りにも多い。

パレスチナ側は、パレスチナ国家が成立した場合にも入植者が居残り続けるつもりなら、それを許容しようとの案も出しているようだが、イスラエル軍の保護が得られなくなった段階でユダヤ人入植者がパレスチナ人に囲まれて生活を続けるとは想像し難い。となると、少なくとも一部の入植者はイスラエルに戻らざるを得ない。入植者の和平への反対が高まっている。キャンプ・デービッドでの首脳会議に反対する十万人規模の反対集会がテルアビブで組織された。しかも、その会場は一九九五年に和平支援の集会が開かれた広場であり、その集会に出席した直後にラビン首相が暗殺された同じ場所である。以降、この場所はラビン広場と呼ばれている。

入植者の総数は計算方法にもよるが、占領地の一部である東エルサレムを含め六十二万程度とされている。現在のイスラエルの総人口九百三十万の七パーセント弱である。この数値に関しては前にも言及した。この人たちの存在が和平の大きな障害となっている。ラビンの暗殺犯人も、こうした入植者たちに連なる考えの人物である。ちょうど総人口の二パーセントのユダヤ系市民がアメリカの中東政策を引き回しているようにである。

二〇〇〇年六月に、実際に建設現場の一つを見た。何台ものブルドーザーがうなりを上げて走り回っていた。そして、それを運転しているのは、パレスチナ人であった。入植地の建設現場で働かねば食べていけない状況にまで追い込まれた人々が、自らの土地を奪う人々のために働く風景であった。パレスチナの現実である。入植地は英語ではセットルメント（settlement）と呼ばれる。辞書を引くと〝settle〟には「定住させる」という意味がある。同時にこの言葉は、「（問題などを）解決する」との意味にも使われる。しかし、入植地の拡大が問題の解決には何ら寄与しないのは明白である。

図13-1　入植地の建設風景
（著者撮影　2000年6月）

エルサレム

イスラエルとパレスチナ人の国家の国境線の確定に当たって問題となるのは入植地ばかりではない。エルサレムの帰属が大きな問題となる。この都市については、その背景をまず述べておきたい。第一に、一九四七年の国連の分割案ではエルサレムはどちらにも属さず、国際管理下に置かれる予定であった。しかしイスラエル成立時の戦争で、すなわち第一次中東戦争の結果、西エルサレムはイスラエルの、そして東エルサレムはヨルダンの支配下に入った。つまり、エルサレムは分断された。それまで一つの有機体として機能していた都市が二つに分断され、様々な悲喜劇を生んだ。境界線に面した建物の窓から老人が入れ歯を落とし、それが境界線の反対側に落ちたために、線をまたいで活動できる国連軍が出動してその入れ歯を回収した。そんなエピソードが生まれたのもこのころである。

第二に、イスラエルはエルサレムを首都と決めた。正確には西エルサレムに首都を置いた。だが国際社会は、エルサレムがそもそも国連決議では国際管理の対象とされていたとして、その承認を拒否した。アメリカや日本を含む各国は大使館をエルサレムにではなくテルアビブに置いていた。第三に、城壁に囲まれたエルサレムのオールド・シティ（旧市街）は東エルサレムにあった。つまりヨルダンの支配下にあった。この二キロメートル四方にも満たない地域の旧市街に嘆きの壁、イエスの墓、オマルのモスクなど、ユダヤ教、キリスト教、イスラム教の聖なる空間が密集して重なり合うようにして存在している。なお城壁は、オスマン帝国の最盛期のスルタンで「壮麗王」と呼ばれたスレイマーン大帝期の十六世紀に建設されている。スレイマーンとはアラビア語でソロモンの意である。ソロモン大王は古代イスラエルの支配者であり、エルサレムに神殿を建設するなどソロモンの栄華とうたわれる繁栄期の王である。自分の名前ゆかりのエルサレムにスレイマーン大帝が城壁を建設させたのも偶然ではないだろう。一九六七年の戦争で、イスラエルはこの旧市街を含む東エルサレム全域を制圧した。つまり、東エルサレムは占領地の一部である。

図13-2　エルサレム旧市街

その後、イスラエルは占領した東エルサレムを「併合」し、東西エルサレムを統合した。そしてエルサレムがイスラエルの永遠の首都であると宣言した。さらにエルサレムの旧市街を囲むようにユダヤ人入植地を建設し、エルサレムの周辺をエルサレム市に併呑《へいどん》した。拡大されたエルサレムの総人口に占めるユダヤ人の比率を着々と高めてきた。イスラエル側の発表では、二〇二〇年の数値でエルサレムのユダヤ人の人口比率は六割を超えている。

パレスチナ人にとっても、エルサレムは重い存在である。イスラム教徒は、イスラムの預言者ムハンマドがエルサレムの岩のドームから天国に昇り戻って来たと信じている。そして、パレスチナ人の一割程度を占めるキリスト教徒にとっても、イエスが処刑され復活した場所とされるエルサレムは重要である。

図13-3　岩のドーム
（著者撮影　2000年6月）

エルサレムの重要性は、こうした宗教的なありがたさに留まらない。この都市は、ヨルダン川西岸地区の地理的、経済的な中心である。西岸の主要都市はエルサレムを軸につながっている。この都市がイスラエルの手に残れば、他の都市は軸のない車輪のようになってしまう。故アラファト議長は、長年エルサレムを首都とするパレスチナ国家の樹立をパレスチナ人に約束してきた。もしエルサレムを放棄していたとすれば、アラファトは、パレスチナ人に、アラブ世界に、そしてイスラム教徒とキリスト教徒に対する裏切り者になってしまっていただろう。

エルサレムは両者共に譲れない。キャンプ・デービッドの首脳会談でも、この問題に多くの時間が費やされた。そう報道されている。エルサレムをイスラエルとパレスチナ両国の共同の首都とする案をイスラエルの平和団体のピース・ナウなどが提案している。そうした前例は、どこにも存在しない。しかし、前例の不在は、その不可能さを運命づけているものではない。また、現在はエルサレムの市域外であるパレスチナ人の村アブ・ディスにまで市の範囲を拡大し、そこにパレスチナ側の首都機能を置くことで首都はエルサレムであると主張するという案も浮上した。事実、アブ・ディスでは会議場の建設が進められていた。これが将来のパレスチナ議会になるものと一時は考えられていた。だが、どんな案にしろ、東エルサレムの城壁に囲まれたオールド・シティの、特にイスラムの聖地の主権の放棄はパレスチナ側には困難である。もし、そうした案を受け容れれば、アラファトはイスラム世界全体で背教者にされてしまっただろう。

水

国境、入植地、エルサレムと土地を巡る問題を論じた。しかし、問題は土地ばかりではない。パレスチナの水資源を巡っても交渉が行われている。元来、乾燥気候のパレスチナでは水が貴重である。ところが、最近の人口増によって水資源はますます重要となってきた。また、生活水準の上昇も水資源への需要を高めている。砂漠を緑に変えるイスラエル農業の「奇跡」はよく知られているが、砂漠の農業では土壌の塩分を洗い流すために多量の水が使われる。イスラエルの農業用水の使用分が多ければ、当然パレスチナ人の生活用水が圧迫される。一方の奇跡は他方の犠牲を意味している。占領地では少数のイスラエル人、つまり入植者が大量の水資源を使っている。入植地の撤去は、水問題の解決にも大きく寄与するはずである。ガザ地区では地下水が飲料用に適さなくなっている。水も交渉のポイントである。

難民の帰還権

国境、入植地、エルサレム、水と困難な問題を並べてきた。しかし、こうした問題の中でも最も困難なのは、難民の問題である。

話を進める前に、難民の発生の経過を振り返っておこう。そもそもパレスチナ人が難民となったのは、一九四八年のイスラエル成立時である。このときに七十万を越える人々が故郷を離れた。そして、周辺諸国の難民キャンプに収容された。世界のパレスチナ難民の総数については議論があるが、二〇一八年の統計では、六百二十万を越える人々が難民として国連に登録されている。難民とは、故郷を追われた人々とその子孫である。そのうちの二百四十万強は占領地に住んでいる。イスラエルに追われて逃げ出したのに、ガザと西岸がイスラエルに占領されて、結局はイスラエルの支配下に入った人々だ。この中には、経済的に成功して難民キャンプを離れた人々もいる。また、アメリカやカナダに移り住んだ人々もいる。しかし、故郷パレスチナに帰りたい、あるいは少なくとも帰る権利を認められたいとの気持ちは強い。

しかし、人口九百三十万のイスラエルに、仮に六百二十万のパレスチナ人が帰ってくるとなれば、それはユダヤ人国家イスラエルの消滅を意味するとイスラエル人の圧倒的な大多数が考えている。占領地からの全面的な撤退とエルサレムのパレスチナ人との共有を主張するような人々で、イスラエルでは一番パレスチナ人に同情的な人々でさえ、パレスチナ人の帰還は認められないと考えている。一九四八年に離れたパレスチナ人の家屋を与えられて、そこに何世代にもわたって生活してきたユダヤ人の家族は多い。そこに突然に本来の持ち主のパレスチナ人の家族が鍵でドアを開けて入ってくる。イスラエル国民は、そんな場面を想像さえしたくないのだ。事実パレスチナ難民たちは、故郷を追われた際に大した荷物も運べなかった。しかしすでに触れたように、彼らは自分の家の鍵を身に付けていた。七十年以上にわたり使うことのなかった鍵である。すでに難民となった第一世代が世を去った場合でも、それが次の世代に引き継がれている。それが故郷のパレスチナで暮らした時代の証であり、自分たちの受けてきた屈辱と苦しみの記録である。

妥協案として打診されたのが、難民のパレスチナ国家への帰還権である。つまり、ガザとヨルダン川西岸地区にパレスチナの外に住んでいるパレスチナ人が帰還するのは認めよう。交渉のある段階でイスラエルは、そこまでは譲ってくるだろう。そう予想されている。しかしパレスチナ人から見れば、これは譲歩でも何でもない。パレスチナ国家ができれば、そこにパレスチナ人が来ようが来まいがイスラエルの関与する問題ではない。しかも、現在のイスラエル領内の土地から追われた人たちにとっては、ガザやヨルダン川西岸に移動することは、帰還ではない。帰還とは故郷に戻ることを意味しており、故郷以外の土地への移動には、そもそも帰還との表現は使わない。

第二次インティファーダとシャロン

交渉の停滞を背景に、パレスチナ人とイスラエルとの間で大規模な衝突が発生した。直接のきっかけは、イスラエルの最大野党リクードの党首シャロンが、二〇〇〇年九月にエルサレムのイスラムの聖域にイスラエル兵に守られて入った事件だった。イスラエル市民にはエルサレムのどこであれ、訪れる権利がある。そうした主張をシャロンは行動で裏づけようとした。

これにパレスチナ人が怒りを爆発させた。占領地全域で、つまりガザと西岸の全域で、抗議行動が始まった。また、イスラエルの市民権を持つパレスチナ人の間でも抗議行動が起こった。イスラエル側は圧倒的な武力でこれに応えた。衝突は年を越え、世紀をまたいで、二〇〇五年に入っても続いた。第二次インティファーダと呼ぶにふさわしい状況であった。そのきっかけが、アル・アクサ・モスク周辺のイスラム教の聖域にシャロンが足を踏み入れたことだったので、その名を冠してアル・アクサ・インティファーダとも呼ばれている。

ところで、シャロンはなぜこの時期にエルサレムのイスラムの聖地に足を踏み入れたのだろうか。そして、このシャロンとはいかなる人物だろうか。まず第二の点から説明しよう。シャロンは、一九二八年にパレスチナで生まれている。両親はロシアからの移民だった。ちなみにアラファトは、その翌年の一九二九年に生まれている。シャロンが世界の注目を浴びたのは、すでに触れた一九七三年の第四次中東戦争の際であった。スエズ運河を渡ってシナイ半島にエジプト軍が進撃すると、シャロンの部隊は密かに逆にスエズ運河を越えてエジプト軍の背後を断った。シナイ半島にエジプト軍を孤立させ、戦局を一気に逆転させた。この逆渡河作戦でシャロンは、卓越した戦術家としての名声を欲しいままにするようになった。そして国防相時代の一九八二年には、レバノン侵攻を立案し実行した。このときに、ベイルート近郊のパレスチナ難民のキャンプで大虐殺が行われた事件については、本書でも言及した。その後に住宅相も務めている。その「業績」は、占領地での土地の接収と入植地の建設であった。シャロンという人物の行動に対して、パレスチナ人が激しく反発したのも当然であった。

なぜこの時期に、との点については、ネタニヤフの動向と関連していると考えられている。ネタニヤフの首相在任中に汚職があったのではないかとの疑惑があり、司法当局の捜査が一年以上も続いていた。しかし証拠不十分として司法当局は不起訴を決定した。これによって、ネタニヤフの政界復帰の道が開けた。一九九九年の首相選挙で大敗したネタニヤフであったが、その後、国民の人気が戻り始めていた。その理由は、リクードの党首となったシャロンにあった。党首には選んでみたものの、やはりシャロンでは選挙は勝てない。そんな雰囲気が広がり始めていた。ネタニヤフの復帰を求める声が聞こえるようになった。そして、不起訴が決まった。シャロンはリクードの党首としての自らの地位を守るための方策を求めた。そこで、タカ派のリーダーとしてエルサレムのイスラムの聖地に足を踏み入れた。そんな解釈が一般的である。ネタニヤフの不起訴処分の決定が九月二十七日であり、シャロンのエルサレムのイスラムの聖地への「巡礼」がその翌日の九月二十八日だったからだ。

パレスチナ人の激しい抵抗運動を背景として、イスラエル国民の間で、そしてクネセットでバラク首相に対する不満の声が高まった。エルサレムについて、入植地についてバラクがキャンプ・デービッドで出した提案は、パレスチナ人を満足させるには不十分だった。しかし、イスラエルの強硬派を刺激するには十分過ぎた。バラクに対する不信任案がクネセットに提出された。もし可決されれば、バラクがクネセットを解散して国民に直接信を問う。そんなシナリオがあった。だが、クネセットは不信任案を否決した。任期切れ前の選挙での落選を心配した議員が多かったからだろう。バラクは政治的に生き延びた。

そして逆に、ここでバラクがギャンブルに出た。二〇〇一年二月上旬の首相選挙を決めたのである。それまでにパレスチナ側と和平合意に漕ぎつけ、その和平案に国民の判断を問う。それがバラクの計算であった。しかし、交渉は成立せず、和平案のないままにバラクは首相選挙に突入した。与党労働党のバラクと野党リクードの党首のシャロンの一騎打ちであった。結果は二五パーセントを越える大差でシャロンが圧勝した。イスラエルが一九八二年にレバノン戦争を引き起こした際の国防相であったシャロンは、アラブの人々の目から見れば、ベイルートのパレスチナ人の難民キャンプのサブラとシャティラでの虐殺の黒幕であった。当時七十二歳のシャロンの勝利に、あたかも時計が逆回りしたかのような雰囲気さえあった。

キャンプ・デービッドの真実

就任したシャロン首相の政策が、以降のパレスチナ問題の方向を決めることとなった。だが、シャロンの軌跡を振り返る前に、決裂したキャンプ・デービッドの交渉について論じておきたい。一九九〇年代の初めよりＰＬＯ（パレスチナ解放機構）とイスラエルの間で和平プロセスと呼ばれる交渉が進められてきた。そして、パレスチナ難民の帰還、エルサレムの所属を含む将来のパレスチナ国家とイスラエルとの最終的な国境線、占領地内のユダヤ人入植地、水資源の管理など、それまで先送りされてきた特別に困難な問題を処理するための交渉が二〇〇〇年より始まった。これが最終地位交渉である。本章の冒頭で触れたように、同年七月にはアメリカのクリントン大統領の招きで、パレスチナ人の指導者のアラファトとイスラエルのバラク首相が、大統領避暑地のキャンプ・デービッドで十五日間の集中的な交渉を行った。

なお同地は、アイゼンハワー大統領が一九五九年ソ連のフルシチョフ首相を招いて会談し、米ソの雪解けを演出した場所として知られる。さらに一九七八年、カーター大統領がエジプトのサダト大統領とイスラエルのベギン首相を招いて集中的な交渉を行った。その結果、エジプトとイスラエルの和解の枠組みとなるキャンプ・デービッドの合意が成立した。本書でも見た通りである。交渉の場所の選択からして、クリントンの中東和平への意気込みが見て取れた。アメリカの大統領として二期八年を勤め上げようとしていた人物が、歴史に自分の遺産として中東問題の解決を残そうとの決意が感じ取れた。

当時の報道によると、占領地の九割の返還というバラクの大幅な譲歩をアラファトが一蹴して会談は決裂し、クリントンはアラファトのかたくなな態度を批判した。しかし、その後に会談の真相が漏れ伝わってくるようになった。まず、会談の開催からしてアラファトは懐疑的であった。バラクが提案できる範囲の譲歩では、アラファトは受諾できないと考えていたからだ。しかし、クリントンの強い要請を受けてアラファトは会談への招請を受けた。一つの条件を付けて。それは会談が決裂するような場合でも、クリントンがアラファトの責任というような批判をしないというものであった。

実際の交渉においてバラクは、占領地の九割を返還するとの提案を行ったとされる。だがバラクの提案の実質は、西岸の二割に当たる土地をイスラエルが併合と租借によって支配し続けるような内容で、しかもパレスチナ側に返還される地域の出入り口はイスラエルが管理するという条件が付いていた。エルサレムのイスラム教徒の聖域についても制限的な主権、わかりやすい表現を使えば、管理権をパレスチナ側に認めようというもので、アラファトが政治的に受け入れ可能な案ではなかった。バラク提案は、アラファトにとっては十分な譲歩ではなかった。さらに、アラファトではなくバラクの態度にクリントンは怒ったのだが、二〇〇一年に選挙を控えているバラクに、これ以上の深い政治的な傷を付けたくないとの配慮から、約束に反してクリントンはアラファトを非難した。そんな真相が後になって『ニューヨーク・タイムズ』紙などによって伝えられた。

だが、当時のマスコミ報道が生み出した印象は、真実から距離のあるものであった。つまり、バラクは政治家としては無謀なほどの賭けをして和平のために手を差し伸べたのに、アラファトは一瞥《いちべつ》もしなかった。ということは、パレスチナ側には現実的な和平を求める気持ちはない。アラファトは、パレスチナ人の苦しみがいかに続こうが、妥協するつもりはない。これでは、イスラエル側には和平の相手がいないのも同然である。こうした認識と印象が作り出され、広められた。

シャロンの計算

パレスチナ側には和平の意思はないとの印象は、シャロンの強硬策への追い風となった。シャロンは攻勢をさらに強めた。そのうえ二〇〇一年九月にアメリカで同時多発テロが発生すると、アメリカで高まった反テロの世論を利用した。「テロ」を自治政府が取り締まらないからだとの「理由」で、二〇〇二年春、イスラエル軍がヨルダン川西岸地区のラマラなどのパレスチナ暫定自治政府の自治地域を再占領した。アラファト議長はパレスチナのビンラーディンだと、シャロン首相は主張した。ブッシュ政権は、この行動を黙認した。この過程で、ジェニンではイスラエル軍によるパレスチナ人の虐殺の疑惑が浮上した。また、ラマラの議長府をイスラエル軍が一カ月以上も包囲し、アラファト議長を監禁状態に置くなどの事件も発生した。さらには、イエスが生まれたと伝えられるベツレヘムの生誕教会も、イスラエル軍の砲撃で一部が破損した。夏までにイスラエル軍は、西岸のほぼ全域を軍事支配下に置いた。オスロ合意は、脳死状態に陥った。

この時期のシャロン政権の政策は、アラファトの無視と無力化であった。アラファトがテロを阻止しないからとして、アラファトとは交渉しないとの立場であった。また、これにブッシュ政権が同調した。同時にアラファトを軟禁状態に置き、その政治的な無力化を狙った。さらに、アラファトの治安組織に対する組織的な攻撃を繰り返した。一方でテロを取り締まらないと批判し、他方でテロを取り締まる手足となる治安組織の壊滅を狙っているかのようであった。シャロンの真意はどこにあったのだろうか。シャロンは、将来のパレスチナ国家の基盤となるアラファトの統治機構を破壊しようとしていたのだろうか。

不死鳥の死

そして二〇〇四年十一月、そのアラファトがパリの病院にて病没した。幾多の危機を乗り越え、不死鳥と呼ばれた男の死であった。一九二九年に生まれたアラファトは、パレスチナの武力による解放を主張してパレスチナ人の民族主義を造り上げた。しかし、約束したエルサレムを首都とするパレスチナ国家を実現できなかった。また、独裁的な傾向が強く、その周辺には腐敗が広がっていた。さらに、後継者を育てなかった。アラファトの死後、占領地では側近による暫定的な集団指導体制が立ち上がった。そして二〇〇五年一月九日の選挙で、アッバス前首相が圧倒的な支持を受けてパレスチナ自治政府の新しい指導者に選ばれた。

分離壁とガザからの撤退

暴力の連鎖に和平交渉への動きは止められたままであったが、イスラエルは、アラファトやアッバスを無視したままで一方的な動きを見せた。一つは西岸での壁の建設であり、もう一つはガザからの一方的な撤退計画の発表である。一見矛盾した二つの動きである。

二〇〇二年、イスラエル政府はヨルダン川西岸地区に「テロ対策用防護フェンス」の建設を開始した。壁は、高い箇所では八メートルに達する。表面上はテロ対策用だが、実質は占領地の一部を併合する形で占領地に建設されている。完成時には、ヨルダン川西岸地区のユダヤ人入植者の多くが壁によって取り込まれる。同時に、多数のパレスチナ人が、壁とイスラエルの間に孤立する。壁はイスラエルとパレスチナではなく、パレスチナとパレスチナを隔てている。二〇〇四年七月にハーグの国際司法裁判所が、占領地での壁の建設は違法との判断を下した。この判決で建設が止まるわけではない。だが、イスラエルとその支持者である米国の国際的な孤立を浮き彫りにした判決であった。これまでにイスラエルが西岸に建設した壁の全長七〇〇キロメートルに達する。

一方で分離壁の建設による西岸の一部の実質的なイスラエルの併合を進めながら、他方では二〇〇三年末にシャロン首相はガザ地区からの撤退計画を発表した。具体的には、八千名のユダヤ人の住む二十一箇所のガザの入植地のすべてを撤去した。ガザからの撤退で国際世論の和平交渉への圧力をかわしつつ、西岸にしがみつこうとする戦術と見られている。ガザではイスラム急進派のハマスの影響力が強くなっており、イスラエル側の犠牲が高まっていた。それゆえイスラエルの世論はガザからの撤退を支持したが、イスラエルの与党リクード内での反対が強かった。

シャロンは撤退前にハマスを徹底的に叩く方針で、その精神的指導者のヤシン師を二〇〇四年三月に、また後継者のランティシ氏を翌四月に次々と暗殺した。そして二〇〇五年に実際に撤退した。また、イスラエル撤退後のガザの治安維持に、エジプトの協力を求めている。パレスチナ人の大半は、エジプトの介入を歓迎していない。なぜならば、たとえ同じアラブとは言え、エジプトは外国であるからだ。また一九四八年のイスラエル成立から一九六七年の戦争までは、ガザ地区はエジプトの支配にあった。イスラエルの支配よりましとは言え、パレスチナ人にとっては不愉快な経験だったからだ。

パレスチナの分裂

イスラエルがガザ地区から撤退すると、ガザを誰が支配するかという問題が浮上してきた。ヨルダン川西岸地区ではファタハの力が強いが、ガザではハマスが支持基盤を固めていた。そして二〇〇六年の自治評議会選挙で第一党になった。さらに、二〇〇七年にハマスは、ファタハとの武力衝突で勝利を収めてガザを制圧して現在に至っている。アラファト亡き後のファタハは求心力を弱め、もはや単独でパレスチナ自治地域全体を支配する力を失っていた。結果としてパレスチナ人の自治地域はファタハの支配する西岸とハマスの統治するガザに分裂した。ハマスがガザを支配するようになると、イスラエルはエジプトの協力を得てガザを事実上封鎖してしまった。ガザは青天井の世界最大の監獄状態となっている。

パレスチナの分裂は、和平の促進要因ではなかった。イスラエルは、パレスチナ人全体を代表する交渉相手が存在しないとして、和平プロセスを頓挫させ、ヨルダン川西岸地区への入植を加速した。二〇〇六年にシャロンが脳卒中で倒れた。後継者のエフード・オルメルトは、レバノンとガザへの侵攻で記憶されている。

二〇〇七年七月、二名のイスラエル兵が同国北部に侵入したレバノンのヘズボッラーに捕まったのを口実にオルメルトは、ヘズボッラーに対する大規模な爆撃を開始した。前にも言及したレバノンのシーア派組織ヘズボッラーは、イスラエル北部に対してミサイル攻撃で反撃した。空軍力だけではミサイル攻撃を止められなかったイスラエルは陸上部隊を送り込んだ。だが、部隊は、巧みに構築された陣地網に誘い込まれた。そして、その中で多くの兵力を失った。この戦闘は一カ月以上にわたって続いた。

オルメルトは、空軍力とわずかな陸上兵力だけでヘズボッラーの「問題」を「解決」できると計算していた。だが結果は、大規模な陸上部隊を送り込み多くの犠牲を払いながら、問題を解決できなかった。特にイスラエルの安全保障上の課題として残ったのが、ヘズボッラーのミサイル攻撃であった。激しい爆撃にもかかわらず、ヘズボッラーは、止むことなくミサイルをイスラエル北部に降らせ続けた。次にイスラエルとヘズボッラーが対決する際にもミサイルがイスラエルに届くだろう。しかも、その射程は長くなっており、その命中精度は高まっているだろう。

オルメルトはガザ地区への侵攻も行った。最初の大規模な侵攻は二〇〇六年だった。二回目は二〇〇八年から二〇〇九年かけてだった。いずれも圧倒的な軍事力で多くの民間人を巻き込んだ攻撃であった。しかし、イスラエル側の損害を恐れガザ全体の再占領につながるような本格的な陸上部隊の侵攻は、この時は行われなかった。対ヘズボッラー戦闘からイスラエルは、教訓を学んだのだろう。陸上戦闘は高くつくとの。

シリアの原子炉爆撃

オルメルト首相はレバノンとガザばかりでなく、シリアも爆撃している。二〇〇七年にイスラエルの諜報当局がシリアで原子炉が建設されているのを発見した。北朝鮮の支援で完成に近づいていた。イスラエル空軍が、これを爆撃して破壊した。一九八〇年代にイラクの原子炉をイスラエル空軍が爆撃した事件を想起させる作戦だった。

シリア側は、一貫して原子炉の建設を否定していた。イスラエルも、この件は公表しない政策を取って来た。したがって、この爆撃が広く知られることはなかった。ところが二〇一八年になって、イスラエル政府が突然に当時の映像などを公開した。その意図は、恐らく核開発を続けるイランへの強いメッセージであった。

このオルメルトがレバノン侵攻の失敗や汚職で辞任に追い込まれると、二〇〇九年にネタニヤフが首相に返り咲いた。この年、アメリカでは初めてのアフリカ系の大統領が誕生していた。フセイン・バラク・オバマである。そのファースト・ネームのフセインはイラクの独裁者と同じ名前であり、ミドル・ネームはネタニヤフの政治的ライバルのイスラエルのバラク元首相と同じ名前だ。

◉第十四章　オバマ

「イスラエル支持で、平和支持！」
Jストリートのスローガン

凍結の凍結

そのオバマは、国務長官にヒラリー・クリントンを任命した。二〇〇八年の大統領選挙で、最後まで民主党の指名を争った最大のライバルであった。ヒラリーは、イスラエルに入植活動の凍結を求めた。それが和平交渉開始の前提となるというパレスチナ側の主張を踏まえた要求だった。

というのは、イスラエルは交渉が進んでいようが止まっていようが、入植を続けていたからである。これでは、占領地の将来についてイスラエルとパレスチナ側が交渉をしようとしているのに、交渉の対象を一方的にイスラエルが侵食しているようなものである。次のようなたとえが状況をよく表している。ピザをどう分けるか二人で話し合おうとしているのに、その内の一人がピザを食べ続けているような状況である。もちろん食べているのはイスラエルである。このような状況の継続したのでは、交渉には応じられないというのがパレスチナ側の立場であった。

ネタニヤフ政権とオバマ政権は、この問題を巡って厳しく対立した。だが、オバマ政権は、直ぐに、この入植の凍結要求を凍結してしまった。その理由を推測すると、アメリカ国内のイスラエル支持勢力からの強い突き上げに抗しきれなかったのだろうか。また、オバマ後の大統領選挙への出馬を考えていたヒラリー国務長官は、イスラエル支持者に嫌われるのを嫌い、凍結要求を凍結してしまったのだろうか。そして、恐らく最大の理由は、オバマ政権が中東での最大の課題としてイランとの核合意に照準を合わせたからだろう。それ以外の課題に外交努力を分散したくなかったのだろう。核合意へのイスラエルの反対を最小限に抑えるためにも、パレスチナ和平はオバマの焦点から外れざるを得なかった。二〇一二年に再選された二期目のオバマ政権では、ジョン・ケリーがヒラリーに代わって国務長官となった。ケリーは、パレスチナ和平に積極的ではあったが、それを政治的リスクを背負ってまでオバマはバック・アップしようとはしなかった。ネタニヤフ政権は、かたくなに入植を続けた。

Jストリート、イスラエルを批判するユダヤ・ロビー

パレスチナ問題に関してオバマ政権は動かなかった。だが、二期八年のオバマ大統領の在任期間に、アメリカの中東政策に影響を与えるであろう二つの現象が進行した。この二つは、同大統領の政策が生み出したものではなかった。しかしながら長期的には、この二つの現象は、イスラエルを含むアメリカの中東政策に大きな意味を持つだろう。この二つの現象とは何か。一つはイスラエルを支持しながらも、その政策に批判的な潮流がアメリカのユダヤ人の間で強まったことだ。二つ目は、アメリカにおけるエネルギー生産の増加である。

まずアメリカのユダヤ系市民の動きを見よう。オバマ期にイスラエルに批判的なユダヤ人の団体が目立つようになった。この新しい流れを代表する組織の一つがJストリートである。この組織は、二〇〇八年四月に発足した。オバマ大統領の就任が二〇〇九年

一月なので、オバマの少し先輩になる。Ｊストリートは、イスラエル支持をうたいながらも、イスラエルの政策を批判している。たとえば、前に触れた二〇〇八年末から二〇〇九年一月にかけての、イスラエルのガザ攻撃を批判した。政治的問題に軍事的な解決は有り得ない。一方でガザからイスラエルへのロケット攻撃を批判しつつ、他方で少数の過激派の行動を理由にすでに困窮している二百万のガザの人々の全てに罰を加えるイスラエルの政策は正しくない。との議論を展開した。

それまでアメリカのユダヤ人組織の大半は、イスラエル政府が、どのような政策を採ろうが無条件で支持してきた。ところがＪストリートは、イスラエルの政策を公然と批判しつつ、しかもイスラエル支持を強調している。この団体の新しさである。

イスラエルの政策批判はわかった。それでは、この団体は、具体的には何を求めているのだろうか。それは、アメリカの積極的関与による中東和平の実現である。パレスチナ国家の樹立による二国家解決案による問題の収拾である。基本的には一九六七年の線までイスラエルが撤退し、ガザ地区とヨルダン川西岸でのパレスチナ国家の樹立である。

この案では、エルサレムはイスラエルとパレスチナの共通の首都となる。また双方の合意による若干の領土の交換も排除しない立場である。言葉を変えるならば、これはクリントン大統領が二期目の終わりの直前に描いた和平案である。同時にオバマ政権の中東政策でもあった。Ｊストリートのスローガンは、「イスラエル支持、平和支持！」である。

もっと具体的には、この和平案の実現のためにオバマ大統領はイスラエルに圧力を掛けるべきであるとの主張であった。オバマの対イスラエル強硬路線の応援団的な存在がＪストリートである。

こうした主張の根底にあるのは、これまでのイスラエル支持組織が必ずしもアメリカのユダヤ人の意見を忠実に反映していないとの認識である。たとえば二〇〇八年にＪストリートが行ったアンケートによれば、ユダヤ系市民の七二％が二国家解決案をアメリカの安全保障上の利益だと考えている。また、六〇％がイスラエルの占領地への入植に反対している。アメリカは圧力を掛けて入植を止めるべきである。なぜならばアメリカのユダヤ人の多数が、入植に反対しているからである。そして、何よりもそれが、和平に資するからである。

しかもＪストリートによれば、既存のアメリカの親イスラエル団体は、イスラエル政府の立場を無批判に支持するあまり、イスラエルの真の国益に反してきた。イスラエルを愛するのであれば、イスラエルを批判すべきである。真の愛は、時には厳しさを伴うべきである。アメリカのユダヤ人の大半は、イスラエルに批判的であるにもかかわらず、既存のユダヤ人組織は、そうした声を吸い上げてこなかったと主張している。

既存のユダヤ組織の問題は、ユダヤ系市民の意見を吸い上げていないばかりではない。イスラエルへの関心の低下を見逃している。若い層になればなるほど、イスラエルとは距離を置き始めている。多くの若いユダヤ系市民にとっての政治的な最大の関心事は、経済であり教育であり医療である。もしイスラエルに興味を持たなければ話にもならない。これは、イスラエルに賛成とか反対とかの以前の問題である。ホロコーストを同時代の記憶として意識している層は、引退しつつある。既存のユダヤ組織は、若いユダヤ人の支持を失いつつある。

こうしたＪストリートの動きに対しては、既存の親イスラエル団体からの、そしてイスラエルのタカ派からの激しい反発が起こっている。要するに、イスラエルのために何がベストなのかをアメリカのユダヤ人の方が、当事者のイスラエル政府よりもよく分かっている。というのがＪストリートの主張である。これは、途方もない傲慢な立場だとの反発である。

このＪストリートとは、いかなる組織なのか。その実態に興味を持った。二〇〇九年九月にアメリカの首都ワシントンのＪストリートの事務所を訪問した。以降、通算で四回のインタビューを行った。Ｊストリートで最初に気がついたのは、その住所である。実はＪストリートはＪストリートではなく、他の多くのロビー団体と同じくＫストリートに位置している。

十八世紀末から計画的に建設されてきたアメリカの首都ワシントンでは、アルファベットを冠した通りが東西に走っている。Ｈ通りとかＩ通りとＫ通りのようにである。ところが地理上にはＪ通りは、つまりＪストリートは、存在しない。ＩとＪが見間違え易いのでＪを通りの名前に付けなかったという説がある。この説が信頼に値するの

図14-1　Jストリートのポスター
「あなたの通りをJストリートにしよう！」と訴えている。
（著者撮影　2012年10月）

図14-2　ワシントン郊外のシナゴーグ（ユダヤ協会）
（同上）

図14-3　シナゴーグに掲げられたJストリートの標語
「イスラエル支持で、平和支持！」を掲げるワシントンのシナゴーグ
（同上）

かどうかは、確認していない。いずれにしろ、Ｊストリートという名前は、この存在しない地名にちなんでいる。つまり、これまで存在しなかったようなロビー団体たらんとする意志を反映した組織名である。もちろんＪはＪｅｗ「ユダヤ人」を想起させる頭文字でもある。

Ｋストリートのオフィス・ビルの一角を占めている。最初の訪問と2回目の訪問の際には住所が違っていた。二回目の訪問の際には、組織の看板さえ出ていなかった。テロでも警戒しているのかと尋ねると、いや引越したばかりで、表示が出来上がっていないと広報担当者が応えてくれた。確かに手渡された資料には、まだワシントン郊外の古い住所が印刷されたままである。郊外から市内に移動してきたというのは、それだけ組織が急拡大しているからだろうか。ちなみに、同じビルにワシントン近東研究所が入っている。イスラエル寄りとして知られるＡＩＰＡＣ系のシンクタンクである。ちなみにＡＩＰＡＣにも取材を依頼したが、メディアのインタビューは受けないと断られた。

Ｊストリートと対比される既存のユダヤ組織の代表格は、既に紹介したＡＩＰＡＣ（ＡＩＰＡＣ＝THE AMERICAN ISREAL PUBLIC AFFAIRS COMMITE アメリカ・イスラエル公共問題委員会）である。ＡＩＰＡＣは、反イスラエル的とみなす議員の選挙区に、刺客候補を送り込むなどの手法で、政治家のイスラエルに批判的な言動を封殺してきた。こうした手法に関しても前述した。ＡＩＰＡＣと比べるとＪストリートは、まだまだ力が弱い。

それでも、それなりの影響力を持ち始めている。特に若い層に浸透している。オバマ・チームは中東和平を放棄してしまったものの、オバマ応援団として始まったＪストリートは大きく育った。

問題は将来である。今後Ｊストリートがどのくらいのスピードで、どのくらいの影響力を持つようになるのだろうか。Ｊストリートのロゴは、英語の名前の横に右肩上がりの矢印が付いている。この矢印のように力を伸ばせるだろうか。それが今後のアメリカの中東政策を占う判断材料の一つとなろう。

エネルギーシフト

オバマ政権下で起こったアメリカの中東政策に大きな衝撃を与える第二の現象は何か。

それは、「エネルギーシフト」である。エネルギーシフトとはなにか。それは「シェール革命」による世界のエネルギー生産の構造的な変化である。それでは、シェール革命とは何か。

シェールとは特別な地層を意味しており、日本語では頁岩と訳される。「けつがん」という難しい読みである。お皿を重ねたような、紙を積み重ねたような岩の層である。それでページを意味する「頁」が訳語に使われている。その層に石油とガスが存在するのは、古くから知られていた。だが経済的に取り出すのが困難であった。しかし今世紀に入って二つの技術革新があった。この新しい技術によって経済的に石油や天然ガスをシェール層から取り出せるようになった。二つとは、水圧《すいあつ》破砕《はすい》と水平掘りである。

水圧破砕というのは石油やガスの層に強い圧力で薬品と水と砂の混合物をぶつける技術である。そうすると石油やガスが層から分離して採取できる。何を、どのくらいの割合で混ぜるのかは、そして圧力の度合いは、各社の企業秘密である。しかし、この技術によってシェール層からのエネルギー開発が可能になった。

そして、さらにエネルギー開発の費用を低下させたのが水平掘りの技術である。この技術以前は、石油やガスの井戸は垂直に地下に向かって掘られていた。そして、目標の層に到達すると、その周辺の石油やガスを採掘していた。そしてそれが終わると、近くに新たな垂直な井戸を掘っていた。ところが水平掘りの技術では、地下の層に到達するとドリルが水平方向へと向きを変え、層に沿って採掘を続けられるのである。ちょうどストローが曲がるようにである。これで一本の井戸で回収できる資源量が飛躍的に増大した。水圧破砕と相まって、エネルギー生産コストを劇的に低下させた。

技術革新によるシェール石油開発の拡大とオバマ大統領期が重なった。まさにオバマが大統領になった二〇〇九年を境に、アメリカのエネルギー生産が上昇し始めた。そしてアメリカは、サウジアラビアやロシアと肩を並べるほどのエネルギー大国となった。アメリカは国内消費量が多いので両国のような輸出大国ではない。しかし、輸出の増大も視野に入ってきている。しかも北アメリカの地質構造を見れば、広範囲でシェール層が広がっている。地質図は、この国が長期にわたってエネルギー大国として君臨するだろうと予測させる。

「サウジ〝アメリカ〟」

話を先走ると、トランプ政権になってもシェール・ブームは続いた。加速したと言えるかもしれない。トランプのエネルギー政策は何か。基本的には、エネルギー産業に課せられていた様々な規制の撤廃である。地球温暖化を「フェイク・サイエンス（偽科学）」として一蹴したトランプ政権は、環境面からの規制、石油の輸出規制、パイプライン敷設への規制、沖合油田開発への規制、こうした一連の規制の撤廃と緩和に動いた。

このエネルギー政策に関して付言すると、トランプの最大の動機は、雇用であった。エネルギー生産は比較的に技術集約的で、多数の雇用の創出につながらないとされる。たしかに石油やガス生産そのものにおいてはそうである。しかし、シェール・ブームに付随する建設工事が雇用を生み出している。道路建設、パイプライン敷設、労働者の住宅建設、学校建設など、シェール地帯では大変なブームである。そしてこれらの地帯ではトランプ人気が盛り上がっている。

とはいえ、アメリカで石油やガスの生産や開発が進展し、石炭産業への規制が撤廃されることは、世界全体にとっては合理的とは言えない。欧州をはじめ国際社会では、気候変動対策のために脱炭素社会をめざす方向に動いている。特に、二酸化炭素を大量に排出する石炭産業については、厳しく規制されるようになってきた。トランプ政権のエネルギー政策は、これに逆行した。

またシェール・ガスやシェール・オイルについても、その開発には環境汚染の懸念が付きまとっている。例えば、岩を破砕するための水には化学物質が含まれるので、地下水を汚染するリスクがあるとされている。こうしたことから、欧州の一部の国では開発に慎重になっている国も出てきている。アメリカのシェール・ブームは、環境問題や温暖化の問題を重視しないトランプ政権下だからこそ加速していたのだろう。

いずれにしろトランプ政権の登場によって、アメリカのエネルギー産業に強い追い風が吹いた。オバマ大統領の時期から始まっていた「シェール革命」が勢いを強めた。そして二〇一八年ついにアメリカは石油の生産量でロシアとサウジアラビアを追い抜いた。世界一の産油国となった。シェール革命は、あたかも北アメリカ大陸に新たな大産油国が生まれたような衝撃を生みだした。この新たな大産油国を、石油業界の人々は冗談を込めて「サウジ〝アメリカ〟」と呼んだりする。

「サウジ〝アメリカ〟」誕生の意味は三つである。一つは、石油価格の大幅な上昇が構造的に起こりにくくなった。シェール層の開発を可能にしたのは、一時期の一バレル一〇〇ドルを超える石油価格であった。高価格こそが、アメリカのエネルギー工学の進歩に拍車を掛けシェール革命を引き起こした。石油の値段が一バレル七〇ドルから八〇ドルであれば採算の取れる状況が出現した。その後、さらに技術は進化し、一バレル六〇ドル程度でも十分に利益が上がるようになってきた。現在はその損益分岐点は、もっと下がっているだろう。恐らく、シェール・エネルギーの生産費は下がり続けるだろう。これがエネルギー輸出に依存するロシアやベネズエラや中東諸国の経済力に、ある意味で制限を掛けた。これは、エネルギー輸出に依存する中東諸国に大きな打撃である。また中東で大きな役割を果たしているロシアの経済を直撃している。

第二に、新たな「サウジ〝アメリカ〟」ができたのであるから、エネルギーという理由からの中東への介入の必要性は、ワシントンにとっては大幅に低下した。これがオバマ期に起こったシェール革命の外交的な意味である。

　そして第三の意味は、シェール革命が、イランの石油のボイコットを可能にした。サウジアメリカの登場が世界のエネルギー生産に余裕を与えた。この余裕こそが、アメリカの主導するイラン原油のボイコットを可能にした。この余裕がなければ、石油ボイコットは石油価格を高騰させ石油輸入国を深く傷つけていただろう。

　このエネルギーシフトがイランに対する経済制裁を可能にした。エネルギー情勢にページを割いたのは、そのイランの動向がパレスチナ情勢の展開に大きな意味を持つようになっているからだ。このイランこそが、イスラエルの安全と中東の安定への脅威である。そうしたネタニヤフ首相の議論を、次の章で紹介しよう。

図14-4　ペンシルバニア州のシェール・ガス採掘現場
（著者撮影　2012年7月）

図14-5　ノースダコタ州のシェール・オイル採掘現場
（著者撮影　2012年9月）

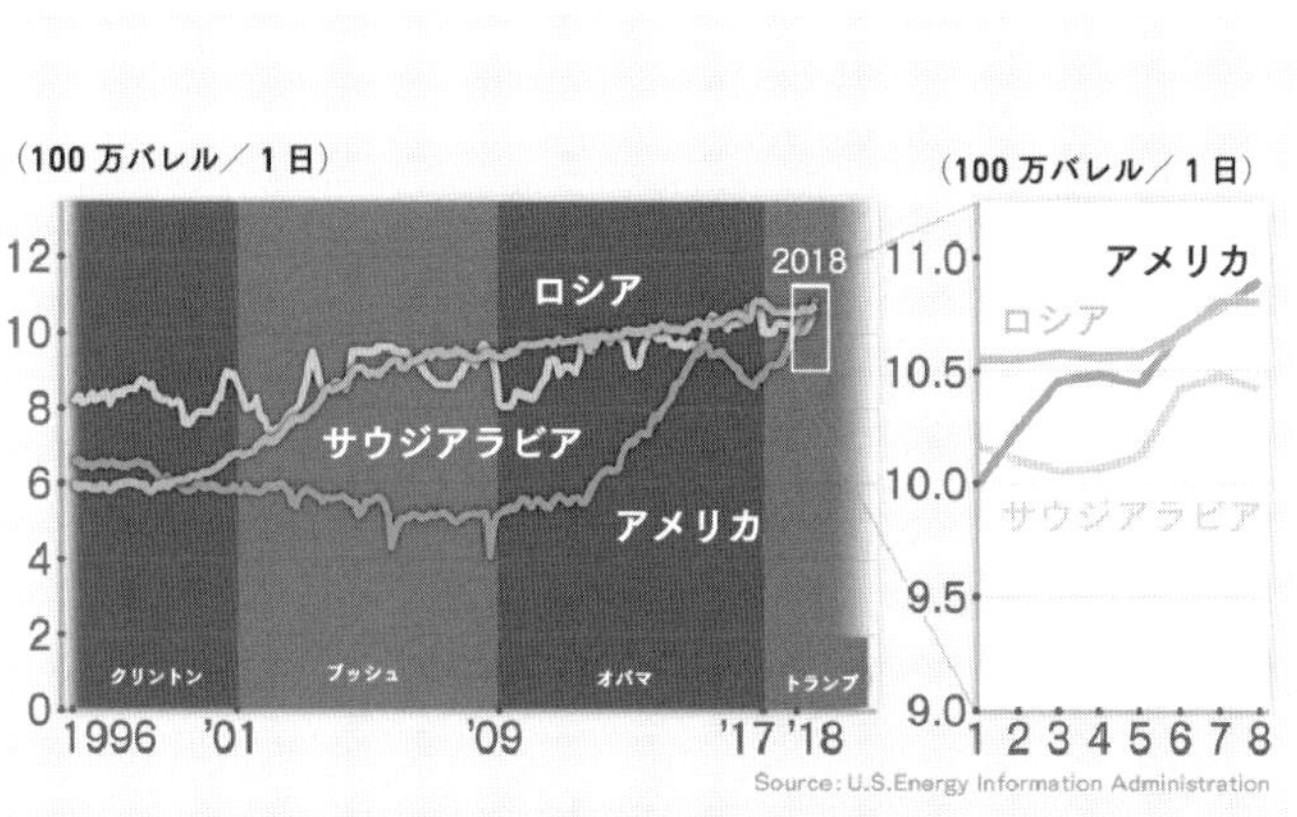

図14-6　月別石油生産量の推移（1996年1月-2018年8月）
放送大学テレビ教材『中東の政治（'20)』より

◉第十五章　トランプ

「アメリカ・ファースト！」
トランプ大統領のスローガン

エルサレムの首都認定

トランプ大統領の中東政策はイスラエルのネタニヤフ首相支持一辺倒であった。三つの政策の例をあげて、なぜ、これほどまでに一辺倒だったのかを考えたい。エルサレムの首都承認、ゴラン高原の主権の承認、そしてイラン核合意からの離脱の三つである。

まず二〇一七年十二月、トランプ政権は、在イスラエルのアメリカ大使館をテルアビブからエルサレムへ移転させると発表した。これはイスラエルの首都としてのエルサレムの承認を意味する。また、これによってアメリカは、中東和平の仲介者としての立場を失った。それゆえ、この決断は、国内外で大きな批判を浴びた。。

なぜ風当たりが強かったのだろうか。そして、そうした批判にもかかわらずトランプは、なぜエルサレムをイスラエルの首都と認定したのだろうか。批判を浴びた理由は、中東和平の核心の一つはエルサレムの地位だからだ。それを交渉以前にアメリカがイスラエルの首都と認定してしまっては、交渉の意味が失われてしまう。パレスチナ自治政府を先頭に、アラブ・イスラム諸国が強く反発するはずである。外交的な暴挙と言える。なぜ、この暴挙を行ったのか。

その前に、そもそもエルサレムの問題とは何か。エルサレムは、第一次世界大戦中の一九一七年にイギリスが占領した。トランプがエルサレムをイスラエルの首都と承認した二〇一七年は、その百周年だった。さて、そのイギリスが一九四八年にパレスチナから撤退すると、イスラエルが成立を宣言した。これを認めない周辺のアラブ諸国と、イスラエルの戦争となった。イスラエルが勝利を収めて、ユダヤ人国家の生存を守った。これが第一次中東戦争である。

砲声が途絶えた時には、イスラエルがパレスチナ全域の約七八パーセントを支配していた。残りの二二パーセントの内のガザ地区をエジプトが、さらにヨルダン川西岸地区をヨルダンが押さえていた。エルサレムは西半分をイスラエルが、東半分をヨルダンが確保していた。この東半分に歴史的な旧市街が残されており、そこにユダヤ教の聖地の嘆きの壁とキリスト教の聖地の聖墳墓教会、さらにはイスラム教の聖地の岩のドームなどが位置している。それぞれの聖地の存在ゆえに、三宗教の信徒にとっては、エルサレムは、心の故郷のような大きく重い位置を占めている。このあたりの歴史は、本書の最初の方で語った。

さてイスラエルはエルサレムを首都と主張した。だが国際社会は、この都市の国際法上の地位が未確定であるとして、それを認めなかった。各国は大使館をエルサレムではなく、つまり西エルサレムではなく、地中海岸の最大都市のテルアビブに置いた。そして、一九六七年の第三次中東戦争があった。イスラエルがアラブ諸国を圧倒し東エルサレムを占領した。つまり、歴史的な地区である旧市街を支配下においた。その後、一九八〇年にイスラエル議会が両エルサレムを合併して、統一エルサレムとする法案を可決した。もちろん国際社会は、それを認めていない。さらに一九九五年にアメリカ議会が、イスラエルの首都としてエルサレムを承認し、同国の大使館をエルサレムに移転するよう求める法案を可決した。しかし、この法には「抜け穴」がつくられていた。大統領には安全保障上の必要があれば、法の実施を半年延期できる権限が付与されている。この権限によって、これまでその実施が先送りされてきた。

そしてトランプが二〇一七年一月に大統領に就任した。その前月の二〇一六年十二月には、オバマがエルサレムをイスラエルの首都と認定する法の実施延期を決めていた。二〇一七年六月には、トランプに最初の機会が訪れた。そのつもりであれば、この時にエルサレムをイスラエルの首都と認定することができた。もっと言えば、この法の実施とか実施の延期にこだわらずに、アメリカ大統領として、いつでもエルサレムをイスラエルの首都と認定する権限をトランプは握っていた。しかしトランプは動かなかった。二〇一七年の十二月までは。

アラバマからエルサレムへ

二〇一七年十二月に、エルサレムへの大使館移転法の延期の期限が切れた。トランプにとっては、大使館をエルサレムへ移転する二回目の機会であった。今度は、機会を見逃さなかった。なぜトランプは、このタイミングで大使館の移転を決断したのか。何が前回と変わったのか。

二〇一七年六月と十二月の違いは、アラバマ州の上院議員補欠選挙の情勢である。トランプ大統領は、アラバマ州選出の上院議員であるジェフ・セッションズを司法長官に任命した。セッションズが任期半ばで上院を辞したので、その後任を決める選挙が十二月十二日に行われた。共和党が地盤とする州だけに、この選挙でも共和党候補のロイ・ムーアの圧勝が予想されていた。ところが、このムーアが、かつて十代前半の複数の少女たちと不適切な関係をもっていたとの嫌疑が浮上した。宗教的に熱心な有権者の多いアラバマ州だけに、これで選挙の行方が見えなくなった。民主党のダグ・ジョーンズに勝算が出てきた。

共和党の一部が、ムーア候補から距離を置き始めた。しかし二〇一六年の大統領選挙の早い時期からトランプ支持を打ち出したムーアを、トランプは見捨てなかった。まだ

「トランプ（切り札）」ではなく「ジョーカー」だと思われていた当時の自分を支持したムーアを、トランプは助けようとした。アメリカを再び偉大にするために、ムーア上院議員が必要だと、トランプは有権者に訴え始めた。そして、この時期にトランプがエルサレムをイスラエルの首都と認定した。

二〇一七年十二月に在イスラエルのアメリカ大使館の移転を発表し、二〇一八年五月に大使館をテルアビブからエルサレムへ移転させた。もっとも実情は、テルアビブにあったアメリカ大使館の看板を領事館に替え、エルサレムにあったアメリカ領事館の看板を大使館に替えただけなのだが。この看板の掛け替えによって、アメリカはエルサレムがイスラエルの首都だと公式に承認した。

エルサレムとアラバマに何の関係があるのだろうか。それはアラバマなどの南部を中心に、キリスト教福音派とか原理主義者と呼ばれる人々がいるからである。しかも、そうした人々が熱烈にイスラエルを支持しているからだ。そのキリスト教福音派の人々は、エルサレムをイスラエルの首都として承認することを求めてきた。この人々はまた、キリスト教右派とか宗教保守派とか、あるいはクリスチャン・シオニストとか、様々な名称で言及される。

福音派の大半は保守である。一九四八年のイスラエル建国については、聖書に記された古代王国が「神の御業」によって現代によみがえったと見なしている。それゆえイスラエルを熱く支持している。ある意味ではユダヤ人以上にイスラエルを支持している。それも占領地の入植までもである。なぜならば、占領地も含む全パレスチナのユダヤ化がイエスの再臨の準備になるという世界観を持っているからである。この世界観を受け入れれば、ネタニヤフ政権下でのイスラエルによるパレスチナ占領地への入植は、神の意志に従った行為となる。ネタニヤフを福音派が熱く支持する背景である。なお、福音派の世界観ではキリストが再臨したあとは、ユダヤ教徒はキリスト教に改宗するか、地獄に落ちることになっている。

その福音派は、神が御業を行う手段としてトランプを選んだとみなし始めているようだ。トランプ自身は二回の離婚と数知れぬ不倫疑惑の人物である。とてもキリスト教徒の鑑と呼べるような存在ではない。しかし神は全てをを許され、あえて罪深いトランプを御業を行う手段として選ばれたのではないかとの理解だ。

福音派がトランプを支持する内政的な理由も加えておきたい。福音派は、妊娠中絶や同性愛者の結婚などに強く反対している。前者は殺人であり、後者は神の意志に反しているとの見解である。こうした問題で最終的な法的判断を下すのは、連邦最高裁判所である。となると誰が最高裁判所の判事となるかが、重要になる。アメリカでは最高裁の判事の任命権は大統領にある。大統領が判事の候補者を推薦し議会の同意が得られると、大統領が、その人物を任命する。トランプ大統領は、福音派の見解に近い考えの保守的な人物をすでに二名推薦した。そして、この二名がすでに議会の承認を経て大統領によって任命された。最高裁の判事に任期はない。したがって、トランプの推薦した二名の判事は、長期にわたって最高裁で保守的

図15-1　ヨルダン川西岸地区のユダヤ人入植地
（著者撮影　2015年）

な判断を支持し続けることになるだろう。福音派にとっては、この面でもトランプは公約を実行している大統領である。ちなみに最高裁判所の判事の数は九名である。

進化論を否定する人々

福音派は、原理主義者（Fundamentalist／ファンダメンタリスト）とも呼ばれる。原理主義者とは、聖書を文字通り真実として受け入れる人を指す。したがって神による天地創造を信じているので、進化論を否定する。こうした人々の勢力の強い地域では、進化論は仮説の一つとしてしか学校では教えられていない。聖書によれば神が天地と万物を創造した、人間は神の姿に似せて創られたのであって、進化などというプロセスでき上がったのではない、人間と猿の祖先が共通であるなどの説は、受け入れられない、まだ犬になった猫はいないし、猫になった犬もいない、進化論が正しいのであれば、人間は歴史上で進化の過程を目撃しているはずである、と原理主義者は論ずる。化石をもって進化の証拠とする議論に対しても、懐疑的である。

さて突然ですが、ノアの箱舟を見た事がありますか。と聞けば怪訝《けげん》に思われるかも知

図15-2　ケンタッキー州に建造された「ノアの箱舟」
（著者撮影　2019年6月）

同上

れない。キリスト教の旧約聖書（ユダヤ教聖書）にノアの箱舟の記述が出てくる。神は人々の罪深さに怒り洪水を起こして滅ぼしてしまう。しかし信仰の人であったノアの一族だけは七十五年をかけて巨大な船を作って生き延びた。その箱舟がアメリカのケンタッキー州に建造されている。聖書の記述に基づいての大規模な建造である。聖書の記述を、そのまま真実として受け入れている人々にとってはノアの箱船の「再」建造である。現代のアメリカ人は、建造に七十五年ではなく二年しか必要としなかった。

この巨大な箱舟の存在が、アメリカにおけるキリスト教信仰の強さを示している。アメリカ人の多くが、神を信じ、教会に通い、聖書を読む生活をしている。その信仰心の強さを踏まえなければ、この国の内政と外交を理解するのは難しい。ケンタッキー州のノアの箱舟こそトランプの中東政策を生みだす原風景だ。

福音派が選んだ大統領

この福音派の人々が、一九八〇年代からアメリカの中東政策の形成に影響を与え始めた。福音派は、共和党の支持基盤の中核をなしており、現在のアメリカの政治で大きな発言力を持っている。ブッシュ（息子）は、この勢力の支持を受けて二〇〇〇年と二〇〇四年に当選した大統領である。また自身が三十九歳の時に、カリスマ的な大衆伝道師のビリー・グラハムの指導で、「ボーン・アゲイン」を経験したとされる。ボーン・アゲインとは「再度生まれる」という意だが、日本語の「生まれ変わる」に近いニュアンスだろうか。「霊的な再生」との訳語が、専門家によって充てられている。この経験によってブッシュは享楽的な生活を終え、政治の道に入ることになった。その周辺にも信仰心の深い人物が多かった。またホワイトハウスのスタッフには、朝の祈禱会への出席が期待されていたとの報道もあった。それほど福音派的な信仰心の強い人たちの政権であった。

エルサレムに話を戻すと、この承認は、アメリカと密接な関係にあるサウジアラビアをイスラム的な正統性を傷つけた。さらに傷つけたと表現すべきだろうか。同国はイスラムの第一と第二の聖地であるメッカとメディナを掲げ聖地とイスラムの守護者としての看板を掲げているだけに、厳しい立場に追い込まれた。「イスラムの守護者」がエルサレムをユダヤ人国家の首都と認めるアメリカと近いのである。見栄えの良いものではない。サウジ王家のイスラム的な看板をトランプは汚した。

ゴラン高原

トランプの極端ともいえる親イスラエル政策の例を、もう一つ紹介しよう。それは、アメリカによるゴラン高原のイスラエルの主権を承認である。これは二〇一九年の三月に発表された。この決断も選挙がらみであった。どの選挙なのだろうか。

その前に、ゴラン高原とは、そもそもどういう土地なのだろうか。記憶を新たにするためにも、復習もかねて押さえておこう。ゴラン高原はシリア領である。全体で一八〇〇平方キロメートルくらいなので、大阪府と同じくらいの広さである。高地で、イスラエルと接している部分の標高数百メートルくらいである。日本の飛騨高山と同じくらいである。標高はシリア側に入るにしたがって高くなり、標高は平均一〇〇〇メートルほどになる。最高峰のヘルモン山の標高は二〇〇〇メートルを超える。この高原は戦略上の要地であり、貴重な水源ともなっている。

一九六七年の第三次中東戦争でイスラエルはシリアからゴラン高原を奪う。そして、その六年後の一九七三年の第四次中東戦争の緒戦でシリア軍が一部を奪い返す。だが反撃にでたイスラエル軍はゴラン高原から再びシリア軍を撃退する。その後アメリカの仲介でイスラエル軍が部分的に撤退し、結果として現在でもイスラエルが一一五〇平方キロメートルほどの土地の占領を続けている。このあたりの経緯に関しては、本書の前半で見た通りである。これは東京都のおよそ半分の広さになる。占領地とシリアの間に中立地帯が設定されている。かつて日本の陸上自衛隊が派遣されて活動していたのは、この地帯である。

イスラエルによる占領後に多くのシリア人がゴラン高原を離れた。しかし二万人以上の残留したシリア市民もいる。多くがイスラム教の分派であるドルーズ派に属している。またイスラエル市民が入植者として移住しており、その数も二万人強である。イスラエル議会は八一年に占領地であるゴラン高原のイスラエルへの併合を決議している。だが、それは国際法上は違法行為であり、これを承認した国はなかった。

その違法行為を、前に述べたように、二〇一九年三月にアメリカのトランプ大統領が承認した。つまりイスラエルのゴラン高原に対する主権を承認したわけだ。それでは、なぜ突然にトランプは、この時期に承認を行ったのだろうか。

それは二〇一九年四月九日にイスラエルの総選挙が予定されていたからだ。この選挙の焦点は現職のベンヤミン・ネタニヤフ首相だった。同首相は、現在さまざまな汚職疑惑で苦しんでいる。この選挙に勝って「みそぎ」を済ませ、汚職疑惑を乗り切ろうと目論んでいた。しかし、有力野党の間での選挙協力もあり、この選挙では苦戦を強いられた。

苦戦するネタニヤフ首相に対する強力な支援を打ちだしたのが、アメリカのトランプ大統領だった。同大統領は、同年三月二十一日に、ゴラン高原に対するイスラエルの主権を認める時期だ、とツイートした。その後訪米したネタニヤフ首相とトランプ大統領が会談した三月二十六日に、つまり百二十時間後にトランプは、ゴラン高原へのイスラエルの主権を認める文書に署名した。超大国アメリカがイスラエルの主張に同意した。

しかし、イスラエルが国内法でなんと言おうが占領地は占領地だ。超大国アメリカが承認しようが、ゴラン高原が占領地であるという国際法上の地位が変わるわけではない。

とはいえ選挙直前の承認によってネタニヤフへの力強い援護射撃となったのは確かだ。イスラエル国民にとって、自らの安全を保障するものは、自国の軍事力とアメリカの支援のみだからだ。そのアメリカが力強くネタニヤフ首相への支持を打ちだしたのだから、これが同首相の人気を押し上げないはずはなかった。ゴラン高原のイスラエルの主権承認も、エルサレムの首都承認と同じように、ネタニヤフに強硬路線を支持するアメリカ国内の福音派の意向を踏まえて出て来た政策であった。

ちなみに、翌四月の選挙の結果はネタニヤフの勝利に終わった。しかし、さまざまな要因から同首相は、新たな連立政府の樹立に失敗した。その結果二〇一九年九月に再度の選挙が実施された。ここでも政府ができなかった。そして、ついに二〇二〇年三月の選挙の結果を受けて連立政権が成立した。しかし、これも長続きせずに同年末に崩壊した。二〇二一年三月に過去二年で四度目の選挙が予定されている。

イラン核合意からの離脱

パレスチナ問題と関連するトランプの中東政策の第三の例としてイラン核合意からの

離脱を取り上げよう。この核合意とは何か。この合意こそが、トランプの前任者のオバマ大統領の二期八年の任期中の最大の外交的成果とされている。一方でアメリカなど六カ国がイランに対する経済制裁を解除し、他方でイランは核開発に関する大幅な制限を受け入れるというのが、合意の骨子である。二〇一五年七月に成立している。六カ国というには、アメリカ、イギリス、フランス、ロシア、中国の安保理の常任理事国の五カ国とドイツである。通常はP5＋1として言及される国々である。Pはパーマネント（permanent 常任）の頭文字である。この合意に対しては、交渉の過程から、イスラエルのネタニヤフ首相が、厳しく批判してきた。ネタニヤフによれば、この合意ではイランの核兵器保有を阻止できない。

　トランプも二〇一六年の大統領選挙期間中から、この合意を最悪のディール（取引）であるとして批判してきた。そして二〇一七年に大統領に就任すると、二〇一八年五月に合意からの離脱を発表した。なぜ就任直後ではなく、二〇一八年のタイミングでの決定となったのだろうか。それはトランプ政権発足時に閣僚として就任したジェームズ・マティス国防長官やレックス・ティラーソン国務長官などが強く反対したからだった。

しかし二〇一八年の段階では、こうした人々は全て解任されていた。

トランプは合意から離脱したばかりか、イランに対する経済制裁を再開した。そればかりか、制裁の内容はオバマ期以上に厳しい。アメリカの対イラン経済制裁は、四段階に分類できる。第一はアメリカ企業のイランとの取引の禁止である。第二は、イランと取り引きする企業の米市場からの排除である。そして第三にイランと取り引きする金融機関のドル決済システムからの排除である。こうなると大半の金融機関はイランとは取引できなくなる。ということはイランとの間に大規模な資金の移転ができなくなる。となると商売はできない。日欧の企業のイランからの撤退が起こった。そして、最後の四段階がイラン原油の輸入禁止である。アメリカは各国にイラン原油の輸入停止を求めている。

すでに見たように経済制裁はオバマ大統領期に課された。しかし、トランプの制裁は、より厳しい。なぜならば、オバマ政権は各国にイラン原油の輸入の削減を求めたが、トランプ政権は停止を求めた。イランの石油輸出をゼロ・バレルまで落とそうとした。つまりイランの石油輸出の完全な停止であった。これもすでに論じて来たが、アメリカのシェール・オイル生産が、こうした政策を可能にした。

懸念されるのが、イランの合意からの離脱の可能性である。もし仮りに大規模なウラン濃縮を再開するなどして、イランが核兵器保有の方向に走り始めたら、どうなるだろうか。国際社会には、二つの選択しか残されない。一つは、イランの核兵器保有の容認である。そして、今一つの選択は戦争である。いずれも不愉快な選択になる。

繰り返そう。エルサレムの首都承認、ゴラン高原の主権承認、そしてイラン核合意からの離脱、いずれもネタニヤフの意向に沿う政策である。そして、それがトランプの政治的な基盤であり、ネタニヤフを支持する福音派の期待に応える決断であった。

人脈

トランプがイスラエルのネタニヤフ政権を支持する理由をアメリカ国内の福音派の動向に求めて来た。そして、それ以外にもトランプとネタニヤフを繋ぐ強い絆がある。ここでは、それを「人脈」と表現しよう。この二人の指導者をつなぐ「人脈」とは何か。

まずトランプの娘婿のジャーレド・クシュナーである。クシュナーは、同大統領の中東政策に大きな影響を与える人物として知られている。ユダヤ系のクシュナーの一族は、トランプと同じように不動産業で財を成した。

さて、政界に進出する前のネタニヤフは、一九八二年から八八年にかけてワシントンとニューヨークのイスラエル大使館で勤務した。この時期にネタニヤフは、アメリカでの自らへの資金提供者のネットワークを築いた。もちろん選挙への出馬に備えてだ。支持者の一人がクシュナーの父親のチャールズである。チャールズは、長年にわたりネタニヤフを資金的に支援してきた。

かつてネタニヤフがクシュナー家の夕食に招かれた際のエピソードが報道されている。クシュナー家に泊まることとなったネタニヤフに、まだ子供だったジャーレドがベッドルームを提供し、地下にある部屋だったかに寝たという。ということは、同時ではないが、二人は同じベッドに寝たことになる。それくらいに二人は昔から親しかったということだ。同床異夢ならぬ、同床「同」夢の仲だ。

トランプとネタニヤフをつなぐ人物を、もう一人紹介しよう。カジノ王のシェルドン・アデルソンだ。カジノの経営者のアデルソンは、世界的な富豪として知られている。ネバダ州ラスベガスでのカジノ経営で財を成したアデルソンは、その後アジアに進出した。マカオとシンガポールでもカジノを経営している。

アデルソンとは何者か。この人物は、一九三三年にロシアからのユダヤ教徒移民の子としてボストンで生まれている。ヒトラーがドイツで政権に就いた年である。ということは第二次世界大戦が終わった一九四五年に十二歳になっている。ちょうど物心がついた頃である。同大戦末期にヨーロッパ大陸がナチス・ドイツの支配から解放されると、各地に絶滅収容所が建設されており、その死のネットワークで千二百万人が虐殺された事実が知られるようになった。その半分はユダヤ人であった。アメリカのユダヤ人の多くは激しい衝撃を受けた。そしてヨーロッパの同胞を救えなかったという強い悔悟の念にとらわれた。その感情を埋め合わせるかのように、熱烈にイスラエルを支持してきた。アデルソンは、そうした世代のユダヤ人の一人である。なお、アデルソンの妻であるミリアムはイスラエル市民である。

アデルソンは、アメリカでは共和党支持者として知られ、二〇一二年の大統領選挙では共和党のニュート・ギングリッジ元下院議長のキャンペーンに資金を提供した。ギングリッジが予備選挙で敗退してからは、ミット・ロムニー元マサチューセッツ知事を応援した。このロムニーが共和党の候補となった。だが、結局は民主党のオバマの再選を阻めなかった。また二〇一六年の大統領選挙では共和党のトランプ候補が大統領になるのを支援した。トランプはカジノの経営にも手を染めていたので、ある面ではアデルソンと同業者でもある。

アデルソンの政治的影響力が及ぶのは、アメリカだけに留まらない。たとえばアデルソンは、前述のようにトランプがアメリカの駐イスラエル大使館をテルアビブからエルサレムへ移転すると発表すると、その費用の負担を申し出た。またアデルソンは、イスラエルではネタニヤフ首相の支持者として知られている。特に議論となっているのは、『イスラエル・ハヨウム』というアデルソンがイスラエルで発行している新聞である。ハヨウムとは、ヘブライ語で「今日」を意味している。

この新聞には三つの特徴がある。第一はこの新聞がイスラエルでは一番広く読まれている。第二はその内容である。というのは、その論調はネタニヤフ支持という明確な方針で貫かれているからである。ということは、毎日毎日、読者はネタニヤフ現首相の賞賛記事を読まされるわけだ。この新聞は、イスラエルでは一部の人々によって「ビービーニュース」として言及されている。ネタニヤフのニックネームが前に触れたように「ビービー」だからだ。

第三の特徴は、この新聞がフリーペーパーである点だ。つまり無料で配布されているわけだ。他の新聞はイスラエルでは店売りだと五シェケルほどである。一シェケルがだいたい三十円くらいなので、百五十円程度だろうか。新聞を買わずに、このハヨウム紙を読む人が多い。新聞社の経営は、それでなくてもネットに押されて苦しい。アデルソンの無料新聞は、それを、さらに圧迫している。

さて、日本にもカジノを建設しようとの動きがある。日本の指導層も興味を示しており、たとえば日本の首相がシンガポールを訪問した際には、わざわざ統合型リゾート施設のマリーナ・ベイ・サンズを視察した。前述のようにアデルソンの経営する施設であ

図15-3　アデルソンの率いる企業ラスベガス・サンズの経営する統合型リゾートマリーナ・ベイ・サンズ

（著者撮影　2013年4月）

同上

る。この施設は、莫大な投資で建設された。総工費が数千億円と伝えられている。三本の巨大なビルが立ち並び、その三本がお皿を抱えているような構造である。お皿の部分がプールと展望台になっている。

これは、統合型リゾートとして知られている。賭博施設を中心にホテル、ショッピング・センター、会議場、博物館、劇場、結婚式場などを配置した施設である。そして、二〇一六年に日本でも「カジノ法」が成立した。イスラエルの一部のメディアによると、アデルソンに日本にカジノを開くのを許可するようにネタニヤフ首相が日本に求めた。またトランプ大統領が安倍晋三総理に直接にサンズ社の名を出しての協力要請があったとも報道されている。

この会社が、日本への、なかんずく横浜への投資に興味を示した。ところが新型コロナウイルスの伝染が広がっていた二〇二〇年五月に、サンズは日本進出の断念を発表した。そのアデルソンが二〇二一年一月に八十七歳で世を去った。

◉第十六章　新しい波

「多くの憎しみと戦争を経験してきた（中東）地域に長期的な平和をもたらすためには、パレスチナ人を敬意をもって扱うべきだ」

バーニー・サンダース

バーニー・サンダース

二〇一六年の大統領選挙は、一方でトランプというネタニヤフ首相べったりの人物をホワイトハウスに送り込む結果となった。だが他方ではバーニー・サンダース候補の右記の発言を生んだ。この発言が出たのは、民主党の候補者指名を争う討論会においてであった。当初は民主党の候補者としてヒラリー・クリントン元国務長官が、ある意味で本命視されていた。しかし、民主党の候補者指名を求めてバーニー・サンダース上院議員が立候補して、果敢にクリントン候補に挑戦した。結果は最終的にはクリントン候補が勝利を収めた。そしてトランプ候補に本選でクリントン候補は敗れた。なおこのサンダース議員について付言すると、カナダ国境の小さな州であるバーモント選出で自ら民主社会主義者と名乗っている。議会では民主党と共に投票する場面が多いが、民主党員ではないというユニークな立ち位置の政治家である。

だが民主党の候補者指名の争いでは討論会のたびに民主党員でもないサンダース候補が支持を伸ばし予想外にクリントン候補に迫った。前の発言は、そうしたクリントン候補との討論会での発言だった。もっと詳しくサンダースの発言を紹介すると、イスラエルには自衛の権利はある。しかしガザへの侵攻に関しては、私のような一〇〇パーセントのイスラエル支持者だって、批判せざるを得ないとして言及した。事実サンダースは、ポーランド系ユダヤ人移民の子で一族の多くをナチスの絶滅収容者で失っている。そして若いころにはイスラエル北部のキブツで働いてもいる。アメリカの民主党の大統領候補指名に近づいたような大物政治家が、全米にテレビ中継された討論会で、これほど率直にイスラエルの政策を批判した。ある意味、歴史的な瞬間だった。

人口動態――爆発してしまった時限爆弾

サンダースの発言に反映されているように、前の章で紹介したJストリート的な流れがアメリカのユダヤ人の間で強まっている。ここでは、その背景となっている現地パレスチナでの人口動態を紹介したい。

人口動態に関する議論は二つに分けて考える必要がある。まず第一に、国際的に認められた国境線の内側での人口動態である。そして第二に、それに加えて占領地であるガザ地区とヨルダン川西岸地区を含む広い意味でのパレスチナ全体での人口動態である。

最初に、占領地を除いたイスラエル国内での人口動態を見ておこう。イスラエルの中央統計局の二〇二〇年末の発表によれば、この国の総人口は約九百三十万人で、その七四パーセントがユダヤ人で他がアラブ人などである。実数にするとユダヤ人が六百八十七万人だ。イスラエルの成立時に、先住のパレスチナ人が故郷を追われて難民となった。その数は七十万人以上である。現在、その子孫を含めると、数百万人が難民としてヨルダン、レバノン、シリアなどの周辺国を中心に生活している。

しかしながら、イスラエルの成立にもかかわらず、故郷に踏みとどまったパレスチナ人もいた。現在はイスラエル市民として生活している。その子孫を含めると人口の二一パーセントを占めている。実数にすると、百九十六万人である。その他は、ユダヤ人でもアラブ人でもない少数派である。実数にすると四十五万人である。こうして見るとイスラエルの人口の約二割は、アラブ人が構成している。キリスト教徒やイスラム教徒のアラブ人である。ここではアラブ人とパレスチナ人を同じ意味で使っている。

イスラエル国内の生涯出生率は、三・一程度である。これは一人の女性が生涯に産む子供の数である。これが二・〇七程度であれば、人口は安定し、それ以下であれば減少し、それ以上であれば増加する。不遜にも自らを先進工業国と自称する国々の大半では、日本も含め、この数値が二・〇七を切り、人口の減少を経験している。ところがイスラエルは例外である。背景には何があるのだろう。一つは、好景気が持続していたという経済要因があるだろう。第二に、不妊治療が広く行われているという医療サービスの水準の高さがあるだろう。

宗派別の出生率を見るとイスラム教徒の方が高いものの、近い将来、イスラム教徒がイスラエル国内での人口比を大幅に増やす可能性はない。注目すべきは、ユダヤ教徒内での出生率の比較である。ユダヤ教の超保守派と呼ばれる人々の間の出生率が極端に高い。数値は七を超えている。ということは長期的には非常に宗教的な層の人口比が高まっていく。これが、宗教的には改革的な傾向の強いアメリカのユダヤ教徒と、イスラエルとの間の心理的な距離をこれまで以上に広げかねない。

イスラエルにとって、そしてイスラエルを支持してきたアメリカのユダヤ人にとって、より重大な問題はヨルダン川西岸の占領とガザ地区での人口動態である。ヨルダン川西岸には三百万人の、そしてガザ地区には二百万人のパレスチナ人が生活している。そして、その生涯出生率四を超えている。

国際的に認められたイスラエル国境内、ガザ地区、ヨルダン川西岸の人口を合わせると、一千四百三十万人になる。そのうちの六百九十万人はユダヤ人である。そして六百九十六万人はパレスチナ人になる。聖地パレスチナ、つまりイスラエルとガザ地区とヨルダン川西岸を合わせた地域の人口の過半数は、ユダヤ人ではない。そして占領地での出生率の高さを考慮すると、パレスチナ人の比率はさらに高まってくる。これが人口動態である。

　ガザ地区は、イスラエルとエジプトによって経済封鎖状態が続いている。世界最大の監獄といった状況である。二百万人のパレスチナ人を、ここまで追い詰める政策に世界の非難が集まっている。そしてヨルダン川西岸では、ほんのわずかな土地がパレスチナ人の自治に委ねられているだけで、大半の地域がイスラエルの支配下にある。つまり占領下にある。その占領下では、パレスチナ人の土地を奪ってユダヤ人の入植活動が行われている。

　そしてパレスチナ人の移動の自由などが制限されており、重大な人権の蹂躙《じゅうりん》が日常化している。聖地という土地にユダヤ人が特権階級として君臨し、二級市民としてのイスラエル国籍を持つパレスチナ人がいる。さらに、その下に占領下のパレスチナ人が生活している。前に紹介した構造が、より強固になっている。

どこかで見たような社会構造である。そう、かつて少数派の白人が多数派の黒人を支配した南アフリカの支配構造と類似しているのだ。南アフリカの人種隔離と差別の構造には、アパルトヘイト（人種隔離政策）という名称がつけられていた。このまま占領を続ければ、イスラエルが新たなアパルトヘイト国家になってしまう。いや、すでにそうなっている。そうした議論が盛んである。長年、この問題に関しては人口動態という時限爆弾の時計が鳴っているとの比喩が使われてきた。しかし、現実はすでに爆弾は爆発しており、イスラエル市民は、それに気が付かない振りをしているだけな状況である。

つまり現在の占領政策を続ける限り、イスラエルがユダヤ人国家であり同時に民主主義国家であることは不可能である。もしイスラエルの支配地域全体で民主主義を実施すれば、つまりパレスチナ人にも投票権を与えれば、この国をパレスチナ人が支配することとなる。しかし、現状を続ければアパルトヘイト状態の深化である。民主主義を実践してユダヤ人国家を止めるか、ユダヤ人の支配を続けてアパルトヘイト国家となるのか。ユダヤ人国家で民主主義国家というのは、占領を続ける限りはありえない。イスラエルが直面するディレンマである。

そもそもシオニズムは三つの目標を持っていた。一つはユダヤ人国家の建国、二つ目は聖地パレスチナでの建国、そして三つ目が民主国家の建設であった。しかし、聖地パレスチナの人口の過半数がアラブ人である現実を踏まえると、この三つの目標は、同時には達成できない。ユダヤ人国家で民主主義国家であるためには、アラブ人が多数派のガザとヨルダン川西岸をイスラエルから切り離すしか選択はない。しかし、現実に起こっているのは、ヨルダン川西岸へのユダヤ人の入植である。これはアパルトヘイト状況の進化を保障する行為でしかない。

これがイスラエルに対するアメリカのユダヤ人の支持を掘り崩している。リベラルな傾向の強いアメリカのユダヤ人にとって、アパルトヘイトのような体制を維持するイスラエルの支持は困難だからだ。こうしてみると、イスラエルにとっての最大の脅威は、イランでもなければハマスでもない。イスラエルのリベラルな新聞の『ハーレッツ』のブラッドレー・バーストンが語るように、自らの占領政策が生み出した人口動態である。この問題を解決できるのは軍事力でもハイテクでもない。政治的な叡智《えいち》のみである。

ＢＤＳ

南アフリカのアパルトヘイトは世界的なＢＤＳ運動を引き起こした。これはBoycott（ボイコット）、Divest（資本の引き上げ）、Sanctions（制裁）の頭文字を取った言葉である。南アフリカ製品の不買運動、スポーツ競技会への南アフリカ選手の出場の禁止、南アフリカのチームとの試合の禁止などのボイコットが行われた。また南アフリカに対する投資を抑制するために、同国に投資した銀行などをボイコットする運動も展開された。これによって、たとえばシティバンクなどの大手銀行が資本を同国から引き揚げた。このＢＤＳが、同国の白人指導層にアパルトヘイト政策の継続が困難であると悟らせる一助となった。

南アフリカのアパルトヘイト政策に限りなく類似したイスラエルの状況が、同じようなＢＤＳ運動を引き起こしている。アメリカ各地の大学では、大学の基金によるイスラエル関連の企業への投資を禁止しようとする運動が広がっている。あるいはイギリスの大学では、イスラエルの大学との交流を辞めようという運動もある。これはアカデミック・ボイコットとして知られている。

占領地ボイコット

イスラエルに対するボイコット運動も、二種に分類できる。イスラエル全体をボイコットしようという運動と、入植地をボイコットしようとする運動である。イスラエル全体のボイコットに反対し、入植地だけのボイコットを訴える人々は次のように論じる。つまり、もし国際的に認められた国境のイスラエルもボイコットの対象とされてしまうと、イスラエル国内に生活してヨルダン川西岸の占領に反対しているイスラエル市民には、居場所がなくなってしまう。自分たちもがボイコットされるのでは、結局イスラエル国民の間のハト派をタカ派の方に追いやってしまう。イスラエル国内の和平勢力と国外の占領に反対する人々が合意できる占領地のボイコットに、それゆえ目標を絞るべきだ。占領地ボイコット派の議論である。

この占領地のボイコットというのは、日本にも広がっている。ある海外のNGO（非政府機関）の情報によれば、二〇一七年秋に銀座の高級デパートが一部の「イスラエル産」のワインの展示販売を中止した。当初に展示されていたワインにイスラエルによる占領地であるシリアのゴラン高原で生産されたワインが含まれており、これに日本の市民団体が抗議の声を上げた結果のようである。

イスラエルが一九六七年の第三次中東戦争でシリアから奪ったゴラン高原は、その高度ゆえにブドウの栽培に適している。カリフォルニアでワイン醸造の技を磨いたユダヤ系資本が進出してヤーディンというブランド名でワインを製造販売している。辛口の白は特に評価が高くフランスのコンクールなどで賞を獲得している。問題は、このゴラン高原の国際法上の地位である。ここは占領地である。つまりイスラエルの正式な国土の一部とは、日本を含め国際社会は認知していない。その占領地で生産された商品を日本のデパートが販売する問題点を市民団体が指摘して抗議したわけだ。

このデパートが「イスラエル産」の物産の輸入で市民団体の抗議を受けたのは二回目だろうか。以前アハバという死海の泥の化粧品会社の製造・販売会社が、このデパートで売り場を構えていた。塩分濃度が高く人が沈まないことで有名な死海の泥は、さまざまな成分を含んでおり、これが美容に良いとされる。ところが、この死海は国際的に認められたイスラエルの領土とヨルダンとヨルダン川西岸地区に囲まれている。ヨルダン川西岸地区は、ゴラン高原と同じように一九六七年の第三次中東戦争中にイスラエルが占領して現在も実質的に支配している。国際法上は占領地である。アハバの工場がヨルダン川西岸地区にあるので、活動家のボイコットの対象になっている。占領地で生産された産品というわけだ。

アハバは高級化粧品イメージで世界展開してきたが、ヨーロッパではパレスチナ人の権利を支援する人々の抗議行動に直面してきた。それが日本にも波及した形であった。アハバの売り場が、いつの間にか消えてしまった。抗議を受けて輸入代理店が閉店を決断したのか、あるいは売り上げが伸びなかったからの撤退なのか。いずれにしろ、パレスチナのイスラエル占領地の産品の輸入に対しては日本でも市民団体からの強い反発が起こるようになった。

占領地の産品を扱わないのは、ビジネス的にも賢明であろう。国際法違反などと非難されてしまうと、高級店のイメージに傷が付く。アラブ諸国を始めインドネシアやマレーシアからのイスラム教徒の訪日客の増加が予想される。占領地の製品を扱っているなどと報道されてしまうと、イスラム教徒の足が遠のくだろう。デパートの経営にも、国際情勢への対応が必要な時代がやって来ている。

変わってしまったアメリカ

聖地パレスチナでの人口動態が新しい状況を生みだしたように、アメリカにおける人口構成の変化が、この国の外交に大きな影響を与えそうである。オバマが二〇〇九年に大統領に就任した時、初めてのアフリカ系の大統領の登場が、どのようにアメリカを変えるだろうかとの議論があった。筆者は何と馬鹿な議論だろうかと思った。オバマが出てきたからアメリカが変わるのではない。アメリカが変わったからオバマ大統領が誕生したのである。たとえば現在アメ

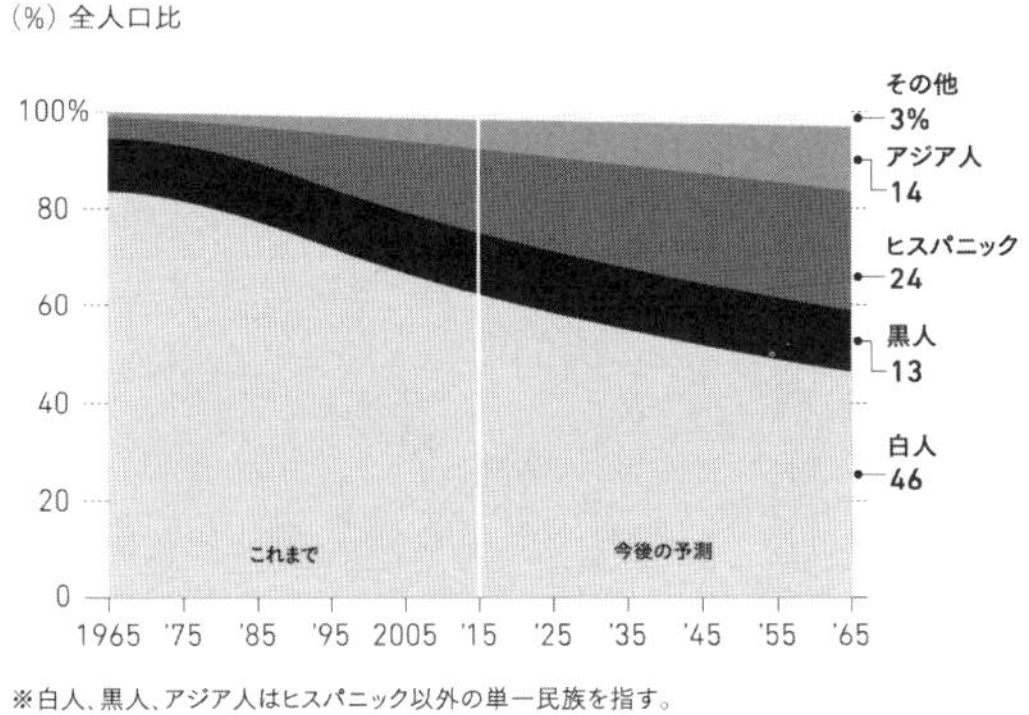

※白人、黒人、アジア人はヒスパニック以外の単一民族を指す。
アジア人は太平洋の地域も含み、ヒスパニックはどの民族も入るものとする。

図16-1　変わりゆくアメリカ1965-2065
Pew Research Center 2015 report, "Modern Immigration Wave Brings 59 Million to US, Driving Population Growth and Change Through 2065"

リカで生まれてくる赤ん坊の過半数は白人ではない。白人がアメリカの多数派でなくなる。そうした時期が近づいている。アメリカは既に変わってしまったのである。さらに変わろうとしている。変化こそがアメリカの常態である。この変化に耐えられない人々の反応がトランプ大統領の登場を準備したともいえる。

そして、この変化が同時に新たな中東政治に関与する人々を用意した。それはアラブ系のアメリカ人であり、イスラム教徒の市民である。第二次世界大戦後のアメリカの中東政策の形成過程を見ていると、まずイスラエルに強い興味を抱くユダヤ系の人々の活動があった。そして本書でも見て来たように一九八〇年代からはキリスト教福音派の存在感が大きくなった。そして今世紀に入ってから、段々とアラブ系の人々やイスラム教徒の政治への関与が目を引くようになった。イスラエルに批判的なユダヤ系の市民と共に、こうした人々が、民主党をイスラエルの支持ばかりでなくパレスチナ人の権利にも配慮した政策へと動かそうとしている。

サンダース・チルドレン

そうした動きの兆候が鮮明に見えたのが二〇一八年のアメリカの中間選挙であった。この選挙では青い波が起こるとの議論があった。青は民主党のシンボル・カラーである。つまり民主党が躍進するとの期待があった。ちなみに共和党のシンボル・カラーは赤である。

そして、その中間選挙の結果は？　選挙前には共和党が上下両院で多数派であった。共和党は上院では多数派を守ったものの、民主党が下院を制した。その選挙の詳細を見ると、これまでとは違った動きが視界に入ってくる。民主・共和の両党とも、女性、マイノリティーの候補者が数多く当選した。この結果、上下両院を合わせて百二十七名の女性が連邦議員となった。過去最多である。

こうした議員の中で今、一番「旬《しゅん》」な政治家をあげるとすれば、議論の余地なくアレクサンドリア・オカシオ＝コルテスだろう。プエルトリコ系のコルテスは、この中間選挙で連邦下院議員に当選し、二十九歳で史上最年少の議員に就任した。ニューヨークのクイーンズ区やブロンクス区を選挙区としている。

コルテスは、進歩的な政策を訴えてリベラル派からは喝采を受けている。逆に保守派からは攻撃の対象とされている。就任したばかりの一期生議員としては異常な程の注目度である。その訴えている政策は、国民皆保険であり、州立大学の授業料の無料化であり、移民受け入れ制限の緩和であり、最低賃金の引き上げである。さらに再生可能エネルギーの開発や環境保全などへの本腰を入れての取り組みである。これは「グリーン・ニューディール」として知られる。いずれも進歩的な左翼的な色彩の政策提案である。言葉を換えるならば、民主社会主義的な方向を指し示している。社会主義という言葉が長い間にわたってタブー視されてきたアメリカでは、これは新たな潮流である。この潮流が生まれた背景には、前述のサンダース上院議員の二〇一六年の民主党の大統領候補者氏名の過程での頑張りがあった。コルテスは、そういう意味ではサンダース・チルドレン（子供たち）の一人である。

ガザの「虐殺」

話をコルテスに戻そう。この政治家は、どのような中東観を持っているのだろうか。もちろん選挙は外交を争点にしていたわけではない。しかしながら、この人物はパレスチナのガザ地区の状況に関して、これは「虐殺」だとツイッターで明確に述べている。パレスチナのガザ地区では、二〇一八年五月以降、イスラエルとの境界にパレスチナ人が集まって抗議行動を展開した。直接の引き金は、トランプ大統領が行った同年五月のアメリカの在イスラエル大使館のエルサレムへの移転であった。

イスラエル側は、ガザを支配するハマスのテロリストが、デモを隠れ蓑《みの》にして侵入をはかっているとして狙撃兵を配置して待ち構えた。医療関係者を含めて二〇一九年八月までに二百七人が殺害された。負傷者の数は一万三千人を超えた。その中には子供、女性、ジャーナリストが含まれた。

撃たれるのが分かっているのに、なぜガザの人々は抗議行動を続けたのだろうか。現在ガザには二百万人のパレスチナ人が生きている。ガザについては、すでに紹介した。繰り返しを恐れずに述べよう。その面積は三六五平方キロメートルである。東京二十三区の面積の六割程度である。二〇〇七年以来、ガザはイスラエルとエジプトによって封鎖されている。そして人と物の出入りが厳しく制限されている。「世界最大の監獄」と呼ばれているような状況だ。そのため産業も振るわず失業が蔓延している。しかも段々と地下水脈に海水が浸透して、ガザの水の九七パーセントは飲用に適さなくなっている。その上、電気も一日六時間ほどしか流れていない。中東の厳しい夏を、一日の大半はエアコンなしで過ごさざるを得ない状況である。封鎖はガザの人々を、静かに真綿で首を絞めるように絶望へと追いやっている。

撃たれても傷つけられても殺されても人々がデモを続けるのは、何もしなくても、ゆっくり殺されているからである。こうしたガザでのデモへのイスラエルの対応を、コルテスは「虐殺」と呼んで批判した。しかも議員に就任してからは、イスラエルに対するアメリカの援助の停止にさえ言及し始めた。

ニューヨークと言えば、「ジュー」をもじって「ジューヨーク」と呼ばれるほど、ユダヤ人が多いとされてきた。「ジュー」とは英語でユダヤ人という意味である。これまでなら、そのニューヨークの政治家がイスラエルに批判的であるというのは、ある意味では自殺行為であった。

ところが、この「自殺行為」にもかかわらず、コルテスはニューヨークの選挙で勝利を収めた。なぜだろうか。二つの要因が指摘できる。第一は、その選挙区のエスニック構成の変化である。過半数が最近の移民であり、ユダヤ人は余り残っていない。経済的に成功し豊かになったユダヤ人たちは、他の豊かな人々の住む地域へ流出した。ブロンクスやクイーンズではユダヤ人が激減している。実際にコルテスの選挙区の一部を訪れたが、ここは南アジアかと見間違う雰囲気である。レストランなどでは、野球やフットボールではなくクリケットの試合の中継を人々はテレビで見ている。通りを巡回する警察官も南アジア系である。

図16-2　自由の女神がクリケットのバットを持ったポスターニューヨークのクイーンズにて
（著者撮影　2019年6月）

第二に、ユダヤ人のコミュニティの対イスラエル観の変化である。前の章で紹介したJストリートに象徴されるように、最近ではイスラエルを支持するがゆえに、その問題点を批判すべきだとの考え方のユダヤ人も増えてきた。何が変化をもたらしたのか。一つには、イスラエルによる占領地でのパレスチナ人の抑圧の実態が、広く知られるようになってきたからだろう。

そして世代の変化もある。ナチスによるユダヤ人虐殺を、同時代の体験として共有している層が世を去りつつある。欧州の同胞を救えなかったという罪悪感を抱く層は、少なくなりつつある。イスラエルを支持しながらも批判する、というユダヤ人が若い層で増えている。コルテスが、イスラエルを批判したにもかかわらず当選できた背景である。この一番旬な政治家のイスラエル批判と成功は、変わるアメリカのユダヤ人のイスラエル観を映し出している。

パレスチナ系議員の誕生

もう一人注目のサンダース・チルドレンを紹介しよう。ラシダ・タリーブである。このタリーブ議員には、二つの「初めて」が付く。まず「初めて」のパレスチナ系の議員である。タリーブの両親はヨルダン川西岸地区からの移民である。このミシガン州は、伝統的にアラブ系の移民が多いことで知られている。

ミシガン州とアラブ系移民の関係で大きな役割を果たしたのは、自動車産業である。

二十世紀の初めに自動車の大量生産を始めたフォード社が、当時としては破格の高給で自動車の組み立て労働者を雇った。日給が二ドル台の時代に、五ドル支払ったのである。一九一四年のことである。その噂が中東に伝わり、多数の移民を引き寄せた。

そして二つめの「初めて」は、女性のイスラム教徒の議員である。これまでも男性のイスラム教徒の議員はいたが、女性のイスラム教徒の議員はいなかった。タリーブは、Jストリートから財政的な支援を受けて、ミシガンの第十三区で選出された。この選挙区は、自動車の町デトロイトの一部などを含み、人口の七割がアフリカ系である。かつて自動車産業の中心地でモータウンと呼ばれたデトロイトは、工場の海外移転などで大きな打撃を受けて来た。何年か前に見た時の印象は、デトロイトではなく、デストロイド（破壊された）であった。都市というよりも、その巨大な廃墟のように見えた。最近は、復興が伝えられているが。さてタリーブの政策は、どのようなものになるだろうか。

イスラエルに厳しい政策になるだろう。この点に関してまず第一に認識すべきは、地方選挙の最大の争点は通常は地方の問題である。それは、経済であり教育であり健康保険であり福祉である。タリーブも別に独自の中東政策を訴えて当選したわけではない。

リベラル派の民主党員（民主党支持者）は
イスラエルよりもパレスチナに共感を抱く傾向が強まる

（%）より共感すると発言した人

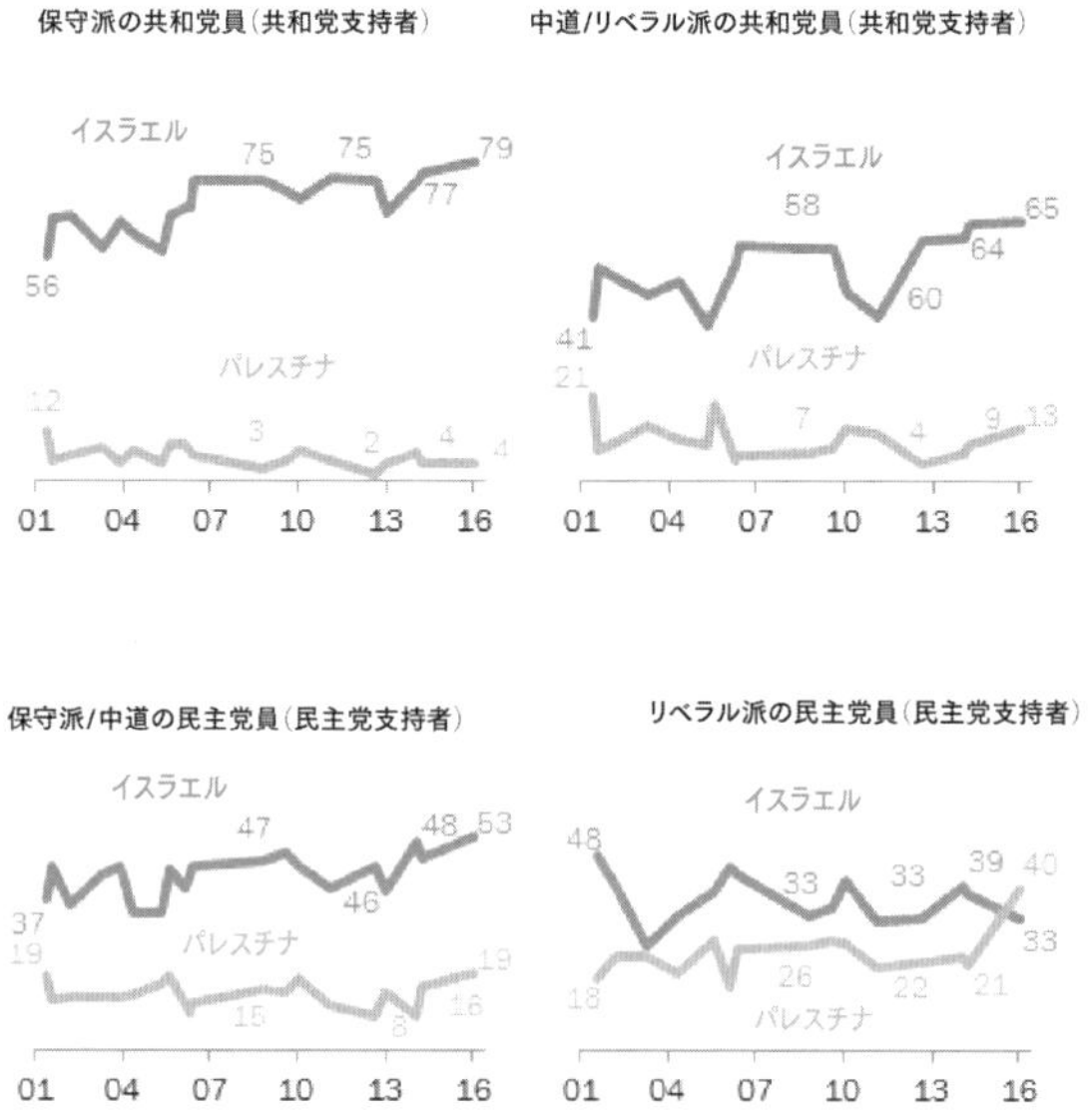

図16-3　民主党共和党員のイスラエルパレスチナの支持の動向
Pew Research center report, Survey conducted April 12-19, 2016.
Volunteered "neither,""both"and don't knwow responses not shown.

選挙区の住民の七割がアフリカ系であれば、なおさらそうである。とはいえパレスチナ系であるだけに、中東問題へは人並み以上の興味を抱いているだろう。

こうした新しい流れを反映して、民主党内ではイスラエルの占領政策への批判的な論調が高まっている。かつてはイスラエルへの支持は民主・共和両党に共有されていた。アメリカ政治のコンセンサスであった。が、それが崩れつつある。前頁のグラフをご覧いただきたい。本書で何度も引用したピュー研究所が、二〇一六年に民主・共和両党の党員のイスラエルとパレスチナに関する支持の動向を報告書にまとめている。右下のグラフのリベラルな民主党員の場合、パレスチナ支持がイスラエル支持を上回っている。

イスラエルの強硬派を共和党が支持し、同国のハト派を民主党が支持するという新たな構造が四つのグラフから見て取れる。もちろんイスラエルの生存自体に反対する声は大きくない。しかしアメリカの大学のキャンパスで広がるＢＤＳなど、イスラエルの占領政策に対する批判の声は高まることはあっても、収まることはないだろう。こうしたパレスチナ問題を巡る議論の風景は、アメリカ・イスラエル関係に大きな変化を予感させる。

◉第十七章 バイデンの中東政策

オバマ政権同窓会

バイデン新大統領は、どのような外交政策を打ち出そうとしているのだろうか。特に中東政策は、どうなるのだろうか。

組織は人事が万事という。バイデン政権の外交政策も、その人事面から占えるかもしれない。まず国務長官にトニー・ブリンケンをバイデンは指名した。オバマ政権が二期目の国務副長官である。そして国務副長官にはウエンディ・シャーマンを選んだ。やはりオバマ政権の政治問題担当の国務次官である。オバマの安全保障問題担当の首席補佐官だったスーザン・ライスを医療、教育、移民など内政全般を指揮する国内政策会議（DPC）委員長に指名した。さらに二〇〇四年の民主党の大統領候補だったジョン・ケリーを新設の気候問題担当大統領特使に起用した。ケリーは、もちろんオバマ政権第二期目の国務長官を務めた。バイデン政権は、オバマ政権の同窓会的な雰囲気となりそうだ。

それでは、この同窓会政権の外交は、何をしようとしているのか。まず大きな構図は、どうなっているのか。全体的に見よう。バイデンは、トランプのＮＡＴＯなどの同盟諸国をないがしろにする政策を批判している。同盟諸国との関係の再構築を訴えている。オバマ期への復帰という色彩が強い外交を提案している。いわばオバマ第三期的な外交である。これが、大きな絵である。しかし、もちろん違いもある。その違いに目を向けながら、バイデンが提示する外交政策を見ていこう。

軍事力の行使

軍事力の行使に関しては、四つの基準を示している。第一にアメリカの死活的な国益を守る。第二に目的が明確である。第三に国民の支持が得られる。第四に議会の支持が得られる。

それでは、具体的な例としては、どのような場合を想定しているのだろうか。バイデンは北朝鮮の核の脅威、あるいはイランが核兵器を獲得しそうな場合を上げる。三つ目の例として、この両国による長距離ミサイル攻撃が差し迫った場合を指摘している。そして第四の例として指摘しているのが、ジェノサイドつまり民族絶滅とか大量虐殺が起こる場合である。特に化学兵器が使われる際には、これを阻止するために国際社会全体に責任がある。特にアメリカには国際社会を主導し行動を起こす能力と責任がある。

この発言は興味を引く。というのは二〇一二年にオバマ大統領は、シリアにおける化学兵器の使用が「レッドライン（赤い線）」つまり越えてはならない一線であると言明した。もし、シリアが、その線を越えて化学兵器を使用すれば、アメリカの軍事介入があり得ると言ったわけだ。ところが二〇一三年にシリア政府が化学兵器を使ったとされた際に、オバマは動かなかった。動いたのは次のトランプ大統領だった。化学兵器が使われたとして二〇一七年と二〇一八年にシリア軍基地を攻撃した。この化学兵器の使用への対応という面で見ると、バイデンはオバマよりもトランプに習おうとしているのだろうか。

バイデンは武力行使の五つ目の例を示している。それは石油の輸送路の防衛である。つまり海上輸送路の確保のためには軍事力を使うと言っている。石油という言葉が意味しているのは、イランへの強い牽制《けんせい》だろうか。ペルシア湾岸からのエネルギー輸送は軍事力で守ると言っているわけだ。これは、もちろん日本などのアメリカの同盟諸国にとっては死活的に重要なポイントである。しかし、アメリカ自身が中東の石油を必要としない現状では、この地域での同盟諸国のための軍事力の行使にアメリカ国民の理解と支持が得られるだろうか。もっともバイデンはイランとの核合意への復帰を提案している。その際にイランとの緊張は大幅に緩むだろう。この点に関しては、後に中東政策を語る際に説明したい。

バイデンは軍事力の行使があり得る例を五つ列挙している。それではアメリカが表に出ない秘密作戦による政権転覆工作などは、どうだろうか。一九五三年にイランでＣＩＡなどが民主的に選ばれた政権を倒した例がある。また失敗した例もある。一九六二年にジョン・Ｆ・ケネディ政権が、キューバからの亡命者を武装させて同国に送り返してカストロ政権を転覆させようとして失敗した。こうした作戦は、行わないとバイデンは明言している。ただし非軍事的な援助を行う場合は有り得るとしている。たとえばベネズエラの反体制派に対する場合のようにである。

中東政策

それでは中東政策を具体的に見ておこう。まず大枠を語れば、アメリカが中東に介入して自らのイメージに似せた民主国家を創ろうというブッシュ息子大統領の時代の初期のような野心に批判的である。アメリカには、そうした力はない。必要なのは中東での国家建設ではなく、この地域からのテロリストによるアメリカ攻撃の阻止である。であるならば必要なのは、少数の対テロ戦争に特化した部隊である。つまり少数の特殊部隊を中東に駐留させてテロ組織を攻撃しようという発想である。これも基本的にはオバマ期の政策である。

イラン

次にアメリカと対立の高まっているイランとの関係をどうするのか。バイデンは既に見たようにオバマ政権のナンバー・ツーであった。当然ながらオバマのイラン核合意を支持している。大統領に選ばれれば合意への復帰を明言している。ただし、現状ではイランが核合意での順守義務から一部逸脱している。たとえばウランの濃縮度の制限を越えているなどである。しかし、簡単に元に戻れる程度の、難しい表現を使えば可逆性の範囲内での順守義務からの離脱であるので、その気になればイランが合意の決めた枠には戻ってくるのは技術的には容易である。バイデンは、イランの合意への復帰を前提としてアメリカも合意に戻ると明言しているわけだ。どちらが先に合意に戻るための第一歩を踏み出すのか。イランとアメリカの間で、外交的な綱引きが行われている。

また二〇二〇四月初旬に新型コロナウイルスの被害がイランで高まっているとの報道を受けて人道的な理由からも対イラン経済制裁の撤廃を呼びかけている。すでに三十四名の上下両院の議員が、こうした呼びかけの書簡に署名している。民主党の候補者指名を争ったバーニー・サンダースとエリザベス・ウォーレンの両上院議員、ミネソタ州選出のソマリア移民でイスラム教徒の女性イルハーン・オマル下院議員などである。いずれも進歩的な政治姿勢で知られた指導者たちである。

対話の姿勢を打ち出しながらも、バイデンはイランが危険な存在であるとの認識を抱いている。イランの影響力の拡大に対抗するために、周辺諸国の力を強くすると提言している。たとえばイラクの強化などが、そうした政策の例として挙げられている。バイデンになってもイラクにおけるアメリカとイランの綱引きは続きそうである。

クルド民族

アメリカの民主党員を始め、世界でバイデンの勝利を望んでいる人々は多いだろう。その中には中東のクルド民族も含まれるだろう。というのはバイデンはイラクの三分割論者として知られてきたからだ。つまり北部のクルド人地域、中部のスンニー派アラブ人地域、そして南部のシーア派アラブ人地域の三つである。この三つの自治地域が、緩やかな連邦国家イラクを形成するという提案だ。これは北部の分離独立を究極の目的としているクルド人の意向と方向性が合致している。クルド人は、緩やかな連邦の枠からも、抜けたいと思っているが、他の地域でも自治が始まれば、それだけイラク国家の枠が緩くなる。中央政権の力が弱くなる。クルド人には、とりあえずは、この案は、ありがたい。

クルド人はイラン、イラク、シリア、トルコなどの国境地帯を生活空間とする民族だ。その総人口は三千万を超える。シリアの総人口二千万強、イラクは倍の四千万弱である。クルド人の人口の規模が想像できる。しかしながら、この民族は、自らの国を持っていない。

さて二〇〇三年のイラク戦争の開始後、この国は乱れに乱れ内戦状態に陥った。そうした状況だった二〇〇七年九月に上院議員だったバイデンは、他の議員と共に上で説明したイラク三分割決議を上院に提出している。どうせ民族間や宗派間で共存できないなら別れたらという提案である。そうした背景もあって、ワシントンに設置されているクルディスターン自治政府代表事務所は、オバマ大統領の政権が成立するとバイデン副大統領を通じ

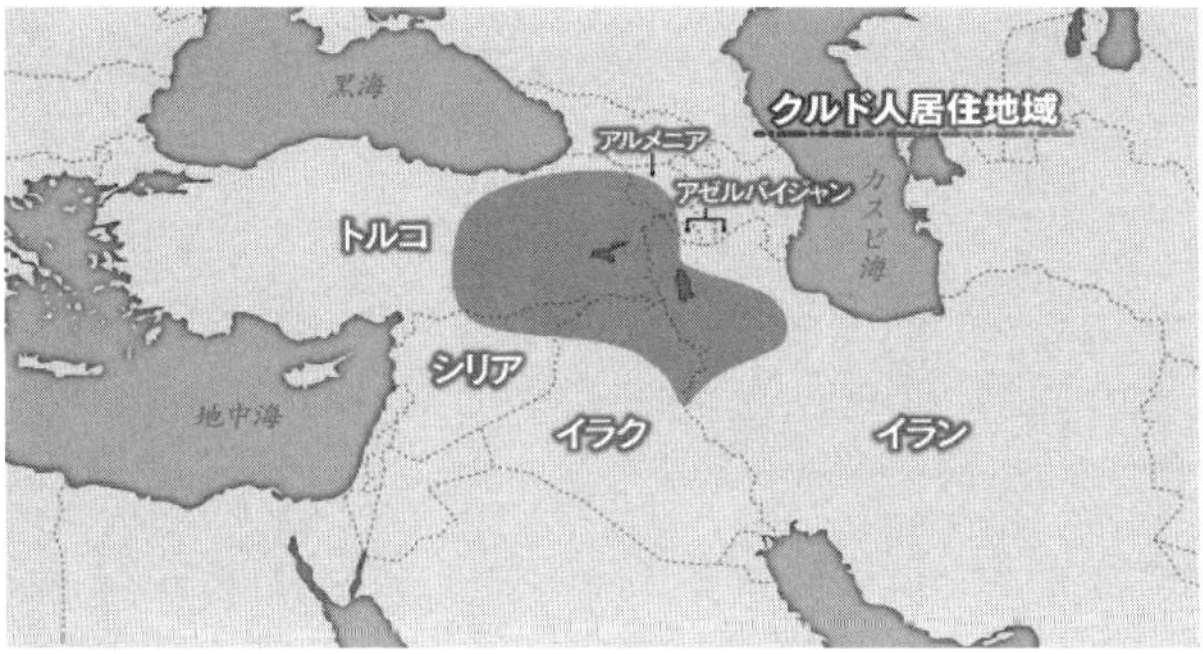

図17-1　クルド人居住地域
放送大学テレビ科目『中東の政治（'20）』より

て米政府に働きかけて来た。

その成果の一つが、二〇一二年のオバマ大統領とマスード・バルザーニー自治政府大統領の会談だった。アメリカ政府としては国家のトップであるオバマ大統領と格下の自治政府の首班が公式に会談するというのが形式的には難しかった。また、それにはイラク中央政府の反発も予想された。そこで外交的な演出が行われた。ホワイトハウス内でバイデン副大統領がバルザーニー自治政府大統領と会談を行う。その会場に、たまたま付近を通りかかったオバマ大統領が参加した。これならば、公式の首脳会談とはならない。外交というのは、形式美の芸術である。

こうした経緯もあるのでクルド人は前副大統領に期待している。確かにバイデンはアメリカの政治家の中

図17-2　クルディスターン自治政府支配地域
放送大学テレビ科目『中東の政治（'20)』より

では最もクルド人に理解のある一人だろう。ただ、上に述べたようにバイデンはイランの影響力の拡大に対抗するためにイラクへの支援の強化をうたっている。クルド人の独立とイラクの分割を同時にアメリカとしては支援できない。クルド人の期待にもかかわらず、そう簡単にバイデンがクルド寄りに中東政策の舵を切ってクルド人の独立を支持するわけには行かないだろう。それでもＩＳ（「イスラム国」）を打ち破ったので、用済みとしてシリアのクルド人を見捨てたドナルド・トランプ大統領よりは無限大に素晴らしいのだが。

図17-3　クルディスターン自治政府のワシントン代表事務所（2018年9月　筆者撮影）

トルコ

クルド人に同情的であるという事は、国内に多くのクルド人口を抱えているトルコにバイデンは厳しくなろう。トルコでは人口の四分の一がクルド系だと推測されている。そのクルド系の人々とトルコのレジェップ・タイイップ・エルドアン大統領の政権は戦争状態にあるからだ。エルドアンは、シリアにおいてもクルド系の人々が大きな力を持たないように介入している。

シリアのクルド人が、この国でのＩＳ（「イスラム国」）掃討作戦で大きな役割を果たした。二〇一九年末までに、その支配領域を消滅させた。ＩＳは依然として各地でゲリラ戦を続けているが、「イスラム国」と名乗りながら、恒常的に支配している土地は保有してない。ＩＳ掃討作戦というのは、具体的にはアメリカ空軍がＩＳを空爆し、アメリカの特殊部隊が訓練をしたクルド人の兵士が血を流して戦った。アメリカにとっては、手を汚す必要のない戦争だった。数字が、その実態を良く示している。アメリカ兵の死者は、わずか六名であった。これに対してクルド兵の死者は一万千名、負傷者は二万名であった。その中には多くの女性兵士も

図17-4　ワシントンのクルディスターン自治政府代表事務所の写真
バイデン副大統領（左）とマスード・バルザーニ—自治政府大統領（右）
背中をみせているのは、オバマ大統領。恐らく2012年4月のホワイトハウスでの会談
（2017年9月　筆者撮影）

含まれている。

トランプ大統領は、前にも言及したように二〇一九年末にクルド人に用は済んだとして、アメリカ軍の撤退を発表した。これを受けてトルコ軍がクルド人の支配地域に侵攻した。ワシントンでは、バイデンを含む多くの人々が、この裏切りに対して非難の声を上げた。これには共和党の有力者たちの多くも声を合わせた。バイデン自身は、これを「裏切り」として言及し、「現代史の外交で、最も恥ずべき行為をした大統領だと」トランプを攻撃した。このトランプによる裏切りを受けてトルコ軍がシリアのクルド人支配地域に侵攻したのであるから、恐らくバイデンに言わせればトルコの罪も軽くないだろう。

そもそもバイデンとエルドアンの二人は波長が合いそうもない。というのはバイデンが人権を高く掲げた外交の展開を主張しているからである。ということは、ロシアのウラディミール・プーチンや中国の習近平に厳しくあたるということである。そして同じように、国内の反対派を力で抑え込んでいるエルドアンも、そうした範疇の政治家に入るだろう。

しかもバイデンは、トルコが一番嫌がりそうな行動を示唆している。それは何か。それは、第一次世界大戦中のオスマン帝国内のアルメニア人が百万人以上も虐殺された事件である。同帝国の後継国であるトルコ共和国は、この虐殺を否定してきた。

しかしオスマン帝国から逃れたアルメニア人がフランスやアメリカで大きなコミュニティを構成しており、トルコに対して虐殺の認定と謝罪と補償を求めて来た。そればかりか、現在の母国であるフランスやアメリカが、この事実を認定するようにとも働きかけて来た。

フランス議会はすでに二〇〇一年に同様の決議を採決している。この時にはトルコが激しく反発した。フランス製品のボイコット運動が起こったほどだ。この決議の採択へとフランスの政治を動かしたのは、四十万人ともいわれるアルメニア系の人々の存在があった。古い世代には懐かしいシャンソン歌手のシャルル・アズナブールや一九六〇年代に『アイドルを探せ』という世界的なヒット曲を放ったシルヴィ・バルタンはアルメニア系である。

アメリカでもアルメニア系の人々が、この件で政治への働きかけを行ってきた。この国には、カリフォルニア州のロサンジェルスを中心に百万を超えるアルメニア人が生活している。映画の都のハリウッド周辺にアルメニア人が多いせいか、映画関係者にはアルメニア系が多い。『ローマの休日』でオードリー・ヘップバーンと共演したグレゴリー・ペックはアルメニア系である。大きな鼻の立派な顔立ちというのがアルメニア人のイメージである。その大きな鼻も映画界への進出を助けたのだろうか。学界や実業界でもアルメニア人の成功者は多い。ロサンジェルス郊外には壮麗なアルメニア教会が建設されている。その壮麗さは、その財力の反映だろう。このアルメニア人たちが、フランスと同じように、アメリカ政府にもオスマン帝国によるアルメニア人虐殺を認定するように働きかけて来た。

それを受けて二〇一九年十月末にアメリカ下院が一九一五年のオスマン帝国によるアルメニア人の虐殺を認める決議を可決した。トルコ軍のシリア北部のクルド人地域への侵攻へのアメリカ人の反発が、この決議の背景にある。このクルド人への同情を裏返すとトルコへの反感になる。

またロシアから新型の地対空ミサイルを購入するなどＮＡＴＯ(北大西洋条約機構)の加盟国とは思えないようなトルコのエルドアン大統領の行動へのワシントンの怒りもあるだろう。

ワシントンでのアルメニア人の政治力は、あなどりがたいとされる。宗派や出身国などで構成される集団をエスニック・グループと呼ぶ。そのエスニック集団のロビーとしては、アルメニア・ロビーはユダヤ・ロビーに次ぐ強さだと言われる。今回のアメリカ下院の決議採択においても、下院議長のナンシー・ペロシが大きな役割を果たした。この最初の女性の下院議長はアルメニア人の多いカリフォルニア州選出である。象徴的である。

話が回りくどくなったが、もしバイデンがアルメニア人虐殺問題で拒否権を行使しないとなると、アメリカが正式に虐殺を認定する可能性が浮上して来る。バイデンの下ではトルコとの関係が難しくなりそうだと述べているゆえんである。

イスラエルとパレスチナ

親イスラエル・ロビーの話題が出たところで、次にバイデンのイスラエルとパレスチナに対する政策に話題を移そう。どうなるだろうか。バイデンは、オバマ政権の一員としてイスラエルのパレスチナ占領地へのユダヤ人の入植政策に批判的であった。

二〇〇九年の発足当時オバマ政権はイスラエルに対して入植の凍結を求めた。イスラエルとアメリカ国内のイスラエル支持勢力の強い反発を受けて、この政策は腰砕けになってしまった。オバマはイスラエルに圧力を掛けるのをあきらめ、代わりにイランとの核合意の成立に外交努力を集中させた。つまり凍結要求を凍結してしまった。もしオバマ政権の前例から判断すれば、バイデンはイスラエルに批判的ではあるが、事を構えて圧力を掛けようとはしないだろう。事実、バイデンは議員時代からイスラエルへの強い支持で知られてきた。自身を「シオニスト」と呼ぶほどである。バイデンの言葉を使えば、「シオニストになるのにユダヤ人である必要はない」である。

だが同時にバイデンは二国家解決案を支持している。この二国家解決案というのは、本書ではすでに説明したが、繰り返しを恐れずに、もう一度だけ要約しておこう。それは、一九六七年の戦争でイスラエルが占領したガザ地区とヨルダン川西岸地区から撤退し、そこにパレスチナ国家を樹立し、この国家がイスラエルと共存する。エルサレムを両国の共有の首都とする。両者の合意に基づく若干の国境線の調整は妨げない。

この解決案の実現のために、必要とあればイスラエルに圧力を掛けるとバイデンは言明している。しかし、そのテコにアメリカのイスラエルへの援助を使うという方策に関しては否定的である。またエルサレムに移したアメリカ大使館をテルアビブに戻すつもりはないとバイデンは明言している。ただしトランプが閉鎖したワシントンのパレスチナ代表事務所の再開や、パレスチナ人への人道援助は復活させるだろう。

サウジアラビア批判

イランやイスラエルへの政策を見た。基本的にはオバマの政策の踏襲である。それではバイデンはオバマと全く同じ中東政策を展開するのだろうか。いや違いが予想される点もある。それは、サウジアラビアに対する政策である。オバマは、それまでの政権と同様にサウジアラビアに多額の兵器を売却した。そして二〇一五年にサウジアラビアがイエメンに対する軍事介入を開始すると、その作戦を補給面で支援した。アメリカの支援なしには、サウジアラビアの空軍はイエメンに対する爆撃を続けられない。というのは、兵器や弾薬がアメリカ製であるところから始まって、兵器の保守や爆撃機に対する空中給油のサービスまでアメリカに依存しているからだ。アメリカに、いわば、おんぶにだっこに肩車に乳母車状態でサウジアラビアはイエメン介入を続けているからだ。その親サウジアラビア政策を踏襲して極端にしたのがトランプである。両者に大きな違いはない。

ところがバイデンはサウジアラビアに批判的である。サウジアラビアのイエメンへの軍事介入への支援の停止を求めている。また兵器の売却に関しても、消極的である。何がオバマとバイデンの対サウジアラビア政策の違いの背景にあるのだろうか。二人の違いを説明するのは二つの言葉である。それは、カショギとイエメンである。

まずカショギである。二〇一八年にイスタンブールのサウジアラビア総領事館を訪れた同国市民のジャーナリストのジャマール・カショギが同領事館内で殺害された。しかも遺体は切断されて「処分」されたとのショッキングな報道が続いた。当時カショギはアメリカに住んでおり、サウジアラビアの体制に批判的な記事を同国の『ワシントン・ポスト』などに寄稿していた。そのジャーナリストをサウジアラビア当局が残忍な形で殺害した。ひとりトランプ大統領だけは誰の犯行かは明白ではないと言い張っている。しかし、世界の大半はサウジアラビアのムハンマド・ビン・サルマン皇太子の命令でサウジアラビアの諜報当局が殺害したと信じている。

アメリカに住んでおり同国の代表的な新聞に寄稿していたジャーナリストの殺害に対する怒りは、バイデンひとりに止まらない。民主党の議員ばかりでなく、事件の余りの猟奇性に普段はトランプ支持の共和党の議員もサウジアラビア批判の声を上げた。

そしてイエメンである。イエメンはアラビア半島の南端に位置している。人口は三千万弱、広さは日本の一倍半くらいの山がちの国である。アラブ世界では、最も貧しい国に数えられている。五年前の二〇一五年三月にサウジアラビアはアラブ首長国連邦などと共にイエメンの内戦に軍事介入を開始した。そもそも、この内戦は、いかにして起こったのだろうか。その起源は、「アラブの春」と呼ばれたアラブ諸国で大衆の民主化を求める運動にあった。これは二〇一〇年末にチュニジアで始まった運動でエジプト、リビア、シリア、バーレーンなどに波及した。イエメンでも、それまで長年にわたり君臨していたアリー・アブドッラ・サーレハ大統領が退陣に追い込まれた。その副大統領であったアブド・ラッブ・マンスール・ハディが暫定的な大統領となった。だが政治は安定せず内戦が始まった。この内戦で優位に立ったのがシーア派のフーシー派だった。フーシー派は、首都サナアを制圧した。

これに反発してサウジアラビアは、アラブ首長国連邦などと共にハディ大統領の政権を支援して軍事介入を開始した。大規模な爆撃を行った。しかし、フーシー派は粘り強く戦い、サウジアラビアなどの苦戦が続いた。フーシー派がイランの支援を受けているので、この内戦はイランとサウジアラビアの代理戦争の様相を呈した。

この戦争は、現在進行中の数ある地域紛争の中でも特に重要である。なぜならば、まず世界で最悪ともされる人道的な悲劇が起こっているからである。国連の報告によれば、国民の三人に一人が飢えている。しかも三百万人が難民化している。その上、コレラが広がっている。さらに悪いことには、サウジアラビアなどの爆撃によって病院など医療施設の多くが破壊された。戦闘、飢餓、難民化、医療体制の破壊などによって、既に万単位の死者が出ている。そこに新型コロナウイルスが襲い掛かっている。地獄の中の地獄状況である。

イエメンの惨状への認識が広まるにつれて、アメリカのサウジアラビア支援に対する批判の声が高まっている。二〇一九年五月には、上院でアメリカのイエメン戦争への関与の停止を求める決議が成立している。上院では共和党が多数を占めているので、共和党の支持抜きでは成立できない決議が通った。サウジアラビアのイエメン介入への批判の広がりが分かる。この決議は、しかしトランプ大統領の拒否権行使によって葬られた。バイデンのサウジアラビアに対する批判的な姿勢は、党派を超えたコンセンサスを反映している。

という状況であるならば、バイデンが大統領に選ばれるとすれば、アメリカの対サウジアラビア政策は、必ずや変化するだろう。最低限でもサウジアラビアのイエメンへの軍事介入への支援は停止されるだろう。もしかしたら、サウジアラビアへの兵器の売却そのものにまで、アメリカは進むかも知れない。さらには、サウジアラビアに派遣されているアメリカ人要員の撤収という方策も議論されるだろう。前にも述べたように、シェール・オイルの開発がアメリカを巨大産油国にした。それ故に、アメリカが中東に関与する必要はないとの認識が高まっている。

中東政策での、あるいは貿易やエネルギー政策でのオバマ路線との相違を見ると、バイデンの外交政策はオバマ第三期というよりは、オバマ・プラスとでも表現した方が良さそうである。

創刊の辞

この叢書は、これまでに放送大学の授業で用いられた印刷教材つまりテキストの一部を、再録する形で作成されたものである。一旦作成されたテキストは、これを用いて同時に放映されるテレビ、ラジオ（一部インターネット）の放送教材が一般に四年間で閉講される関係で、やはり四年間でその使命を終える仕組みになっている。使命を終えたテキストは、それ以後世の中に登場することはない。これでは、あまりにもったいないという声が、近年、大学の内外で起こってきた。というのも放送大学のテキストは、関係する教員がその優れた研究業績を基に時間とエネルギーをかけ、文字通り精魂をこめ執筆したものだからである。これらのテキストの中には、世間で出版業界によって刊行されている新書、叢書の類と比較して遜色のない、否それを凌駕する内容ものが数多あると自負している。本叢書が豊かな文化的教養の書として、多数の読者に迎えられることを切望してやまない。

二〇〇九年二月

放送大学学長　石弘光

放送大学

学びたい人すべてに開かれた
遠隔教育の大学

〒261-8586千葉市美浜区若葉2-11
Tel: 043-276-5111　Fax: 043-297-2781　www.ouj.ac.jp

高橋和夫（たかはし・かずお）
放送大学名誉教授。福岡県北九州市生まれ、大阪外国語大学外国語学部ペルシア語科卒、コロンビア大学国際関係論修士、クウェート大学客員研究員、放送大学教員などを経て2018年4月より一般社団法人先端技術安全保障研究所会長。

主な著書
『アラブとイスラエル』（講談社、1992年）
『イスラム国の野望』（幻冬舎、2015年）
『世界の中の日本』（放送大学教育振興会、2015年）
『中東から世界が崩れる』（NHK出版、2016年）
『現代の国際政治』（放送大学教育振興会、2018年）
『国際理解のために（改訂版）』（放送大学教育振興会、2019年）
『イランvsトランプ』（ワニブックス、2019年）
『中東の政治』（放送大学教育振興会、2020年）
『最終決戦トランプVS民主主義―アメリカ大統領選挙撤退後も鍵を握るサンダース』（ワニブックス、2020年）
『世界の中の日本外交』（放送大学教育振興会、2021年3月白鳥潤一郎と共著）
『ロシア・ウクライナ戦争の周辺』（GIEST、2023年）

シリーズ企画：放送大学

パレスチナ問題の展開

2021年　3月31日　第一刷発行
2023年11月30日　第三刷発行

著者　高橋和夫

発行者　小柳学

発行所　左右社
〒151-0051 東京都渋谷区千駄ヶ谷3丁目55-12 ヴィラパルテノンB1
Tel：03-5786-6030　Fax：03-5786-6032
https：//www.sayusha.com

装幀　松田行正＋杉本聖士

印刷・製本　創栄図書印刷株式会社

Printed in Japan　ISBN978-4-86528-007-4

現代中国　都市と農村の70年

浜口允子　定価一八〇〇円+税

建国以来、中国の都市と農村には超えがたい経済格差があり、生活の質の違いが、固定化された形で続いてきた。

現代中国を特徴づけるこの「二元的社会」に焦点を当て、七十年間を、その時代の人々の語りとともに振り返る。

天川晃最終講義　戦後自治制度の形成

天川晃　定価二二〇〇＋税

戦前から占領期を経て、戦後地方自治制度の完成期までを、大胆なモデル化と緻密な資料の読み込みで展望。戦後自治史の金字塔であり天川史学の集大成。占領期研究を基盤に、一九三〇年代から六〇年代までを俯瞰する一冊。

近現代日本の生活経験

中川清　定価二二〇〇+税

少子長命化、格差社会、ワーキングプア……。いま私たちが抱える問題は、一五〇年間の近代化の帰結である。私たちがどのように「生き方」を変化させたか。貧困問題や人工妊娠中絶など、広い視点で今日の問題の本質を捉える。